LE

DIABLE AUX CHAMPS

PAR

GEORGE SAND

PRÉFACE

Il est des époques historiques où la vie individuelle semble s'effacer dans la préoccupation de la vie générale; mais, si on y regarde de plus près, on voit que, tout au contraire, les préoccupations personnelles prennent une importance d'autant plus grande, aux époques de trouble et d'incertitude, que l'on est surexcité par la vie générale. Ne sont-ce pas les époques fécondes en rêves, en projets, en situations romanesques, en accès d'enthousiasme, de doute et d'effroi?

Aux derniers jours de notre dernière république, vivant à l'écart du grand courant d'action qui se précipite vers les grandes villes, je fus à même d'observer le contre-coup moral et intellectuel de ces agitations dans un milieu paisible, aux champs, au village, au coin du feu, sur les chemins, au presbytère. L'idée me vint de saisir toutes les réflexions, toutes les émotions, toute l'imprévoyance, toute l'inquiétude, tout le sérieux et toute la frivolité qui étaient dans l'air, et de les grouper autour d'un sujet de roman quelconque et de types imaginaires quelconques.

Mon plan était assez vaste, on en jugera par la forme du *Diable aux champs*, roman qui devait être le premier épisode d'une série d'autres compositions du même genre, prises également dans la fantaisie, au beau milieu de l'actualité. Ainsi, je comptais faire le *Diable à la ville*, le *Diable en voyage*, etc.

Mais si on juge de l'étendue de ce plan par la forme, on n'en jugera pas par le fond; voici pourquoi:

1

Je commençais ce premier ouvrage à la fin de septembre 1851, je l'achevais le 12 novembre de la même année. J'avais encore mes coudées franches pour faire parler mes types avec liberté et pour juger l'époque avec impartialité; non pas avec cette impartialité froide qui est la sagesse de l'indifférence, mais avec cette équité nécessaire qui voit le bien et le mal sans prévention et sans complaisance où ils sont et où qu'ils soient. Au moment où j'écrivais avec cette liberté morale, il y avait peut-être utilité à le faire. Tous les partis subissaient, soit en réalité, soit en espérance, l'ivresse du triomphe. Le danger du lendemain était partout, c'était donc le jour de dire la vérité ; mais le 2 décembre vint vite, et, en présence des partis vaincus au profit d'un seul, l'impartialité perdait ses droits. Gourmander ceux qui partent, ceux qui souffrent, ceux qui meurent, qu'ils soient plus ou moins nos amis ou nos ennemis, ce serait une lâcheté.

Voilà pourquoi le *Diable aux champs* arrive aujourd'hui expurgé de toute discussion vive et de toute physionomie accusée dans l'actualité. L'esprit du livre est resté ce qu'il était, rien n'y a été changé, mais beaucoup de détails ont été supprimés. Peut-être que le roman y a gagné : il n'était que le prétexte du livre, il en est devenu le but. Je ne donne donc pas ces explications pour me plaindre des coupures que j'ai dû y faire, mais pour motiver la date qu'il porte. J'aurais pu la retrancher sans grand inconvénient; mais les choses d'imagination ont leur raison d'être, tout aussi bien que celles de la réalité, et cette raison, c'est le moment où elles éclosent en nous. Bien que, dans celle-ci, le coin du rideau soit à peine soulevé désormais, le peu de vie réelle qu'on y aperçoit n'est absolument vrai que par rapport à l'époque que cette date précise.

ENVOI

A M. ALEXANDRE MANCEAU

Quelques scènes de ce roman dialogué sont pour nous des souvenirs. Nous étions encore gais en les commentant, en les complétant dans nos causeries de famille. Que de chagrins ont passé sur nous depuis ces jours-là ! En si peu de temps, que d'inquiétudes, que de séparations, que de morts! Nous avons ri et pleuré ensemble : il est bien juste que je dédie cette page du passé au plus fidèle, au plus dévoué des amis.

GEORGE SAND

Nohant, mars 1855.

LE
DIABLE AUX CHAMPS

PERSONNAGES :

DIANE DE NOIRAC.
JENNY, sa femme de chambre.
FLORENCE, son jardinier.
GÉRARD DE MIREVILLE, son fiancé.
JACQUES, son voisin.
RALPH, ami de Jacques.
MYRTO.
MAURICE, |
EUGÈNE, } artistes.
DAMIEN, |
JEAN, domestique de Maurice.
COTTIN, jardinier maraîcher.
GERMAIN, paysan riche.
PIERRE, son fils.
MANICHE, fiancée de Pierre.
LE CURÉ DE NOIRAC.
LE CURÉ DE SAINT-ABDON.
ÉMILE, ami de Maurice.
UN MOINEAU.
UNE FAUVETTE.
GRENOUILLES.
GRILLONS DES CHAMPS.
LÉZARDS.
BATHILDE, femme de charge de Gérard.
ANTOINE, domestique de Gérard.
UNE BANDE DE GRUES.
MAROTTE, cuisinière du château de Noirac.
MARGUERITE, paysanne.
LE BORGNOT, son frère.
LÉDA, chienne de Gérard.
MARQUIS, chien de manchon.

PYRAME, chien de basse-cour.
MADAME PATURON, marchande.
POLYTE CHOPART, son neveu.
MONSIEUR CHARCASSEAU, petit bourgeois.
MADAME CHARCASSEAU.
EULALIE, leur fille.
MONSIEUR MALASSY, autre bourgeois.
UNE POULE.
UNE COUVÉE DE PETITS CANARDS.
DEUX SCARABÉES.
UNE CHOUETTE.
LE MARI DE LA CHOUETTE.
UN CRICRI DE CHEMINÉE.
CHŒUR DE COQS.
FANCHETTE, |
SYLVINET, } enfants du
PIERROT, | village.
CADET, |
DEUX ROUGES-GORGES.
INDIANA BROWN.
SARAH, |
NOÉMI, } ses filles.
CASSANDRE, |
PIERROT, |
ISABELLE, |
COLOMBINE, } marionnettes.
LE DOCTEUR, |
LÉANDRE, |
LE MISANTHROPE, |
PLUSIEURS ARAIGNÉES.

La scène se passe à Noirac et aux environs, en septembre 1851

PREMIÈRE PARTIE

SCÈNE PREMIÈRE

Jeudi soir, sur la colline

JACQUES, RALPH.

JACQUES. — Eh oui, sans doute, le christianisme...
RALPH. — Attendez ! attendez ! ceci demande réflexion, et nous voici dans un chemin très-difficile.
JACQUES. — Est-ce une métaphore ?
RALPH. — Non. Je n'en fais jamais.

SCÈNE II

Au bas de la colline

DAMIEN, EUGÈNE, ÉMILE, MAURICE, autour d'un grand arbre abattu et en partie dépecé.

EUGÈNE. — Oui, c'est là ! Voilà le hêtre qu'on a coupé l'automne dernier. Il est assez sec pour que nous puissions trouver ce qu'il nous faut dans les branches.
MAURICE, posant un panier. — Bien ! Nous travaillerons plus commodément ici que dans l'atelier. Prenons-en chacun deux, et ce sera vite fait. A vous, Émile; commencez par couper le cou de celui-ci.

ÉMILE. — Lui couper le cou? Oh! je ne suis pas adroit de mes mains. Je ne me charge que de relever les cadavres.

EUGÈNE. — Eh bien, paresseux, jouez-nous un air de flûte pendant l'opération.

ÉMILE. — Je ne me promène pas avec ma flûte, comme un berger de Virgile! Je vous regarderai travailler. Ça m'occupera.

EUGÈNE. — Allons, voilà qui est fort proprement rajusté! Où avais-tu la tête, Maurice, quand tu as planté la leur si près des épaules?

DAMIEN. — Il ne faudrait pourtant point passer d'un excès à l'autre. Ils étaient bossus, et à présent ils ont l'air de tambours-majors. Ton *Isabelle* ressemble à une grue.

EUGÈNE. — Non, non, ça disparaîtra dans la collerette. Passe-moi le docteur; c'est toi qui recloues, Maurice?

MAURICE. — Oui. Eh bien, où est donc mon marteau?

DAMIEN. — Là, à tes pieds, dans la mousse.

EUGÈNE. — Ah! ah! que ferons-nous de celui-ci?

MAURICE. — Le diable? Ma foi, je ne sais pas. Il fait donc toujours partie de la troupe, lui? En lui ôtant ses cornes, ça nous ferait un nègre.

EUGÈNE. — Nous en avons déjà un! Tiens, le voilà, ce pauvre Lipata, un bon petit moricaud très-gai, très-gourmand, qui montre toujours ses dents blanches pour rire ou pour manger.

MAURICE. — Voyons!... Nous avons... trente, trente-deux... trente-trois acteurs, en comptant le diable... C'est un compte impair. Au diable le diable!

ÉMILE. — Ah! ce serait dommage! Une troupe de comédie sans diable, c'est impossible.

EUGÈNE. — Nous ne nous en servons plus. C'était bon dans les commencements, quand nous représentions les Aventures de Polichinelle; mais Polichinelle lui-même n'existe plus; c'était l'enfance de l'art. Nous faisons maintenant du fantastique romantique. Ce Satan cornu est passé de mode.

MAURICE. — Ainsi passent les gloires de ce monde! A-t-il régné assez longtemps, cet homme à cornes et à griffes! Ah! d'ailleurs il est fendu, voyez! Les coups de bâton lui ont brisé le crâne. Il n'est plus bon à rien. Mais qui vient là?

ÉMILE. — C'est M. Jacques, votre voisin, avec son Anglais, sir Ralph Brown.

DAMIEN. — Ils viennent lentement, s'arrêtant à chaque pas, causant politique, morale, religion, philosophie et autres drôleries divertissantes, selon eux. Évitons-les; ils sont parfois fort peu récréatifs.

ÉMILE. — Je ne suis pas de votre avis. Ils m'intéressent souvent. L'Anglais, avec son air distrait, a l'esprit juste, et Jacques est le meilleur des hommes.

MAURICE. — C'est vrai; mais ils vont nous prendre pour des fous. Rangeons nos acteurs derrière le hêtre, et ne trahissons pas le secret de la comédie.

DAMIEN. — Faisons mieux: forçons ces gens graves à sortir de leurs problèmes favoris, en leur posant celui-ci.

EUGÈNE. — Que fais-tu? Tu pends le diable?

DAMIEN. — Oui, à cette branche, tout au beau milieu de leur chemin. Cachons-nous pour entendre ce qu'ils diront de savant et de profond sur cet emblème.

(Ils se cachent.)

JACQUES, RALPH, descendant la colline.

RALPH. — Décidément je ne suis pas content de votre définition. Une religion n'est pas seulement une doctrine de philosophie avec un culte; il faut, avant tout, un dogme.

JACQUES. — Ah! oui. Le merveilleux, n'est-ce pas? Le surnaturel? Je n'aurais pas cru qu'un Anglais, protestant, me ferait cette objection. Mais quel fruit singulier cueillez-vous à cette branche?

RALPH. — Je ne sais ce que c'est; à sa couronne de paillons, je le prendrais bien pour un roi... mais un roi pendu en effigie, ce serait hardi... sous la république!

JACQUES. — Cette marionnette est jolie. Ce n'est pas un roi de la terre, cela. C'est le roi des enfers en personne. Ce doit être l'ouvrage de ces jeunes gens qui demeurent ici près, dans la grande vieille maison dont vous aimez la façade couverte de lierre. C'est un ancien prieuré où, sous prétexte de retraite, les moines du siècle dernier faisaient bombance.

RALPH. — Si je me fixais par ici, cette retraite me plairait. Elle n'est pas disponible?

JACQUES. — Non! C'est, avec quelques arpents de terre, le patrimoine d'un enfant du pays, Maurice Arnaud, dont le père, cultivateur aisé, avait acheté cela à l'époque de la division des biens du clergé. Il s'occupe de peinture, et, tous les ans, vers cette saison, il amène de Paris un ou deux amis pour partager ses loisirs. Ils vivent là gaiement et simplement. Dans le village on les appelle les artistes, sans bien savoir ce que cela veut dire. Pour nos paysans, je crois que c'est presque synonyme de baladins, et si on ne les aimait un peu, je crois qu'on les mépriserait beaucoup. Le paysan d'ici ne comprend d'autre travail que celui de la terre.

RALPH. — Mais à quel propos cette marionnette pendue à un arbre?

JACQUES. — Ah! cela, je n'en sais rien; mais je sais qu'ils ont construit, pour s'amuser, un théâtre de fantoccini, où ils improvisent quelquefois entre eux, le soir, des scènes fort plaisantes, à ce qu'on assure. Nous irons les entendre un de ces jours, si vous voulez.

RALPH. — Je ne les connais pas!

JACQUES. — Vous ferez connaissance. Ce sont des fous ou plutôt des enfants, et cependant...

RALPH, mettant le diable dans sa poche avec distraction. — Et cependant un dogme est nécessaire à une religion. Voilà pourquoi on ne fait pas une religion nouvelle. Toutes perdent leur origine dans la nuit des temps. Toutes traditions sont bizarres et merveilleuses, parce qu'elles sont des symboles. Dites donc qu'une religion est un dogme interprété par une doctrine, laquelle est, à son tour, interprétée par un culte.

JACQUES. — Je le veux bien, et nous partirons de ce point... Mais la cloche du château nous avertit que l'heure est venue de dîner aussi dans notre maisonnette. Remettons-nous en chemin et examinons la nécessité du dogme...

MAURICE, DAMIEN, EUGÈNE, ÉMILE, sortant des broussailles.

EUGÈNE, à Ralph. — Pardon, monsieur; mais, si vous n'avez pas absolument besoin du diable dans votre poche, je vous prierai de vouloir bien nous le rendre. Sa casaque rouge peut encore nous servir pour habiller un valet de comédie.

RALPH. — Ah! mille pardons, monsieur! Je me serais fait un plaisir de vous le reporter, et, pour ma récompense, je vous aurais demandé la permission d'être un de vos spectateurs privilégiés.

EUGÈNE, montrant Maurice. — Voici notre hôte, et je ne doute pas...

MAURICE. — Nous aurons un vrai plaisir à vous donner la comédie, ainsi qu'à M. Jacques, si vous nous promettez de ne pas vous y endormir.

JACQUES. — Ah! cela vous regarde, messieurs! Quand le public dort, ce n'est pas toujours sa faute.

MAURICE. — Nous n'admettons pas cela aisément, nous

autres artistes ; mais nous l'admettrons pour vous, si vous nous faites l'honneur de nous écouter.

JACQUES. — Quel jour ?

DAMIEN. — Ah ! nous ne le savons pas ! Les acteurs sont en réparation, comme vous voyez.

JACQUES. — Quoi ! tous ? A quel formidable combat se sont-ils donc livrés ?

MAURICE. — Ce n'est pas cela. Ils étaient tous affligés d'un vice de conformation.

JACQUES. — Pourtant leur personne ne se compose que d'une tête et d'une paire de mains de bois ? Le reste n'est qu'une sorte de jupon ?

MAURICE. — Oui, mais l'encolure, monsieur, tout est là ! Si les trois doigts qui font mouvoir cette tête et ces mains n'ont pas la place nécessaire, adieu la grâce et le naturel des mouvements. Ces malheureux acteurs subissent, vous le voyez, une opération grave. On leur met à tous une rallonge de deux centimètres au cou. Mais nous sommes proches voisins, et dès que la pièce sera faite, nous irons vous avertir. Et... puisque vous voilà, donnez-nous un conseil. Faut-il renouveler l'engagement de ce personnage dans la troupe ?

JACQUES. — Le diable ? Mais oui, c'est un type de la comédie italienne.

DAMIEN. — C'est un symbole, n'est-ce pas ?

JACQUES. — Vous l'avez dit, c'est un symbole.

MAURICE. — Mais il ne fait plus peur à personne.

JACQUES. — Fait-il encore rire ?

EUGÈNE. — Pas même cela. Nous en avons abusé.

JACQUES. — Alors rependez-le à cet arbre. Il fera au moins peur aux oiseaux.

EUGÈNE. — Bah ! les oiseaux ne sont plus dupes de rien. On a beau inventer les bonshommes les plus fantastiques...

JACQUES. — C'est vrai, ne fait pas peur aux moineaux qui veut.

DAMIEN. — Voyons ! l'arbre est justement un alizier. Si cette branche est respectée... nous le verrons demain, et il sera décidé alors que le diable peut encore servir à quelque chose.

MAURICE. — Nous allons tenir conseil là-dessus en dînant. Voulez-vous être des nôtres, messieurs ?

JACQUES. — Pas aujourd'hui ; une autre fois ! Venez, Ralph ! Ne retenons pas plus longtemps ces jeunes gens, qui ont l'appétit plus impérieux que notre âge ne le comporte. (En s'éloignant avec Ralph.) Oui, le dogme a été la base nécessaire des religions ; c'est l'édifice du passé, c'est l'héritage sacré des idées premières... Nous n'avons donc ni à le recommencer...

(Ils s'en vont en causant.)

MAURICE. — Décidément Jacques est un brave homme ; un homme d'esprit.

EUGÈNE. — L'Anglais aussi me revient, avec son menton rasé et ses mains blanches. Ils sont aimables, mais trop sérieux pour nous, et nous les ennuierons.

ÉMILE. — Je parie qu'ils s'amuseront, au contraire. Ils sont bienveillants et s'égayent avec les personnes gaies.

MAURICE. — Faisons-leur une pièce synthétique, symbolique, palingénésique, hyperbolique...

DAMIEN. — Cabalistique !

EUGÈNE. — Énigmatique, entomologique...

ÉMILE. — Et un peu bucolique

(Ils s'éloignent en riant.)

UN MOINEAU et UNE FAUVETTE, sur la branche.

LA FAUVETTE. — Les voilà partis. Retournons à nos alizes et ne nous querellons plus. Il y en a bien assez pour nous deux.

LE MOINEAU. — Tu en parles à ton aise. J'ai six enfants à nourrir, et ma femme ne peut pas encore les quitter, parce qu'ils sont trop jeunes.

LA FAUVETTE. — Les miens sont au moment de sortir du nid, mon mari m'aide à en prendre soin, mais ils sont de grand appétit.

LE MOINEAU. — Allons, la nuit vient, dépêchons-nous. Mais qu'est-ce que je vois ? Quelque chose d'inouï, d'affreux, là, au bout de la branche ! Sauvons-nous.

LA FAUVETTE. — Tu me fais peur !... Attends donc ! cela ne remue pas. Ce n'est rien.

LE MOINEAU. — Je n'y vais pas.

LA FAUVETTE. — Moi, je me risque. Mes enfants ont faim, et je les entends qui piaillent.

LE MOINEAU. — Eh bien, qu'est-ce que c'est ?

LA FAUVETTE. — Je ne sais pas, mais ce n'est pas méchant. Viens donc, poltron ?

LE MOINEAU. — Ah ! me voilà dessus ! Ce n'est rien, en effet... Ah ! cela est plein de bouts de fil et de chiffons que ma femme sera contente d'avoir pour compléter la couchette de ses petits. Je les lui porterai. Aide-moi à tirer celui-ci...

LA FAUVETTE. — Quelque chose vient dans le bois ! partons !

(Ils s'envolent.)

LE PÈRE GERMAIN et SON FILS aiverrnt.

GERMAIN. — Dis donc, Pierre, faut faire signer ça, toi, le bail, puisque tu sais écrire ! Celui qui sait signer en sait long ; il ne peut plus être affiné.

PIERRE. — Vous vous trompez, mon père ; on triche dans les papiers signés tout comme dans les paroles données. Celui qui veut tricher, triche ! Quand le cœur n'y est pas, que voulez-vous ?

GERMAIN. — Bah ! c'est un bon maître, monsieur le marquis ; il ne voudrait pas nous tromper.

PIERRE. — Un bon maître... un bon maître ! y en a-t-il, des bons maîtres ?

GERMAIN. — Un maître, c'est toujours un maître ; mais enfin puisqu'il en faut, des maîtres !

PIERRE. — Il en faut ? Il n'en faudrait point, que je dis.

GERMAIN. — Voilà que tu dis comme M. Jacques. Il n'en faudrait point ! Mais il est bête, il est sot, il est fou, M. Jacques ! Le jour où il n'y aura plus de maîtres, tout le monde le sera.

PIERRE. — Eh bien, c'est ce qu'il faudrait ! Ça vous fâcherait donc, mon père, d'être le maître chez nous ?

GERMAIN. — Je le suis et prétends l'être tant que je vivrai. Eh bien, ça irait drôlement, à la maison, si je n'y commandais point !

PIERRE. — Oui, mais passez la porte et vous êtes valet. Celui qui n'a pas assez de moyen ni de connaissance...

GERMAIN. — Que veux-tu ? Oui, on est commandé parce qu'on est simple ! Mais à quoi ça sert-il de souhaiter retourner les choses ? Tant plus elles ont duré, tant plus elles doivent durer encore, et ce qui a été de tout temps ne peut pas être changé. Mais laissons ça, signe ton bail, et tu seras métayer. Écoute, mon gars ! ça n'est pas un petit trouble que de soigner les bestiaux. Je t'ai donné toutes les connaissances que j'ai pour la nourriture et le pansement ; mais il y a le secret, que je ne t'ai pas donné encore, et voilà le moment venu !

PIERRE. — Le secret ? Ah oui ! vous me l'avez toujours

promis, et nous voilà seuls. La nuit vient... et puisque je vais être métayer... j'ai droit au secret, pas vrai, père?

GERMAIN. — Oui, tu y as droit. Mais le soleil n'est pas encore couché tout à fait, et le secret ne peut pas se dire tant qu'on en voit un petit morceau. Asseyons-nous là sous le hêtre... un bel arbre, ma foi, et que ces paresseux d'artistes n'ont pas encore pensé à faire enlever! C'est à eux, ça, pourtant, et ça devrait être dépecé et rangé sous leur hangar; mais c'est si bête, ce monde-là : ça ne connaît rien.

PIERRE. — Bah! c'est des bons enfants, ça rit et ça chante toujours. Ça n'a rien dans la tête, c'est vrai, mais ça n'est ni fier, ni méchant, et ça ne fait pas les *monsieux!*

GERMAIN. — C'est leur tort; c'est des bourgeois! Chacun doit tenir son rang.

PIERRE. — Voilà le soleil couché, mon père; dites-moi le secret.

GERMAIN. — Faut d'abord connaître ce que c'est que le secret.

PIERRE. — Oh! je le sais. C'est ce qui a été dit dans l'oreille, du père au fils, depuis que le monde est monde.

GERMAIN. — C'est pourquoi il s'agit de le bien garder! Autrement...

PIERRE. — Autrement ça ne sert plus de rien et tourne même contre vous. Oh! je sais ça, et n'ai point envie de le trahir.

GERMAIN. — Même dans le vin! Celui qui trahit le secret dans le vin court de grands risques le soir en rentrant chez lui. Voyons, tu vas jurer par...

PIERRE. — Par le bon Dieu?

GERMAIN. — Non pas, ça serait pécher. Jure par... Écoute-moi bien, et dis comme moi. (Il lui parle à l'oreille.) Réponds-moi de même tout bas, tout bas, que les pierres ne l'entendent point!

PIERRE, après lui avoir parlé à l'oreille. — Ça y est, c'est dit, mon père.

GERMAIN. — Ah! il ne faut point rire!

PIERRE. — C'est que c'est des mots tout drôles, et que je n'y comprends rien.

GERMAIN. — Il ne faut pas comprendre! Celui qui comprend n'est bon à rien, et celui qui rit ne reçoit pas le secret. Répète-moi les mots sans rire.

PIERRE. — Ma foi, je ne m'en souviens déjà plus, moi!

GERMAIN. — Je vas te les dire encore, mais fais attention que je ne peux pas les dire plus de trois fois. Si tu les oublies après ça, c'est fini pour toi!

PIERRE. — Diantre! il ne faut point dormir à ce jeu-là!

(Ils se parlent à l'oreille.)

GERMAIN. — C'est bien.

PIERRE. — Qu'est-ce que vous me faites jurer, bien au juste?

GERMAIN. — De ne jamais donner le secret pour rien, et de ne le jamais vendre moins de... dix bons écus. De cette manière-là, le secret ne se répand guère, et il reste ce qu'il faut.

PIERRE. — Mais vous me le donnez pour rien, pas moins? Je ne veux pas le payer dix écus, avant de savoir ce que c'est! Diantre!

GERMAIN. — J'ai le droit de te le donner pour rien, parce que tu es mon fils et un bon sujet. Autrement... ça tournerait contre nous deux.

PIERRE. — Bon. Allons, dites. C'est le secret des bœufs que vous allez me donner?

GERMAIN. — Le secret des bœufs et celui des taureaux, mais pas celui des vaches; celui-là, ta mère te le donnera si elle veut. Il est à elle.

PIERRE. — Allons! le secret des bœufs. Pour empêcher les maladies, toutes les maladies?

GERMAIN. — Toutes les maladies. Écoute! le jour de Noël qui vient, à l'heure de minuit, quand tout le monde sera parti pour la messe, tu entreras dans ton étable; mais il ne faut pas que personne t'y voie entrer : ça, c'est le plus important! Une fois entré, tu fermeras toutes les huisseries, tu regarderas bien partout s'il n'y a personne de caché, et puis tu allumeras trois cierges...

PIERRE. — Des gros? c'est cher!

GERMAIN. — Non! des petits, c'est aussi bon! Et alors tu... Écoute!... (Il lui parle bas.) Tu entends bien? C'est l'heure où les bœufs parlent et disent leurs maladies.

PIERRE. — Oui, mais c'est drôle, ça, mon père! c'est pas chrétien; c'est des affaires de païen, c'est de la magie!

GERMAIN. — Eh bien, après?

PIERRE. — C'est que tous les jours vous me recommandez d'être bon chrétien catholique?

GERMAIN. — Et je te le recommande encore!

PIERRE. — Mais dame! pourtant, c'est la messe du diable que vous me chantez là!

GERMAIN. — Le diable, je le renie!

PIERRE. — Eh bien alors, comment donc...

GERMAIN. — Écoute! il y a le bon et le mauvais, il y a le baume et le venin, il y a Dieu et le diable. Dieu, c'est Dieu! Il est bon, on le prie à l'église; on lui rend ce qu'on lui doit, c'est la religion; mais la religion défend de demander à Dieu les biens de la terre. Elle nous permet de faire dire des messes, de baiser des reliques et d'aller en pèlerinage pour la guérison des personnes; mais elle ne souffre point prier pour les bêtes ni leur faire toucher la châsse des saints. Il y a bien la procession des Rogations pour la bénédiction des terres, mais je m'en suis expliqué avec le curé, et il m'a dit que ce jour-là il ne fallait rien demander à Dieu pour soi tout seul, mais prier pour tout le monde. Or donc l'intérêt des uns n'est pas celui des autres; car si mon voisin grêle, ça sera ça de moins sur terre, et mon blé, si je le sauve, vaudra le double. Ainsi la religion c'est l'affaire de sauver son âme du feu éternel en observant les prières et les offices des fêtes et dimanches; mais la religion n'entre point dans nos intérêts particuliers. Mêmement le curé prêche que notre bonheur n'est point de ce monde et que nous y avons été mis pour souffrir. C'est bien dit, mais trop est trop; et comme nous sommes misérables, que le travail est dur, et qu'en fin de compte, quand il faut payer sa ferme au bout de l'an, ni le maître ni le prêtre ne vous en dispensent, les anciens, qui étaient plus sages que nous, ont bien connu qu'il fallait laisser le gouvernement de l'âme à Dieu, et celui du corps... à l'autre.

PIERRE. — Qui donc, l'autre? Le...

GERMAIN. — Tais-toi. Ça porte malheur de le nommer.

PIERRE. — Mais c'est le mauvais esprit!

GERMAIN. — Oui, c'est un esprit fou et malicieux qui a reçu commandement de nous faire souffrir, de nous contrarier, pour nous attirer toute la peine et tous les dommages que nous avons.

PIERRE. — Eh bien, il faut le conjurer, au lieu de l'appeler.

GERMAIN. — C'est ce que je t'enseigne. Lui faire peur, ça ne se peut pas : il est plus fort que nous. Le prier, ça serait impie; se donner à lui... il y en a qui le font et qui se damnent; mais on peut l'apaiser et s'entendre avec lui pour qu'il vous épargne en prenant quelque chose aux autres. Ainsi, tu as un bœuf malade, tu peux faire que... (Il lui dit le nom à l'oreille) envoie sa maladie sur celui d'un autre fermier plus riche que toi et qui peut bien perdre son bœuf. Ta mère sait attirer le lait des bonnes vaches qu'elle voit passer, dans le pis des siennes. Tout ça se fait par des cérémonies comme celle que je te dis, et ça, c'est le culte de *l'autre :* un mauvais culte, j'en conviens, mais digne de celui à qui on l'offre, et on n'en est pas moins chrétien pour ça.

PIERRE. — J'entends bien ; mais si le curé le savait !

GERMAIN. — Le curé sait bien qu'il faut fermer les yeux sur beaucoup de choses. Et d'ailleurs le curé fait sa conjuration aussi à sa mode, et de tous les sorciers, c'est encore lui qui est le plus sorcier.

PIERRE. — Comment ça ?

GERMAIN. — Quand il bénit les rameaux, il leur donne bien pouvoir pour écarter la mauvaise influence. Quand il fait sonner la cloche contre la grêle, il charme bien la cloche ; quand il dit l'Évangile sur la tête d'un malade, il charme bien la fièvre, et tout ça, vois-tu, ça rentre dans le secret.

PIERRE. — Vous avez raison, et je n'y vois rien à dire. Mais est-ce que vous ne me donnerez pas le secret des chevaux ?

GERMAIN. — Oh ! celui-là, c'est le Follet qui l'a, et il n'y a pas grand monde qui sache et qui ose faire venir le Follet dans son écurie.

PIERRE. — C'est pourtant une belle chance que de l'avoir, car il panse les chevaux, et jamais on ne voit plus belle bête que celle qu'il fait suer à l'écurie et galoper la nuit dans les pacages.

GERMAIN. — Mais il est méchant aux personnes qui le dérangent, et... quand on parle de lui, il n'est pas loin. Assez là-dessus !

PIERRE. — Qu'est-ce que vous avez donc, mon père, que vous tremblez comme ça ? Sentez-vous du froid ?

GERMAIN. — Non, non, rien, allons-nous-en. Nous sommes dans un mauvais endroit ; mais je veux cependant que tu voies ça. Viens là, plus loin, encore plus loin ; laisse ton chapeau, tu le prendras plus tard. Dépêchons-nous. Regarde ce qu'il y avait au-dessus de notre tête pendant que nous causions.

PIERRE. — Je vois quelque chose de rouge qui brille à la lune levante, comme un petit feu. Qu'est-ce que c'est, mon père ?

GERMAIN. — Et ça danse ! vois comme ça danse et comme ça fait voltiger la branche !

PIERRE. — C'est le vent, que je crois !

GERMAIN. — Oh ! oui-dà, le vent ! Il n'a pas besoin du vent pour danser, lui ! Et si c'était son idée, il serait sur nous, rien que le temps de dire : Le voilà !

PIERRE, tremblant. — J'en ai assez. Allons-nous-en, mon père ! Je suis content de l'avoir vu, mais je n'en souhaite pas davantage.

GERMAIN. — Eh ! courage donc ! allons-nous-en de notre pas naturel. Quand on court, ça court après vous. Si on passe son chemin sans rien dire, ça ne vous dit rien.

PIERRE. — C'est égal, je voudrais être chez nous !

(Ils font un détour et s'en vont.)

DEUX CURÉS, à cheval.

LE CURÉ DE NOIRAC. — Vous direz ce que vous voudrez, mais vous m'avez triché. Je vous ai vu glisser le double-cinq dans votre manche au moment de compter, et, sans ce tour-là, vous perdiez bredouille. Vous aimez à tricher, convenez-en !

LE CURÉ DE SAINT-ABDON. — Quand on ne joue pas d'argent !... Oh ! le diable soit des branches ! Je me suis cogné la tête à me la fendre... Attendez, attendez que je ramasse mon chapeau.

(Il met pied à terre.)

LE CURÉ DE NOIRAC. — Eh ! eh ! je me suis cogné aussi en venant à votre aide. Qu'est-ce qu'il y a donc là au bout de cette branche ?

LE CURÉ DE SAINT-ABDON. — Voyons, donnez... Je n'y comprends rien. C'est une farce pour faire estropier les passants ; mais je veux voir ce que c'est. Venez au clair de lune. Tiens ! c'est une poupée !

LE CURÉ DE NOIRAC. — Oh ! que c'est laid ! c'est affreux, cette figure-là !

LE CURÉ DE SAINT-ABDON. — Non ! c'est drôle ! c'est un diable pour amuser les petits enfants. Quelque gamin se sera amusé à le pendre là pour décoiffer les gens. L'enfance ne se plaît qu'au mal !

LE CURÉ DE NOIRAC. — Jetez cela dans le fossé ! c'est vilain à voir !

LE CURÉ DE SAINT-ABDON. — Ça vous fait peur, à vous, homme simple ? Vous croyez donc que l'ennemi du genre humain est fait comme cela ? Moi, je crois que c'est un pur esprit, et que s'il lui était permis de se montrer à nous sous une figure, il serait assez fin pour en prendre une moins facile à reconnaître.

LE CURÉ DE NOIRAC. — Oh ! vous ! vous êtes un militaire ; vous ne croyez à rien !

LE CURÉ DE SAINT-ABDON. — Pardon ! je crois au bien et au mal, mais pas sous des formes visibles. Quand j'étais aumônier de régiment... les soldats sont très-superstitieux... je leur disais : « Mes enfants, si vous le voyez, tombez dessus. Le diable qui se montre n'est point à craindre. »

LE CURÉ DE NOIRAC. — Vous avez certainement raison ; mais les visions qui peuvent nous surprendre ont leur côté réel, en ce qu'elles sont comme des images sensibles de nos agitations intérieures.

LE CURÉ DE SAINT-ABDON. — N'ayez pas d'agitations intérieures, vous n'aurez jamais de visions !

LE CURÉ DE NOIRAC. — Je n'ai pas de visions, Dieu merci ; mais je ne trouve rien de plaisant à personnifier ainsi l'esprit du mal d'une façon grotesque, comme si le vice pouvait avoir un côté risible ! Venez-vous ?

LE CURÉ DE SAINT-ABDON. — Attendez donc ! j'ai cassé mon étrier en descendant : il faut que je le raccommode. Sera-t-il bon, votre souper ? Aurons-nous du lard dans l'omelette ?

LE CURÉ DE NOIRAC. — On fera de son mieux. Ma gouvernante connaît votre faible. Ah ! vous êtes heureux, vous ! Vous avez une passion innocente, la gourmandise !

LE CURÉ DE SAINT-ABDON, riant. — Ce n'est pas la seule ! J'ai beaucoup de passions innocentes, ne fût-ce que celle de taquiner !... Tenez, je veux emporter cette poupée-là chez vous et la mettre sous votre oreiller, cette nuit.

LE CURÉ DE NOIRAC. — Non pas. Je la prends pour la brûler au feu de ma cuisine (Il met le diable dans sa poche.) Allons, votre chapeau est-il retrouvé, votre étrier raccommodé ? Nous sommes à trois pas du presbytère, et nos bêtes ont chaud.

(Ils s'éloignent.)

DAMIEN et MAURICE arrivent, puis PIERRE.

DAMIEN. — Puisque le conseil l'a décidé, et que le diable est réintégré dans ses fonctions, il s'agit de le retrouver. C'était par ici.

MAURICE. — Je tiens la branche.

DAMIEN. — Les alizes sont-elles mangées ? Tourne ta lanterne, que je voie.

MAURICE. — Les alizes sont mangées, et le diable aussi, car il n'y est plus.

DAMIEN. — Quelque enfant s'en sera fait un jouet. Ah ! tiens ! peut-être ce bonhomme qui rôde par là.

MAURICE. — C'est vous, maître Pierre ?

PIERRE, approchant avec précaution. — C'est vous, monsieur Maurice ?... Je voyais votre chandelle, et je croyais que c'était encore lui.

MAURICE. — Qui, lui ?

PIERRE. — L'autre !

DAMIEN. — Quel autre ?

PIERRE. — Rien, rien... Vous ne l'avez donc pas vu ?... Vous n'avez rien vu ?

DAMIEN. — Qui ? quoi ?

PIERRE, embarrassé. Pas grand'chose, mon chapeau que j'ai laissé par là.

MAURICE. — Nous allons vous aider à le chercher, puisque nous avons une lanterne. Ah! tenez, le voilà au beau milieu du chemin.

PIERRE. — Grand merci ! Je crois bien que, sans vous, je l'aurais cherché longtemps.

MAURICE. — Il n'était pourtant pas difficile à trouver.

PIERRE. — Peut-être bien, mais il est si malin, lui !

DAMIEN. — Votre chapeau ? il est malin ? C'est donc votre tête qui le rend comme ça ?

MAURICE, riant. — Mais quel diable de chapeau avez-vous là ?

PIERRE. — Oui, vous avez raison de le dire, un diable de chapeau ! car le diable s'est mis après lui et après moi. Il me l'a changé ! Voyez, voyez! dire qu'en dix minutes il m'a changé mon chapeau rond en chapeau cornu ! Il y a bien de la malice là-dessous !

DAMIEN. — Qu'est-ce que vous dites qu'il vous l'a changé ? Le diable? Vous l'avez donc vu ?... Je parie que c'est vous qui l'avez pris ?

PIERRE. — J'ai pris le diable, monsieur ?... Comment dites-vous? Prendre le diable! ma foi, non!... je le renie !

MAURICE. — Si vous l'aviez pris pour en rire, il n'y aurait pas grand mal !

PIERRE. — Je n'en ris pas, monsieur ! Prendre le diable!... Je ne vous entends point dans ces secrets-là.

MAURICE. — Il n'y a pas de secret là-dedans. Il était là, au bout de cette branche.

PIERRE. — Je l'ai bien vu.

MAURICE. — Et à présent il n'y est plus.

PIERRE. — Je le vois bien qu'il est parti ; mais il ne m'en a pas moins changé mon chapeau.

MAURICE, riant. — Dites-vous cela sérieusement?

PIERRE. — Non, non, c'est pour rire, monsieur !

DAMIEN. — Mais enfin, d'où venait ce tricorne ?

PIERRE. — Il n'a jamais été à moi.

MAURICE. — Et le vôtre ?... C'est donc ici le rendez-vous des chapeaux ?

PIERRE, jetant le chapeau. — Je le renie, celui-là, je n'en veux point.

MAURICE. — Eh bien, cherchons le vôtre.

PIERRE. — Ah! vous pouvez bien le chercher ! Vous y passeriez la nuit !...

DAMIEN. — Ah çà, vous moquez-vous de nous?

PIERRE. — Non, non, monsieur.

DAMIEN. — Je crois que si ! Allez au diable !

PIERRE. — Nenni, monsieur, je le renie. Bonsoir, bonsoir... je vas souper.

DAMIEN. — Grand bien vous fasse ! (Pierre s'en va.) Est-ce qu'il est fou, ce particulier-là?

MAURICE. — Je n'y comprends rien, mais j'ai dans l'idée que notre diable s'est bien conduit, et que s'il n'a pas fait peur aux oiseaux, il a effrayé un curé et un paysan. Quant au curé, voici la pièce de conviction ; emportons-la ; elle nous servira peut-être à retrouver notre diable, dont les aventures commencent à devenir intéressantes. Quant au paysan, je jurerais qu'il a cru voir le Follet, et qu'il en rêvera toute sa vie.

DAMIEN. — Alors notre diable a bien mérité de la comédie. Allons raconter cela à Eugène et à Émile. Ce tricorne va fournir à des commentaires pour toute la soirée.

SCÈNE III

Dans le château de Noirac

Une riche chambre à coucher.

DIANE, JENNY.

JENNY. — Ah! mon Dieu, madame! que vous m'avez fait peur !

DIANE. — Peur? Je ne suis pas habituée à m'entendre dire cela !

JENNY. — Oh! c'est vrai ! c'est que je suis si sotte !

DIANE. — Que faisais-tu là, sur cette chaise, au pied de mon lit? Tu dormais? à huit heures du soir !

JENNY. — Mon Dieu, oui ! Vous vous êtes levée de grand matin, aujourd'hui. Je vous attendais, et, tout en pensant à vous, je me suis endormie, la tête sur vos couvertures de soie. Je ne l'ai pas fait exprès.

DIANE. — Cela m'est égal. Tu es propre, jolie; tu peux t'appuyer sur mon couvre-pied pour dormir.

JENNY. — Madame est bien bonne.

DIANE. — Dis-tu ce que tu penses? Tu sais que je t'ai interdit la flatterie. Ce sont des manières de femme de chambre que je ne veux pas que tu prennes, toi qui n'es pas née pour ce métier-là, et qui ne serviras jamais que moi, je l'espère.

JENNY. — Je l'espère aussi, et je ne vous flatterai jamais. Je dis que vous êtes bonne, parce que vous avez un bon cœur.

DIANE. — Ce qui veut dire que j'ai une mauvaise tête ! Allons, ôte-moi donc mon amazone ! j'étouffe !

JENNY. — Oh! oui, vous avez chaud ! Il fait cependant bien frais, ce soir ; et moi, j'ai les mains gelées ; je n'ose pas vous toucher. Vous avez donc bien galopé?

DIANE. — Pendant plus d'une lieue sans souffler. Arrange-moi mes cheveux.

JENNY. — C'est drôle que ça vous amuse de courir comme ça avec votre amoureux, au lieu de causer bien doucement, bien tendrement, de votre prochain mariage?

DIANE. — Tu te figures qu'on ne doit penser qu'à cela, toi !

JENNY. — Dame ! c'est assez sérieux pour y penser ! Et à quoi pouvez-vous songer tous les deux, quand vous courez comme le vent, à travers les bois?

DIANE. — C'est justement pour ne penser à rien que je galope, et c'est parce que le mariage est un sujet sérieux que je n'y veux pas penser. Fais attention ! tu me tires les cheveux...

JENNY. — C'est bien étonnant, votre manière d'aimer !

DIANE. — Comment l'entendrais-tu, toi ? Voyons !

JENNY. — Oh ! comme je l'entendais avec mon pauvre Gustave ! Je ne me disais pas, comme vous, qu'une fois mariés nous aurions bien le temps de nous voir et de nous parler. Il me semblait que la vie ne serait jamais assez longue pour nous regarder, nous écouter, et rien qu'à me sentir les mains dans les siennes, j'aurais passé un an, bah ! une éternité, sans songer à bouger de place. Ah ! je n'aurais pas eu besoin de chevaux, de voiture, de mouvement, moi ! Je ne me serais souvenue ni de boire, ni de manger, tant qu'il était là !

DIANE. — Aussi tu l'as ennuyé, ton pauvre petit commis de magasin, et il t'a plantée là un beau matin.

JENNY. — C'est possible ! mais je ne comprends pas encore comment ce qui me rendait si heureuse a pu l'ennuyer... On a donc tort de trop aimer !

DIANE. — Non, mais on a tort de le trop montrer : les hommes en abusent !

JENNY. — Oh ! Gustave est un honnête homme ; il n'a pas cherché à me séduire !

DIANE. — Je le sais, je sais que tu es parfaitement pure ; mais tu es malheureuse ; il t'a délaissée, et tu le regrettes, tu l'aimes encore ?... Donne-moi ma robe de chambre et mes pantoufles, j'ai froid maintenant.

JENNY. — Mettez-vous donc auprès de la cheminée, je vais faire flamber des pommes de pin. Si vous buviez un peu de thé bien chaud ?

DIANE. — Ce sera trop long à attendre.

JENNY. — Mais non, il est là, tout prêt.

DIANE. — Bonne fille, tu penses à tout ! Veux-tu en prendre avec moi ?

JENNY. — Oh ! non, merci ! Je ne dors déjà pas trop !

DIANE. — Tu penses toujours à lui ?

JENNY. — A lui et à vous. Vous êtes les deux seules personnes qui m'ayez fait du bien.

DIANE. — Ah ! par exemple, je ne m'attendais pas à ce rapprochement. Il t'avait compromise, ruinée, abandonnée, et je croyais t'avoir sauvée de la misère et du désespoir.

JENNY. — Il m'a compromise dans le magasin et dans le quartier, c'est vrai ; et vous, sachant mon histoire malheureuse, vous m'avez prise à votre service, seulement parce que ma figure vous plaisait, quand vous veniez à mon comptoir acheter des manchettes et des petits bonnets de tulle. C'est bien bon de votre part ; mais lui, il ne pensait pas au tort qu'il pouvait me faire ; et d'ailleurs je suis compromise de mon plein gré, et sans y faire attention ; il m'a emprunté mes petites épargnes, et il n'a pas pu me les rendre, c'est encore vrai ; et vous, vous me donnez de beaux gages que je ne vous demandais pas. Je vous en suis bien reconnaissante, allez ! mais lui, quand il a accepté mon argent, c'est que je l'ai tant prié ! et il croyait si bien me donner le travail de toute sa vie en m'épousant ! ... Il m'a abandonnée, et vous m'avez recueillie ; mais il a été forcé par ses parents, et cela lui faisait tant de peine !

DIANE. — Allons, je le vois, tu meurs d'amour pour un ingrat, pour un égoïste, pour un lâche ; tu crois à sa loyauté, à ses regrets, et lui...

JENNY. — Lui m'a oubliée, vous allez dire ? Eh bien, tant mieux ! il ne souffre pas, lui, au moins !

DIANE. — Sais-tu que tu es une merveille de sentiment et d'abnégation, ma pauvre petite ? Mais cela ne donne point envie d'aimer, de voir comme tu es malheureuse !

JENNY. — Je suis malheureuse, c'est vrai ! je pleure jour et nuit, et cependant, vous voyez, je ne suis pas malade, et mon chagrin ne m'empêche pas de travailler.

DIANE. — Est-ce que tu crois que je m'inquiète de cela ?

JENNY. — Je sais bien que non ! mais c'est pour vous dire que mon malheur ne me tue pas, et que je n'ai pas envie de me consoler.

DIANE. — En vérité ?... Donne-moi un verre de vin de Chypre, ce thé m'affadit l'estomac.

JENNY. — Oh ! que vous avez tort de boire comme ça un tas de choses qui vous excitent les nerfs !

DIANE. — Bon, donne toujours ! Tu dis que tu n'a pas envie de te consoler ?

JENNY. — Non, j'ai du plaisir à me souvenir, à repasser tout mon bonheur dans ma pauvre tête. Comment vous dirai-je ? je suis contente d'aimer toujours et de me dire à

tout moment que si je ne suis plus aimée, ce n'est toujours pas ma faute.

DIANE. — J'entends, l'amour était pour toi un culte, une religion ; tu gardes une foi ardente et généreuse dans ton cœur ; et tu plains l'être faible qui a laissé mourir la flamme sainte dans le sien.

JENNY. — Je ne saurais pas dire cela comme vous, et pourtant il me semble que vous dites ce que je pense.

DIANE. — Tu es un être bizarre, Jenny ! bien grand, bien fort peut-être dans sa faiblesse. Je ne suis pas bien sûre de ne pas t'envier ta manière d'aimer... mais il y a une chose certaine, c'est que je me sens humiliée auprès de toi d'être ce que je suis !... Tiens, ne me parle plus de ton Gustave, jamais.

JENNY. — C'est comme vous voudrez. Voulez-vous que je m'en aille, madame ?

DIANE. — Non, reste encore, redonne-moi du thé, ce vin chaud m'altère... Non, allume-moi un cigare... un gros cigare, et parlons d'autre chose.

JENNY. — Ah ! si cela vous était égal, je m'en irais ; votre gros cigare me donne la migraine.

DIANE. — Allons donc, petite-maîtresse ! il faut t'y habituer. Nous ne sommes plus au temps des marquises ambrées et musquées. Tu es avec une lionne, et une lionne sent le tabac et l'écurie, il n'y a pas à dire.

JENNY. — C'est bien drôle ; mais de quoi voulez-vous que je vous parle, si ce n'est de mon amour ?

DIANE. — Je t'ai écoutée assez longtemps sur ce chapitre-là ; parle-moi du mien.

JENNY. — De votre amour, à vous ?

DIANE. — Eh bien, oui ; on dirait que tu n'y crois pas ?

JENNY. — Je ne dis pas ça, mais je n'y comprends rien.

DIANE. — Tiens ! tu me donnes envie de rire.

JENNY. — Riez, madame, si ça peut vous égayer.

DIANE. — Ah ! tu dis là une bêtise qui a un grand sens, ma pauvre Jenny, et qui me donne envie de pleurer.

JENNY. — Ah ! mon Dieu ! est-ce que vous avez du chagrin aussi, vous, madame ?

DIANE. — Je crois que j'en ai plus que toi.

JENNY. — Est-ce que vous n'aimez pas M. Gérard de...

DIANE. — Ne me dis pas son nom. Il a un grand nom nobiliaire, et c'est là une des choses dont je me suis sottement éprise ; à présent que je me suis habituée à l'idée de le porter, ce nom m'ennuie. Je le trouve bête. Comment s'appelait-il, ton Gustave ?

JENNY. — Oh ! il avait un joli nom, lui ! il s'appelait Baluchon. Vous riez ?

DIANE. — Baluchon ! ah ! que tu m'amuses !

JENNY. — Pourquoi donc ? Allons, voilà que vous devenez sérieuse ?

DIANE. — Est-ce qu'il était content de s'appeler Baluchon ?

JENNY. — Il n'en était ni fier, ni vexé : ça lui était bien égal.

DIANE. — Eh bien, il avait plus d'esprit que le comte Gérard, qui est si fier et si content de s'appeler comme il s'appelle ! Et à cause de cela, j'aimerais mieux m'appeler madame Baluchon que la marquise de Mireville.

JENNY. — Oh ! ne dites pas cela ! vous ne voudriez pas vous appeler madame Baluchon ! c'était bon pour moi ; mais vous, qui avez déjà un nom noble, il vous en faut un plus noble encore. Je sais vos idées : vous dites qu'il faut toujours monter, jamais descendre.

DIANE. — C'est vrai ; mais on descend parfois en croyant monter, et j'ai peur que cela ne m'arrive. Je suis comtesse, et je me suis imaginé qu'il était plus beau d'être marquise. Eh bien, c'est une niaiserie. Il faudrait cesser d'être comtesse et porter un nom roturier, mais illustré par une gloire personnelle. Ce serait plus de mon siècle, ce serait de meilleur goût. Comprends-tu cela, toi ?

JENNY. — Je vois que vous aimez les noms et pas les personnes ; à moins que... Est-ce que vous donneriez dans ces jeunes artistes qui sont vos voisins ?

DIANE. — Moi ? fi donc ! je ne les connais pas ; et d'ailleurs, des artistes qui commencent ! des gens d'esprit, dit-on, mais inconnus encore...

JENNY. — S'ils ont du talent ?

DIANE. — Le talent ; c'est joli , mais c'est de la célébrité que je voudrais... si je voulais quelque chose !... Mais le pire de l'affaire, c'est que je ne veux rien, que je ne désire rien dont je ne me dégoûte aussitôt ! C'est que je suis un peu blasée... Connais-tu ce mot-là ? c'est que je m'ennuie, pour tout dire.

JENNY. — Oh ! je le sais bien que vous vous ennuyez ! ça se voit bien dans tout ce que vous faites. Vous avez envie de tout, et puis de rien...

DIANE. — Enfin j'ai des caprices, n'est-ce pas ?

JENNY. — Mais, oui !

DIANE. — Et cela te fait damner ?

JENNY. — Non, cela m'afflige. Je crains que vous ne vous rendiez malheureuse.

DIANE. — Ah ! si je pouvais être malheureuse à ta manière ! pleurer un absent, aimer un ingrat... Tiens, cela me donne une idée ! c'est de renvoyer mon beau marquis, pour voir si je le regretterai.

JENNY. — Oh ! madame, ne jouez pas à ce jeu-là ! S'il ne revenait pas !

DIANE. — Eh bien, de deux choses l'une : ou je serais débarrassée d'un prétendant qui m'ennuie, ou je le pleurerais sérieusement, et cela me désennuierait.

JENNY. — Ah ! madame, vous n'aimez pas !

DIANE, bâillant. — Ah ! tu as fini par trouver ça, toi ! Allons, je m'endors ; allume ma lampe, et va te coucher. J'espère qu'à force de galoper avec mon amoureux et de parler de lui, je pourrai dormir cette nuit.

SCÈNE IV

Chez Jacques

JACQUES, RALPH, achevant de souper.

RALPH. — Voilà d'excellent café ! J'admire qu'un homme perdu, comme vous l'êtes si souvent, dans la recherche ou la contemplation des idées abstraites, sache se créer une sorte de bien-être intérieur.

JACQUES. — J'ai un bon domestique, et je tâche de le laisser se croire le maître, voilà tout. Je ne m'aperçois pas beaucoup du plus ou du moins de bien-être qu'il me procure ; mais puisque vous le remarquez, vous qui vous y entendez davantage, je lui ferai compliment du parti qu'il sait tirer de nos faibles ressources. Voulez-vous faire une partie d'échecs ?

RALPH. — La lune est belle, si nous faisions un tour de jardin avant de nous enfermer ? Il n'est que neuf heures.

JACQUES. — Volontiers ! Mais, tenez, il est bien petit, mon jardin, et c'est bientôt fait, le tour de mes carrés de fleurs et de légumes. Ma haie a une entrée dans le parc voisin, qui est fort beau, et où j'ai la permission de me promener à toute heure. Il vous sera plus agréable de regarder la lune à travers la voussure splendide des vieux chênes et dans le miroir des larges bassins qu'à travers mes espaliers et dans le fond de mon puits.

RALPH. — Je ne me déplais nulle part avec vous ; allons où vous voudrez.

(Ils marchent et entrent dans le parc.)

SCÈNE V

Dans le parc

LES MÊMES, puis FLORENCE.

RALPH. — Ce lieu-ci est fort beau, en effet, et voilà pour vous un agréable voisinage.

JACQUES. — Certes, et c'est bien moi qui puis le dire : Voir, c'est avoir. Je puis même ajouter : Jouir est meilleur que posséder, car je profite de ce beau parc et de ce riant jardin qui sont sous ma main, j'admire les eaux et les arbres, je respire les fleurs, je me perds dans de longues allées et dans de longues rêveries, et je n'ai pas la peine de surveiller une propriété, une fortune, une source profonde de soucis, de scrupules de conscience ou d'avidité inquiète.

RALPH. — Le propriétaire de cette riche demeure est votre ami ?

JACQUES. — Nullement. Pendant de longues années, le propriétaire a été absent. Il est mort, et son héritière, sa veuve, est une jeune dame qui y est venue pour la première fois il y a huit jours. Son arrivée m'a un peu contrarié ; je craignais qu'elle ne me retirât le privilège de promenade que je tenais ici de son intendant ; mais elle me l'a fait renouveler avec beaucoup de grâce.

RALPH. — Vous l'avez vue, cette dame ?

JACQUES. — Oui, j'ai été la remercier ; elle est fort polie, fort belle et fort aimable, comme on l'entend dans le monde. J'ignore si elle a de l'esprit. Les femmes ne montrent pas leur esprit au premier venu.

RALPH. — Ah ! vous vous regardez comme le premier venu, monsieur Jacques ?

JACQUES. — Sans faire de modestie, j'étais le premier venu pour elle, surtout avec le costume demi-villageois que je porte, et qui m'a paru cadrer fort peu avec les habitudes de luxe de cette merveilleuse.

RALPH. — Si elle se soucie du costume, cela prouve peu de jugement.

JACQUES. — Oh ! du jugement ! il ne faut guère en demander aux femmes de cette classe. Elles reçoivent une éducation et subissent des habitudes qui doivent fausser toute droiture, toute simplicité d'esprit. Mais dont nous parlons va se remarier avec un marquis de votre connaissance, Gérard de Mireville, un des grands noms de cette province.

RALPH. — La dame est d'origine bourgeoise, sans doute ?

JACQUES. — Je crois que oui.

RALPH. — La voilà jugée pour moi. Je connais peu ce marquis ; je l'ai rencontré en chasse. Il m'a paru marquis et rien de plus. Mais il me semble que nous faisons là des commérages. Si nous reprenions notre entretien de tantôt ?

JACQUES. — Volontiers. Vous m'accordiez, quand nous sommes rentrés, que le dogme du ciel et de l'enfer était un mythe dont l'explication saine et raisonnable n'excluait pas l'idée salutaire et vraie des châtiments et des récompenses pour l'âme immortelle.

RALPH. — Un instant ! Je n'accepte pas les châtiments éternels.

JACQUES. — Ni moi non plus, ni le vrai christianisme non plus. Pour Jésus, le paradis devait régner bientôt sur la terre, et par cela même le règne du mal était détruit. Passons. Vous convenez, n'est-ce pas, que le diable étant une création grossière de l'imagination, il n'est pas nécessaire à une religion, pour qu'elle soit une religion, d'admettre cette burlesque personnification du mal ?

RALPH. — Sans doute. Le mal lui-même n'est qu'un effet, il n'est pas une cause. Il est le résultat de l'ignorance. Il n'y a pas de mal dans l'œuvre de Dieu ; il y a le clair et l'obscur ; que la lumière envahisse l'ombre, celle-ci disparaît et le mal cesse.

JACQUES. — Bien ! Vous convenez aussi que cette croyance aux mauvais esprits a entretenu de siècle en siècle chez les gens simples, et surtout chez les paysans, une idolâtrie qui dure encore ?

RALPH. — J'en suis persuadé. C'est une croyance honteuse, lâche, détestable en tout point. Je l'extirperais du christianisme moderne très-volontiers, et ce serait encore le christianisme.

JACQUES. — Une religion ?

RALPH. — Ah ! voilà ! il s'agirait d'interpréter autrement le dogme des châtiments après la mort et l'influence du mal sur la nature humaine, et ce ne serait peut-être plus une religion, mais seulement une philosophie ! Malheureusement les figures merveilleuses que les abstractions ont prises dans l'esprit des peuples sont ce qu'ils appellent le dogme, et vous aurez grand'peine à leur faire comprendre que ne pas croire à la réalité de ces figures, ce n'est pas ne croire à rien, ce n'est pas être impie. Et le jour, le jour fatal, inévitable, où les peuples passeront de l'idolâtrie de l'image à la lumière du symbole, sera un jour d'effroi, d'athéisme et de confusion pire peut-être que ce qui existe aujourd'hui.

JACQUES. — Dieu seul le sait, mon ami ; mais je crois qu'il nous permet d'en douter. Vous reconnaissez que le jour de la raison est fatal, inévitable ; que l'ignorance est le mal, et vous vous effrayez d'une crise intellectuelle destinée de tout temps, dans les desseins de Dieu, à dissiper les ténèbres de l'esprit humain ? Que ce soit au prix de beaucoup d'erreurs et de blasphèmes passagers, je le crains ; mais que ce qui existe aujourd'hui chez le peuple, en matière de foi, ne soit pas de beaucoup plus dangereux et plus coupable, pouvez-vous le nier ?

RALPH. — J'avoue que sous ce rapport je retrouve, après vingt ans de séjour aux colonies, la France beaucoup moins avancée que je ne m'y attendais ; c'est pourquoi je m'effraye de l'athéisme qui doit succéder à des préjugés si tenaces.

JACQUES. — Mais pourquoi voulez-vous que cela finisse absolument par une crise ? Le jour où l'on ne disputera plus sur les mots philosophie et religion, où les Églises constituées admettront que quiconque observe la doctrine évangélique est orthodoxe...

RALPH. — Jamais elles n'admettront pareille chose. Qui dit Église dit Exclusivisme.

JACQUES. — Alors un jour viendra donc où il n'y aura plus d'Églises, car l'esprit humain tend à s'affranchir, même au prix de ses croyances les plus chères. Nous ne pouvons ni hâter ni retarder ce moment ; sauvons au moins la doctrine évangélique en nous-mêmes, sauvons-la à tout prix, nous aussi, dussions-nous passer pour hérétiques auprès des orthodoxes, pour niais auprès des athées. Défendons-nous des derniers surtout ; ne laissons pas mourir nos âmes ! Mais nous ne sommes pas seuls sous cet arbre, quelqu'un nous écoute. Qui êtes-vous, mon ami, et que voulez-vous ?

FLORENCE. — Je m'appelle Florence, et je suis employé au château. Si je suis indiscret, je me retire. Mais il m'a semblé que vous parliez de choses générales, et votre conversation m'intéressait beaucoup.

JACQUES. — Eh bien, si vous êtes au courant de ce que nous disions, donnez-nous une conclusion.

FLORENCE. — Une conclusion ? Vous vous moquez, monsieur Jacques, car c'est vous qui demeurez là, derrière la grande haie ?

JACQUES. — Précisément.

FLORENCE. — Vous passez pour un vrai philosophe et pour un homme de bien ; aussi j'ai beaucoup de respect pour vous, et je me garderais bien de conclure après vous.

JACQUES. — Êtes-vous de mon avis, qu'on peut être à la fois très-raisonnable et très-bon chrétien ?

FLORENCE. — Il me semble que oui. J'avoue n'avoir jamais beaucoup réfléchi à cela. Je suis l'enfant de mon siècle, et très-porté, par conséquent, à me laisser guider par les instincts.

RALPH. — Si les vôtres sont bons !...

FLORENCE. — Je ne les ai jamais sentis ni déraisonnables ni pervers ; mais ce que M. Jacques disait tout à l'heure m'a frappé, et je me demandais si ce que je prends pour mes bons instincts seulement n'était pas l'œuvre du christianisme dans l'humanité. Oui, cela doit être. Si j'osais quelquefois vous demander de causer avec vous, monsieur Jacques... le soir, à la veillée, quand vous vous promenez comme cela dans le parc ?...

JACQUES. — De grand cœur, mon cher enfant ; nous chercherons ensemble, car je vous assure que je ne sais rien encore, tout vieux que je suis. Pour commencer, restez avec nous, si bon vous semble.

FLORENCE. — J'en serais bien content ; mais j'entends qu'on m'appelle et je suis forcé de vous quitter. Je suis fonctionnaire dans la maison, comme vous diriez si vous en étiez le maître ; mais, dans le langage et les idées qui y règnent, je suis domestique, et rien de plus.

RALPH. — Comment ! vous êtes...

FLORENCE. — Je suis le jardinier-fleuriste de madame la comtesse, que je n'ai pas encore l'honneur de connaître, car je suis ici depuis ce matin. Je vous salue, messieurs, et me mets à votre service autant qu'il me sera possible.

(Il s'éloigne.)

RALPH. — Voilà un garçon qui a l'air ouvert et distingué. Est-ce vraiment un jardinier ?

JACQUES. — Je ne le connais pas plus que vous, mais puisqu'il le dit, il faut le croire. Tous les hommes de cette classe n'ont pas ces manières-là ; mais aujourd'hui on voit de si rapides progrès que malgré soi on se surprend à dire : « Est-il possible qu'un ouvrier pense et parle de la sorte ? » Mais vous voyez... ce jeune homme nous avoue qu'il n'a jamais beaucoup songé à l'Évangile, c'est-à-dire qu'avec beaucoup d'intelligence et de cœur peut-être, il n'est pas sûr de sa religion. Pensez-vous qu'il soit une exception parmi ceux qu'on a baptisés depuis le commencement de ce siècle ?

SCÈNE VI

Dans la serre du château de Noirac

FLORENCE, JENNY.

FLORENCE. — Est-ce vous qui m'appelez, mademoiselle ?

JENNY. — Ai-je bien dit votre nom, monsieur ? Pardonnez-moi, je n'y suis pas encore habituée.

FLORENCE. — Vous l'avez très-bien dit. Qu'avez-vous à m'ordonner ?

JENNY. — Oh ! je n'ordonne rien, moi ; je ne suis que la femme de chambre de madame.

FLORENCE. — Je le sais bien ; mais je me ferais un plaisir de recevoir vos ordres.

JENNY. — Vous êtes trop honnête; mais il ne s'agit pas de moi, c'est madame qui désire que demain matin, quand elle s'éveillera, toutes les jardinières du salon soient renouvelées.

FLORENCE. — Bien! Mais qu'est-ce que madame appelle le matin? Midi, n'est-ce pas?

JENNY. — Oh! mon Dieu, c'est tout aussi bien minuit que midi; il n'y a précisément pas d'heure pour elle.

FLORENCE. — J'entends! il faut que les heures et les gens marchent au gré de sa fantaisie.

JENNY. — Vous êtes moqueur, monsieur Florence! Moi, je ne me moque jamais de madame; elle est très-bonne, et elle l'a été pour moi en particulier.

FLORENCE. — Je sais qu'elle vous a marqué de l'intérêt, et cela prouve un cœur bien placé, je le reconnais.

JENNY. — Vous le savez?

FLORENCE. — Je sais beaucoup de choses qui ne sont connues ici que de vous et de votre maîtresse. Soyez tranquille! tout ce que je sais est à votre avantage, et, en fût-il autrement, je n'en abuserais pas.

JENNY. — Mon Dieu, d'où me connaissez-vous donc?

FLORENCE. — Vous ne vous souvenez donc pas du tout de ma figure? Oh! moi, je n'avais pas oublié la vôtre!

JENNY. — Votre figure? si fait! Quand je vous ai vu arriver ce matin, je me suis dit que je ne vous rencontrais pas pour la première fois; mais il m'est impossible de dire où et quand je vous ai vu. Pardonnez-le-moi; je suis un peu distraite.

FLORENCE. — Non, vous n'êtes pas distraite naturellement. La distraction d'habitude, c'est de la négligence, c'est l'absence de goût et de conscience dans le travail; mais on devient préoccupé par suite d'un grand chagrin.

JENNY. — C'est vrai, ce que vous dites-là.

FLORENCE. — Aussi je vous pardonne bien de n'avoir pas fait la moindre attention à moi au magasin.

JENNY. — Ah! c'est vrai; c'est au magasin que je vous ai vu! Mon Dieu, c'est vous qui avez remplacé...

FLORENCE. — Oui, c'est moi qui ai remplacé Gustave. Le lendemain de son départ, vous avez jeté les yeux sur la place qu'il occupait au comptoir, et vous avez vu que je n'étais pas lui, voilà tout.

JENNY. — J'en conviens, j'étais habituée...

FLORENCE. — De tout ce qu'on m'a dit sur vous et sur lui, je ne croirai que ce que vous voudrez.

JENNY. — Ah! monsieur, croyez ce que vous voudrez vous-même; tout, excepté quelque chose de mal de sa part ou de la mienne. Nous nous sommes aimés, il m'a quittée au moment de m'épouser. Il a obéi à ses parents qui l'envoyaient à Bordeaux. Voilà tout; je ne me plains pas de lui!

FLORENCE. — Il a manqué à sa parole, c'est un grand mal.

JENNY. — Il l'avait donnée imprudemment.

FLORENCE. — Ce n'est guère mieux.

JENNY. — Laissez-le tranquille, ne le blâmez pas; cela ne raccommode rien et me fait de la peine.

FLORENCE. — Savez-vous, mademoiselle Jenny, que si vous n'êtes pas un ange, votre figure est bien trompeuse?

JENNY. — Ma figure? Il fait nuit, vous ne la voyez seulement pas.

FLORENCE. — Mais je l'ai vue ce matin, et je l'ai vue là-bas, au comptoir; je l'ai beaucoup regardée, et, comme vous n'y faisiez pas la moindre attention, cela m'était bien permis.

JENNY. — Bonsoir, monsieur Florence. Il se fait tard, et vous vous levez matin, j'imagine?

FLORENCE. — Mademoiselle Jenny, je vous dis ces choses-là simplement, amicalement, et sans songer à vous faire la cour. N'ayez donc aucune méfiance de moi. Je sais que vous avez aimé, que vous aimez encore, et que je ne persuaderais pas votre cœur. Croyez-moi assez honnête homme pour n'avoir pas l'idée de vous séduire par des compliments; ce serait m'adresser à votre vanité et compter sur un vice de l'âme que vous n'avez pas.

JENNY. — En vérité, monsieur Florence, vous me rendez confuse. C'est vrai, j'ai cru que vous vouliez me faire la cour; cela me fait peur et me rend triste à présent, l'idée qu'on peut vouloir s'occuper de moi! Mais je vois, à la manière honnête dont vous me parlez, que je n'ai pas à me méfier de vous.

FLORENCE. — Vous auriez grand tort. Une femme belle et pure, qui sait aimer et pardonner, m'inspire un grand respect, et je ne suis pas un libertin pour désirer de lui tourner la tête sans posséder son affection.

JENNY. — C'est très-bien dit. Je crois que vous avez beaucoup plus d'esprit que moi, mais j'ai assez de cœur et de sincérité pour comprendre des choses que je ne saurais pas dire. Et maintenant, puisque nous voilà sans méfiance, expliquez-moi donc comment il se fait que, de commis marchand, vous soyez devenu jardinier-fleuriste?

FLORENCE. — Je ne me destinais pas plus à l'horticulture qu'au commerce. Je sais tenir des livres et cultiver des fleurs; mais, ne voulant pas être dans la misère par ma faute, j'ai pris d'abord la première chose qui s'est présentée. Je ne suis resté au magasin que le temps nécessaire à mes amis pour me trouver un emploi plus agréable. Celui-ci s'est rencontré, et, ce qui m'a décidé à l'accepter tout de suite, c'est vous.

JENNY. — Comment cela?

FLORENCE. — Aimant ce métier-là comme on aime un art, j'aurais souhaité me consacrer à l'entretien de quelque jardin public, où j'aurais pu, sous la direction de quelque savant, me perfectionner dans la botanique. La perspective d'être au service d'une belle dame qui ne doit voir en moi qu'un domestique chargé de lui faire des bouquets et de décorer ses appartements ne me souriait guère. Mais quand j'ai su qu'il s'agissait de cette même comtesse de Noirac qui demeurait en face de notre magasin et qui vous avait emmenée, je me suis rappelé que cette femme m'avait paru accorte et bonne, malgré ses airs éventés, et j'ai espéré que vous trouveriez encore auprès d'elle. L'idée de vivre, ne fût-ce que quelque temps, auprès de vous, pour qui j'ai autant d'estime que de sympathie, m'a été douce, et je n'ai pas hésité.

JENNY. — Je vous en remercie, monsieur Florence; mais je ne sais pas si nous nous verrons beaucoup. Vous habitez seul ce pavillon là-bas, vous travaillez toujours dans les serres, et moi je ne me promène pas souvent, je ne sors guère des appartements de madame; vous ne mangez pas à l'office...

FLORENCE. — Oh! ce n'est pas fierté! Je ne prétends pas m'élever au-dessus des autres, j'obéis aux conditions qu'on m'a tracées. J'ai un logement séparé, j'ai un traitement pour me nourrir; je m'entretiens à ma guise... Ah! pourquoi n'avez-vous pas soixante ans? Je vous offrirais de venir partager mon modeste repas, je vous soignerais, je jouirais de votre entretien, et personne n'en médirait, je pense!

JENNY. — Soixante ans! je voudrais les avoir!

FLORENCE. — Est-ce que vous n'espérez pas guérir de votre chagrin avant cet âge-là?

JENNY. — La raison dit que si, mais le cœur dit encore que non... Attendez! est-ce que vous n'entendez pas sonner?

FLORENCE. — Si fait, on sonne dans cette aile du château et depuis longtemps.

JENNY. — Ah! mon Dieu, c'est madame! je la croyais endormie!... Pourvu qu'elle ne soit pas malade! Bonsoir, mon nouveau camarade, ou plutôt mon ancien camarade, puisque nous avons déjà travaillé ensemble.

FLORENCE. — Vous l'aviez oublié!

JENNY. — Cette fois je ne l'oublierai plus. Pensez aux fleurs du salon, demain matin; beaucoup de fleurs qui sentent fort; madame n'aime que ce qui l'entête.

FLORENCE. — Je crois que vous dites-là, sans malice, une grande vérité! Mais un mot encore, mademoiselle Jenny; soyez assez bonne pour ne dire à personne que j'ai été dans le commerce; on en conclurait que je suis mauvais jardinier; attendez qu'on ait mis mon talent à l'épreuve, et alors je ne m'en cacherai plus.

JENNY. — Je serais fâchée de vous faire du tort, je ne dirai rien.

SCÈNE VII

Sur le balcon de la chambre de Diane

DIANE, JENNY.

JENNY. — Mon Dieu, madame, est-ce que vous êtes souffrante?

DIANE. — Non, j'ai mal aux nerfs; je ne peux pas dormir.

JENNY. — Je le crois bien! Monter à cheval, boire du vin sur du thé, du thé sur du vin; et puis un gros cigare! Il ne m'en faudrait pas la moitié pour ne pas fermer l'œil d'une semaine! Comme vous êtes là pieds nus et la tête découverte par le frais de la nuit!

DIANE. — Cela m'est agréable.

JENNY. — Vous voulez donc vous tuer?

DIANE. — Oui, si je croyais qu'on s'amusât mieux dans l'autre monde que dans celui-ci. Crois-tu à un autre monde, toi?

JENNY. — Oh! je crois au ciel. Il faut bien qu'il y ait du bonheur quelque part!

DIANE. — Alors, tu crois à l'enfer aussi!

JENNY. — Moi, je ne sais pas; je n'y ai guère pensé jusqu'à présent.

DIANE. Et en y pensant?

JENNY. — Je crois bien que je n'y crois pas.

DIANE. — Tu es donc hérétique, petite?

JENNY. — Je ne sais pas; et vous, madame?

DIANE, riant. — Moi, je doute de tout, ce qui ne m'empêche pas d'être bonne catholique. C'est bien porté! Ah çà! dis-moi donc, babillarde, avec qui causais-tu tout à l'heure sous ma fenêtre, que tu ne m'entendais pas sonner?

JENNY. — J'étais en train de dire à votre nouveau jardinier-fleuriste de renouveler les fleurs du salon demain matin.

DIANE. — Tu lui as dit cela bien longuement. Est-ce qu'il te fait déjà la cour, celui-là?

JENNY. — Non, madame.

DIANE. — Comment est-il, ce garçon? Je ne l'ai pas encore vu.

JENNY. — Il est très-bien.

DIANE. — Qu'est-ce que tu appelles très-bien? Aussi bien que Gustave?

JENNY. — Oh! non, pas si bien!

DIANE. — En ce cas, il est affreux; car je l'ai vu, ton Gustave; il était laid.

JENNY. — Je le voyais beau.

DIANE. — Pauvre fille, je te fais de la peine! J'avais résolu de ne plus t'en parler.

JENNY. — Oh! je veux bien en parler.

DIANE. — Non, non, j'en ai assez. Parle-moi de ton nouvel amoureux, car je suis sûre que ce jardinier t'en a conté tout à l'heure. J'ai compris cela aux inflexions de sa voix... qui est fort agréable, par parenthèse. Quel est-il? d'où sort-il?

JENNY. — Je ne saurais vous dire qui il est. Il s'appelle Florence.

DIANE. — Tiens? c'est un nom de comédie, c'est un nom d'emprunt, cela. Florence, jardinier-fleuriste... Oui, oui, c'est quelque nom de guerre, de compagnonnage, comme ils disent, je crois. Ah çà! a-t-il l'air d'être bon jardinier?

JENNY. — Mais je ne sais pas quel air il faut avoir pour cela!

DIANE. — Que tu es épilogueuse! A-t-il l'air de s'occuper de son emploi, de l'aimer?

JENNY. — Il m'a dit qu'il aimait son métier comme un art.

DIANE. — Il a dit cela? Voilà juste le jardinier qu'il me fallait. Et il a admiré les serres?

JENNY. — Je ne sais pas.

DIANE. — Quel âge a-t-il?

JENNY. — Vingt-cinq ou trente ans, peut-être plus, peut-être moins!

DIANE. — C'est clair. Est-il blond ou brun?

JENNY. — Il est brun. Non, il est plutôt blond... Ma foi, je n'ai pas bien remarqué cela.

DIANE. — Ah! Jenny, tu ne regardes plus aucun homme. Que tu es belle d'aimer ainsi! Comment fais-tu?

JENNY. — Pour aimer? C'est malgré moi.

DIANE. — Oui, et c'est malgré elle aussi que la rose sent bon. Tiens, sérieusement, je voudrais pleurer.

JENNY. — Pleurer cela? Ah! vous êtes malade; Voyons, madame recouchez-vous; je vous en prie. Soignez-vous par amitié pour moi, si ce n'est par précaution pour vous-même.

DIANE. — Tu m'aimes donc un peu, toi? Dis la vérité.

JENNY. — Oh! je vous aime de tout mon cœur.

DIANE. — Tu mens, ton cœur est à ton infidèle.

JENNY. — Tout ce qui m'en reste est à vous.

DIANE. — Bonne créature! Allons, je vais me coucher; mais je sens bien que je ne pourrai pas dormir.

JENNY. — Je resterai auprès de vous sans rien dire, jusqu'à ce que vous dormiez.

DIANE. — Tiens, traite-moi comme un enfant. Sais-tu quelque chanson?

JENNY. — Oh! oui, j'en sais beaucoup.

DIANE. — Tu ne chantes pas faux, par hasard?

JENNY. — Je n'en sais rien.

DIANE. — N'importe! chante sur ce balcon, et si je ne te parle pas, rentre sans bruit, ferme ma fenêtre, et va te coucher.

SCÈNE VIII

Sur un chemin, auprès du parc de Noirac

MAURICE, DAMIEN, EUGÈNE.

EUGÈNE. — Entendez-vous chanter?

DAMIEN. — Oui, cela vient du château. La voix est jolie.

EUGÈNE. — Il me semble que c'est très-joliment chanté. Ah! c'est un air d'opéra comique. Je connais ça. Qu'est-ce que c'est donc?

DAMIEN. — C'est de *la Dame blanche* : « Tournez, fuseaux

légers...» C'est un joli air; mais je crois que la chanteuse n'en sait pas plus long que moi, en fait de musique.

MAURICE. — Ça m'est égal, ça me plaît. Est-ce que c'est cette grande lionne maigre, qui chante si gentiment que ça?

EUGÈNE. — Ce n'est pas possible. Elle doit rugir et non roucouler, la lionne de Noirac.

DAMIEN. — Diantre! elle est belle pourtant.

EUGÈNE. — Trop sèche, et peinte comme une image, je vous en réponds.

DAMIEN. — Oh! que non.

EUGÈNE. — Oh! que si. Je me connais en détrempe, moi qui ai été peintre en décors.

MAURICE. — Elle n'est pas plus peinte qu'une autre. Toutes les jeunes femmes un peu élégantes de ce temps-ci se peignent les joues, les lèvres, le tour des yeux. Elles épilent leurs sourcils pour les réduire à un mince filet arqué, elles se font des cils, ou plutôt des ombres portées de cils imaginaires avec du cohoul asiatique; elles ont du blanc et du rouge dès le matin; mais il faut dire que la peinture des femmes est en progrès, et qu'elles réussissent à se faire des têtes charmantes. C'est amusant à regarder.

DAMIEN. — Pour moi, c'est affreux.

EUGÈNE. — C'est affreux quand c'est mal fait, mais quand c'est réussi, c'est, comme dit Maurice, amusant à regarder.

DAMIEN. — C'est amusant comme un décor d'opéra; mais en comparaison de la nature...

MAURICE. — Oh! la nature, qui est-ce qui se soucie de la nature aujourd'hui?

DAMIEN. — Nous trois au moins, j'espère.

MAURICE. — Nous nous en soucions trop peut-être! Nous avons un malheur, nous autres, savez-vous? Nous sommes trop critiques.

DAMIEN. — C'est vrai; mais sommes-nous les seuls?

MAURICE. — C'est le travers du siècle; mais, en général, les jeunes artistes s'y abandonnent avec plaisir et ne s'en rendent pas compte. Nous, nous combattons ce travers chez les autres, et nous y tombons nous-mêmes. Nous aimons tant à examiner et analyser la nature, que nous arrivons à ne plus savoir par quel bout la prendre pour la traduire. Nous concevons tant de manières de l'interpréter, que nous n'osons plus en adopter une, et nous allons devant nous, attendant du ciel ou du hasard le mot d'une énigme que nous avons trop cherchée.

DAMIEN. — Va, va, nous ne sommes pas les seuls, encore une fois! Tout le monde est malade de cela, et puisque nous connaissons notre maladie, nous pourrons en guérir un jour.

MAURICE. — Espérons-le... mais c'est triste à dire, il n'y a plus d'art! Il y a encore quelques grands artistes... mais il n'y a plus de doctrine d'art, plus d'école, plus de chemin tracé où l'on puisse marcher selon ses forces, plus ou moins bien, mais du moins dans une voie de vérité ou de certitude.

EUGÈNE. — Avez-vous remarqué une chose? C'est que les maîtres ne font plus d'élèves; on dirait qu'ils ne savent pas enseigner, ou que personne ne sait plus apprendre.

DAMIEN. — A quoi ça tient-il? Tiens, voilà un curé qui passe, je vais le lui demander!

EUGÈNE. — Minute, regarde son chapeau, c'est une autre question à lui faire. Monsieur le curé, nous vous souhaitons le bon soir.

LE CURÉ DE SAINT-ABDON. — Êtes-vous des voleurs? N'approchez pas, tas de coquins, ou je vous fends la tête avec le manche de mon fouet!

MAURICE. — Ah! que vous êtes méchant, ce soir, monsieur le curé de Saint-Abdon? Vous ne nous reconnaissez pas?

LE CURÉ. — Tiens, c'est vous! Ah! vous m'avez fait peur! Je m'endormais sur mon cheval, vous m'avez réveillé en sursaut. Ah çà! où suis-je?

MAURICE. — Auprès du parc.

LE CURÉ. — Je ne me reconnais pas! Vous m'attrapez!

DAMIEN. — Parole d'honneur!

LE CURÉ. — Je ne vous crois pas.

MAURICE. — A notre parole d'honneur?

LE CURÉ. — Bah! qu'est-ce que c'est que des paroles d'honneur comme ça?

EUGÈNE. — Par quoi faut-il jurer? Par le ciel ou l'enfer?

LE CURÉ. — Ah! bien oui! voilà des choses dont vous vous moquez pas mal!... Ah! je me reconnais! Voilà le mur du parc. Tiens! je suis à deux pas de l'endroit d'où je suis sorti il y a une heure.

MAURICE. — Vous avez déjà dormi une heure?

LE CURÉ. — Après tout, je n'en sais rien. Bonsoir, mauvais plaisants. Vous voulez me jouer quelque tour!

MAURICE. — Méfiant comme un prêtre!

LE CURÉ. — Pardieu, vous êtes si gentils avec les prêtres, vous autres philosophes!

MAURICE. — Philosophes, nous? Vous nous faites trop d'honneur, monsieur le curé! Nous ne croyons pas en avoir donné jusqu'à présent beaucoup de preuves.

LE CURÉ. — Bah! tous les jeunes gens, tous les artistes sont comme ça à présent. C'est une mode! Adieu, vous dis-je. Lâchez donc mon cheval!

MAURICE. — Rendez d'abord ce chapeau qui n'est pas à vous.

LE CURÉ. — Ce chapeau? au diable le chapeau! Je le sais bien, qu'il n'est pas à moi, il m'est fort incommode! Mais il n'est pas à vous autres non plus. C'est un champignon rustique. Le mien était en forme de céleste triangle, il n'y manquait que des rayons. Il m'en serait peut-être poussé; mais le diable s'en est mêlé, vous dis- e. Voyons, l'avez-vous vu, mon chapeau? mon vrai chapeau?

EUGÈNE. — Vous ne le voyez pas sur ma tête? Il y a quatre heures que je le promène par-dessus le mien, sans trouver à m'en défaire.

LE CURÉ. — Tiens, tiens, c'est vrai! Donnez... Je vous rends celui-ci; faites-en de la soupe, si bon vous semble.

MAURICE. — Expliquez d'abord comment vous avez fait ce troc bizarre.

LE CURÉ. — Ah! je veux bien vous en montrer la cause. Elle est dans ma poche. Tenez, le voilà le coupable!

MAURICE. — Le diable.

LE CURÉ. — Oui, c'est ce gredin-là. C'est vous, je parie, qui l'avez pendu à une branche pour décoiffer les passants? On dit que vous faites des marionnettes! mais vous ne l'aurez plus; mon confrère, votre curé, voulait le faire brûler; je l'ai sauvé des flammes temporelles, et je le garde.

MAURICE. — Pourquoi faire?

LE CURÉ. — Pour en faire un saint.

DAMIEN. — Comment ferez-vous?

LE CURÉ. — Je l'habillerai plus décemment, je lui couperai les cornes et je lui mettrai une autre barbe; j'en ai cinq dans mon église qui n'ont pas si bonne mine que lui, car, en le regardant bien, il n'est pas désagréable.

EUGÈNE. — Je crois bien! C'est moi qui l'ai sculpté, et, dans le principe, j'en voulais faire Charlemagne.

MAURICE. — Est-ce que vous le mettrez dans le caveau de saint Satur.

LE CURÉ. — Précisément! ces marmousets-là sont en faveur dans le pays. Ils guérissent chacun d'une maladie. Il m'en manquait un pour guérir le mal d'oreilles, et comme il a de grandes oreilles bien rouges, voilà mon affaire!

MAURICE. — Comment, monsieur le curé, vous qui, l'autre jour, déploriez la superstition des paysans, voilà que vous l'entretenez ?

LE CURÉ. — Oh ! je n'entretiens rien du tout ! Je subis et je laisse aller. La superstition est plus forte que notre volonté, mon garçon. Quand j'ai commencé, je voulais faire le raisonnable, et je m'imaginai, dans ma première cure, de supprimer un tas de vieilles figures équivoques que l'on vénérait comme cela. Je faillis être lapidé. Quand il tonnait pendant la messe et qu'on sonnait à toute volée pour conjurer la grêle, j'avais peur pour l'église ; je voulus faire taire la cloche. Bah ! les paysans disent au prêtre : « Tant pis pour toi, tu es prêtre ! si la cloche attire le tonnerre dans ton église et qu'il te tue, c'est que tu es mauvais prêtre ! » Faites donc quelque chose de ces gens-là, vous autres esprits forts ! Quand je vis que c'était ainsi, je pris le parti de laisser faire, et de bénir les idoles, et de laisser sonner la cloche au risque de faire tuer mon cher troupeau par la foudre, et je m'en moque pour mon compte, moi, un ancien troupier ! C'est mon état de risquer cela, comme autrefois d'aller au feu de l'ennemi. On s'habitue à tout, et on ne meurt qu'une fois, n'est-ce pas ? Bonsoir, mes enfants !

EUGÈNE. — Dites donc, monsieur le curé, que ferez-vous de l'argent qu'on donnera à votre église pour avoir le droit d'embrasser notre diable ?

LE CURÉ. — Mes amis, croyez-moi si vous voulez, mais je suis un brave homme, pas cafard, et on dit du mal de moi à cause de cela ; et si j'étais cafard, on ne me reprocherait d'être cafard. Ainsi va le monde avec nous ! Personne ne veut plus de nous ; il n'y a que les pauvres paysans, qui sont mauvais et bêtes, et dont nous sommes seuls assez patients pour supporter les superstitions, les exigences et les injustices ! Nous sommes encore les seuls qui leur donnions le genre de consolation qu'ils sont capables d'accepter, des momeries quelquefois, si vous voulez ; mais si nous ne leur passions beaucoup de paganisme, nous n'aurions pas, de leur part, un brin de foi à la religion. Philosophez là-dessus et trouvez mieux si vous pouvez. C'est encore nous qui nous rebutons le moins de leur faire un peu de bien. Tous les gros sous qu'ils jettent aux fétiches, nous les ramassons pour les leur rendre en assistance ; et voilà un diable qui n'est pas plus vilain que bien des anges dont la sculpture primitive a orné nos églises ; voilà un diable qui n'a fait de mal à personne, et qui me rapportera de quoi donner, cet hiver, du pain et des sabots à plusieurs chrétiens râflés.

MAURICE. — Emportez-le donc, cher curé ; ce sera une belle destinée pour notre marionnette.

LE CURÉ. — Allons, mes enfants, bonne nuit !

(Il part au galop.)

EUGÈNE. — Ma foi, c'est un excellent homme que ce grognard. Si nous lui chantions la Colonne ?

MAURICE. — Il ne l'entendrait pas, son cheval fait fou des quatre pieds. Chantons la Colonne, si vous voulez, pour la châtelaine de Noirac.

DAMIEN. — Elle aime cet air-là peut-être ?

EUGÈNE. — J'en doute, elle épouse un marquis.

(Ils s'éloignent.)

CHŒUR DES GRENOUILLES dans le fossé du château. — Voici le calme et le silence. Chantons dans l'eau couverte de petites plantes flottantes, limpide, sous le rideau qui protège nos mystères. Chantons la nuit qui est belle et la lune qui nous regarde, et les étoiles qui se cherchent dans les petits miroirs que nous leur ouvrons en folâtrant à la surface de notre tapis flottant. Beau tapis vert, qui défends nos ondes des ardeurs du soleil, écarte tes plis à cette heure de loisir et de sécurité. Laissez-nous entrer et sortir, nous traîner sur la rive, nous suspendre aux gros roseaux, guetter l'insecte imprudent qui s'y est endormi, et puis rentrer, boire, chanter, causer, nager, barboter, sommeiller, rêver !... Douce existence qui dure depuis la création de notre race bénie, et qui durera tant qu'il y aura de l'eau sous le ciel et des mouches autour de l'eau !

CHANT DES GRILLONS DES CHAMPS. — Riez, riez toujours, nos ailes sont gaies ! Venez, mes amis, riez, courez, sautez, la prairie est à nous. Pourquoi s'arrêter de rire et de chanter, et de s'appeler les uns les autres ? Le jour et la nuit ne sont pas trop longs pour redire la même chanson et faire la même gambade. C'est si bon de vivre et d'être grillon dans la prairie ! Le bon soleil nous a mis au monde pour être heureux, pour être fous, pour rire du soir au matin et du jour à la nuit. Rions vite, rions beaucoup, rions tous à la fois, et que notre vacarme remplisse d'aise la terre et les cieux.

UN LÉZARD. — Chut ! chut ! parlons bas ; rentrons dans nos tanières. Il y a beaucoup de provisions à manger. Soupons en famille, tranquilles, satisfaits, et dormons bien. Ce qui se passe sur la terre à cette heure-ci ne nous regarde pas.

DEUXIÈME PARTIE

SCÈNE PREMIÈRE

Vendredi matin, sur une montagne

RALPH, JACQUES.

RALPH. — Il m'en coûte de vous dire adieu. Huit jours pour connaître un homme tel que vous, ce n'est pas assez.

JACQUES. — Je voudrais pouvoir passer ma vie auprès de vous, car il me semble que nous sommes frères ; mais vous me connaissez, soyez-en certain, et tel que vous me voyez tel je suis toujours.

RALPH. — J'admire l'égalité de votre âme.

JACQUES. — La vôtre n'est-elle pas aussi calme et aussi unie ?

RALPH. — Oui, mais c'est une affaire de tempérament. Je suis calme par nature, vous l'êtes par volonté.

JACQUES. — Ne me grandissez pas. Je suis calme par la lassitude, rien de plus. J'ai beaucoup souffert, je me repose, ne pouvant plus m'agiter.

RALPH. — Êtes-vous heureux ? pardonnez-moi de vous faire si tard une si étrange question. Je n'ai pas osé vous la faire plus tôt.

JACQUES. — Ah ! c'est une question étrange, en effet, et que je n'ose pas du tout vous adresser pour ma part.

RALPH. — Vous le pouvez. Je suis heureux. J'adore ma femme, mes enfants. Dieu ne m'a pas retiré aucun des objets de mon affection. Depuis vingt ans je le bénis tous les jours, et je me croirais bien coupable envers lui si je ne sentais pas ma félicité.

JACQUES. — Quoi ! vous pouvez être heureux quand l'humanité s'agite dans le péril et la douleur ?

RALPH. — Pour la douleur, n'en a-t-il pas toujours été ainsi ? Et croyez-vous qu'il y ait des périls réels pour ce qui est dans la main de Dieu ?

JACQUES. — Vous avez raison. La tristesse et l'inquiétude

qui sommeillent, sans jamais dormir, au fond de mon âme, sont le résultat de ma destinée particulière, plutôt que celui d'une pensée bien raisonnée; et si je pouvais me décider à m'occuper assez de moi-même pour me bien connaître et me bien gouverner, je m'apercevrais peut-être que ma tristesse est coupable, et que je ne me décourage que pour mes semblables que parce que je suis dégoûté de ma propre existence.

RALPH. — Je connais assez votre histoire pour vous comprendre. Veuf de toutes vos affections, et trop âgé pour vous en créer de nouvelles; vous êtes tel que je serais à votre place, moi qui suis aussi vieux que vous et qui aurais souffert autant que vous des malheurs qui vous ont éprouvé! Je sais que vous avez donné à votre fuite l'apparence d'un suicide pour rompre avec une existence empoisonnée; je sais que vous avez vécu avec les sauvages de l'Amérique, puis avec les diverses classes de la société chez diverses nations, et que vous êtes revenu enfin dans votre patrie, après la mort de tous ceux que vous ne pouviez, que vous ne vouliez jamais revoir sur la terre. C'est une existence terrible que la vôtre, j'en conviens, et tout opposée à la mienne! je n'ai rompu avec le monde civilisé que pour m'ensevelir dans une retraite charmante, avec une femme adorée. Mais vous n'avez pourtant pas le droit d'être malheureux. Dieu nous défend de l'être quand nous pouvons suffire à nos devoirs.

JACQUES. — Mon ami, je ne suis pas malheureux. Je suis triste, c'est bien différent! Mais ma tristesse n'est ni sombre ni amère, car je ne me sens coupable ni dans le passé ni dans le présent. Cette tristesse même est vague en ce qui me concerne personnellement. Je me suis appliqué à m'oublier moi-même, à ne me plus compter pour rien dans ma propre vie, et c'est peut-être la seule consolation que j'aie su me procurer. Mais comment pouvez-vous dire, vous, homme de bien et homme de cœur, que pour être heureux il ne s'agit que de suffire à ses propres devoirs? Est-ce que le malheur des autres, l'égarement, l'impuissance, la souffrance des hommes en général n'est pas un spectacle éternellement affligeant pour celui qui comprend qu'avec un peu de volonté, un peu de lumière, un peu de bonté, le genre humain se remettrait dans la route qui mène à la justice et au bonheur sur la terre? Oh! cette douleur-là est la seule que je me permette; mais il me semble qu'elle m'est commandée d'en haut et que je deviendrais égoïste si je ne voulais pas m'en distraire entièrement.

RALPH. — Cela est très-vrai; mais on peut être souvent triste sans cesser d'être heureux.

JACQUES. — Oui, quant à cette tristesse on a d'aussi larges compensations par celle du bonheur domestique; mais vous-même, ne sentez-vous pas ce bonheur troublé dans votre pensée, quand vous regardez la misère et le désordre qui règnent dans les autres familles? Chez les pauvres, le manque de toutes choses; chez les riches, l'abus de toutes choses! Que deviennent, dans ces conditions extrêmes, les plus doux, les plus beaux sentiments de l'homme? Et l'Amour lui-même ne s'est-il pas envolé vers les cieux en se voilant la face?

RALPH. — Ne blasphémons pas. Le bien est rare, le mal est grand; mais l'homme est toujours l'homme, c'est-à-dire le fils de Dieu, et Dieu ne lui retirera jamais la puissance d'aimer et d'être bon. Cela me ramène à la religion, qui faisait hier le sujet de notre entretien. J'y ai réfléchi cette nuit, et je suis de votre avis; il faut que le christianisme se dégage d'une fausse orthodoxie et redevienne le flambeau de l'humanité. Ainsi épuré, il sera une religion nouvelle, et c'est pour l'avoir méconnu que l'homme a presque perdu la

foi en Dieu et en lui-même, c'est-à-dire la puissance du bien... Mais nous voici à l'entrée du village de Noirac. Comment cela se fait-il? Je devrais être à deux lieues d'ici!

JACQUES. — Nous sommes revenus sur nos pas sans nous en apercevoir. Et tenez, croyez-moi, rentrons et passez encore un jour avec moi. Il me semble que nous n'avons pas encore trouvé une conclusion qui nous soit tout à fait salutaire, et il ne faut pas que deux vieux raisonneurs comme nous se quittent sans s'être fait mutuellement tout le bien dont ils étaient capables.

RALPH. — Vous avez raison. Rentrons chez vous. Ma femme me dira que j'ai bien fait de profiter de votre amitié.

SCÈNE II

Au château de Mireville

Sur une terrasse

Le marquis GÉRARD DE MIREVILLE, le père GERMAIN, son fils PIERRE.

GERMAIN. — Pardon, excuse? si on vous dérange, monsieur le marquis, mais on voudrait, si ça ne vous dérange pas, vous faire signer le bail avec mon fils.

GÉRARD. — Signer? Un moment, maître Pierre, j'ai à vous parler là-dessus.

GERMAIN. — Est-ce que toutes les conditions ne sont pas réglées? Dieu du ciel! nous faire donner deux cents écus de menus-suffrages pour une métairie qui ne rapporte pas mille écus de blé! Ah! n'en demandez pas davantage, monsieur le marquis, car je serais forcé de dire à mon fils de se retirer de cette affaire-là!

GÉRARD. — Il ne s'agit pas d'augmentation à vos redevances...

GERMAIN. — Des redevances? Vous voulez des redevances? Non, foi d'homme, vous n'en aurez point! Mon père en a assez payé à votre grand-père, et la loi n'en souffre plus.

GÉRARD. — Brave homme, nous ne nous entendons pas. J'appelle redevances ce que, dans ce pays-ci, vous appelez encore menus-suffrages. C'est la même chose au fond.

PIERRE. — C'est vrai, ça, monsieur le marquis, que c'est la même chose au fond, et m'est avis que la chose serait bien à supprimer.

GÉRARD. — Ah! voilà vos idées, à vous, maître Pierre! et c'est de cela justement que je veux vous parler. Vous faites le politique, vous tranchez du jacobin.

PIERRE. — Du jacobin, moi? Ma foi, je ne sais point ce que c'est.

GERMAIN. — C'est des mots de l'ancien temps. Je connais ça. Mais faites excuse, monsieur le marquis, il n'y a jamais eu de ça dans ma famille.

GÉRARD. — Bien, bien, cela s'appelle autrement aujourd'hui. Tant il y a que vous vous mêlez d'avoir des idées.

PIERRE. — Des idées, bonnes gens! On n'en a pourtant pas plus qu'il ne faut!... et je m'imaginais qu'un chacun était libre de penser à sa mode.

GÉRARD. — Vous êtes libre de penser et de raisonner comme vous pourrez, mais pas libres d'agir contre mes principes, je vous en avertis très-franchement. Je ne suis pas de ceux qui vous craignent et qui vous flattent. Vous voterez comme je l'entends dans toutes les élections municipales ou autres.

GERMAIN. — Oh! pardi, monsieur, il votera bien comme vous voudrez! Si ça n'est que ça, un vote de plus ou de moins, ça ne fait pas grand'chose.

GÉRARD. — Vous y engagez-vous, maître Pierre?

PIERRE. — Nenni, monsieur, je ne sais pas encore comment je voterai; ça dépendra des amis qui me diront : Voilà le droit et voilà le tors.

GÉRARD. — Vous croyez que vos amis en savent plus long que moi sur vos véritables intérêts? Vos amis sont des imbéciles!

PIERRE. — Possible, monsieur, mais chacun a le droit d'être bête et de se tromper.

GÉRARD. — Il n'y a donc rien de fait : je déchire le bail!

GERMAIN. — Non, non, monsieur le marquis! Il faut s'entendre; mon garçon viendra à la raison, je m'en charge. (A Pierre.) Tais-toi donc! (Au marquis.) Ne déchirez pas!

GÉRARD. — Je vous donne une heure pour y penser. Quant à moi, je ne me ravise jamais en pareille matière.

Dans la cour du château de Mireville

GERMAIN, PIERRE.

GERMAIN. — Y songes-tu, Pierre? Tu deviens donc fou?

PIERRE. — Non, mon père, mais ça m'ennuie de me faire commander comme ça. Je trouve M. le marquis injuste de vouloir m'ôter mon droit de citoyen, et s'il est injuste pour cette chose-là, il sera injuste dans toutes les autres. Je n'y tiens pas déjà tant, à son bail! M'est avis qu'il est bien dur pour moi.

GERMAIN. — Non, il n'est pas dur. Je connais ce bien-là mieux que toi, et je te dis que tu t'en retireras; mais peut-être bien que tu es plus fin que moi, et que tu disputes sur le vote afin qu'on te rabatte quelque chose sur les menus-suffrages?

PIERRE. — Non, mon père, ça n'est pas par finesse, c'est par fierté. Je ne m'entends pas à la politique, et je n'y pense guère, vous le savez; mais je suis un homme, et je ne veux point qu'on me mène comme un cheval, avec la bride et le licou.

GERMAIN. — Cette fierté-là, c'est des bêtises! On dit ce qu'on peut et on fait ce qu'on veut Tu pouvais bien promettre puisqu'il t'y forçait, et après ça voter comme tu l'entends. On a un billet dans la poche droite et un dans la poche gauche. Le maître n'y voit que du feu, et il est content.

PIERRE. Et c'est ce contentement-là qui me fâche! Ils disent après ça, entre eux, que nous marchons comme des animaux.

GERMAIN. — Allons, tu ne veux pas céder?

PIERRE. — Non!

GERMAIN. — Tu ne veux donc pas épouser ta bonne amie?

PIERRE. — La Maniche? si fait bien!

GERMAIN. — Si tu n'es pas métayer, tu ne l'auras pas.

PIERRE. — Oh! que si! Elle m'aime, elle m'a dit que ça n'y ferait rien.

GERMAIN. — Son père m'a juré sa foi et sa loi, hier, que si tu n'étais pas métayer, il ne donnerait pas son consentement.

PIERRE. — Je chercherai une autre métairie!

GERMAIN. — Tu n'en trouveras point; il est trop tard dans la saison.

PIERRE. — J'attendrai, un an, et la Maniche aussi!

GERMAIN. — Non! Son père n'a pas déjà une grosse envie de toi. Il la forcera à épouser le grand Jacquet!

PIERRE. — Ah! faut-il! Le marquis est un mauvais maître!

GERMAIN. — Eh non! il est bête! Faut être plus fin que lui; faut faire ta soumission, épouser la Maniche et voter pour...

PIERRE. — Je voterais pour le diable plutôt que de con-

tenter un homme si sot; mais je l'afûnerai, puisqu'il m'y oblige. Que son âme en porte la folle enchère! Allons, arrangez ça, mon père; dites ce que vous voudrez pour moi; je ne soufflerai mie, et nous signerons le bail. Ah! ma pauvre grosse Maniche! il faut bien que ça soit pour toi!

SCÈNE III

Au château de Noirac

Dans le jardin

DIANE, LE CURÉ DE NOIRAC.

DIANE. — Je vous ai fait demander, monsieur le curé, afin de m'entendre avec vous sur les charités à distribuer. Vous assisterez les pauvres, les malades; vous disposerez de ma bourse dans la proportion de 2,000 à 3,000 mille francs cette année.

LE CURÉ. — Je vous en remercie pour les pauvres, madame la comtesse, et je ferai de mon mieux pour bien employer vos bienfaits. Cependant, je vous l'avouerai, j'aimerais mieux vous les voir distribuer vous-même.

DIANE. — Pourquoi? Vous ferez mieux que moi. Vous êtes depuis quelque temps dans le pays?

LE CURÉ. — Depuis trois ans.

DIANE. — Eh bien, vous connaissez tout le monde; moi, j'arrive et je ne connais personne. Je serais trompée, et d'ailleurs je n'ai pas le temps!

LE CURÉ. — Madame la comtesse n'a pas le temps?

DIANE. — Cela vous étonne? Vous avez raison! mais en réalité, tout en n'ayant rien à faire, je suis de ceux qui ne trouvent pas le temps de rien! M'astreindre à quoi que ce soit au monde, y mettre de la suite... cela m'est impossible! Tantôt je suis malade, tantôt je rêve, tantôt je suis trop triste ou trop gaie; enfin, prenez-moi pour ce que je suis; j'ai l'intention de faire du bien, mais je ne m'y entends pas, et puisque je n'ai à vous offrir que du zèle, faute de zèle, prenez toujours l'argent, et priez pour que le zèle me vienne.

LE CURÉ. — Ce sera comme vous l'ordonnerez, madame; c'est déjà beaucoup que d'avoir bonne intention, et Dieu a dit : paix aux hommes de volonté. J'aurais souhaité, dans l'intérêt de votre propre consolation, vous persuader de voir par vos propres yeux et de donner par vos propres mains. Cela eût chassé le désœuvrement et la mélancolie dont vous semblez vous plaindre...

DIANE. — Croyez-vous?

LE CURÉ. — J'en suis certain. En se dévouant aux peines des autres, on oublie les siennes propres.

DIANE. — Que faudrait-il donc faire? Voir moi-même les nécessiteux et les interroger sur leurs besoins? Eh bien, envoyez-les-moi, monsieur le curé, avec un mot de votre main; ils trouveront toujours créance auprès de moi.

LE CURÉ. — Tous n'oseront pas, madame. Il y a des gens fiers, et ce sont les plus à plaindre. Il vous faudrait aller chez eux gagner leur affection; cela vous serait si facile!

DIANE. — Aller chez eux? Oui j'irai!... Mais dites-moi, sont-ils propres? La malpropreté me fait horreur!

LE CURÉ. — Si vous êtes délicate à ce point, n'y allez pas, madame, car la misère a beau se préserver, il lui est difficile...

DIANE. — Je vois, mon cher pasteur, que mon sybaritisme vous scandalise.

LE CURÉ. — Je ne me permets pas...

DIANE. — Si fait, dites la vérité. J'aime assez à me faire dire mes vérités. Cela me contrarie, mais cela m'intéresse.

LE CURÉ. — Je n'ai pas assez l'honneur de vous connaître pour vous dire vos vérités, madame ; mais je crois comprendre que vous ne vous plaisez point à la campagne, et je pense que la bienfaisance active dissiperait vos ennuis.

DIANE. — Vous avez peut-être raison ; mais ce n'est pas la campagne qui m'ennuie, c'est la vie.

LE CURÉ. — Ah ! madame ! Cette vie est une vallée de larmes, et nous y sommes pour mériter le ciel.

DIANE. — Non, l'abbé, c'est une plaine de bâillements, et nous y sommes pour douter de tout.

LE CURÉ. — Que dites-vous, madame ? Vous auriez le malheur de douter ?

DIANE. — En théorie, c'est-à-dire en politique, je ne doute pas de l'Église romaine, et je la soutiens envers et contre tous. Si cette déclaration ne vous suffit pas pour me donner l'absolution à tous autres égards, vous êtes plus exigeant que la plupart des prêtres que je connais.

LE CURÉ. — Madame, je ne suis point un homme politique ; je suis un pauvre curé de campagne et un homme sincèrement convaincu. Je ne transige donc pas, et j'aimerais mieux pouvoir vous donner la vraie foi de l'esprit que de recevoir de vous cette froide adhésion à la lettre.

DIANE. — Vous m'intéressez, cher curé, vous êtes un bon prêtre, je le vois... Eh bien, convertissez-moi, je ne demande pas mieux. Venez me voir souvent, tous les jours... Et tenez ! dînez avec moi. Je fermerai ma porte aux visiteurs, et nous parlerons théologie toute la soirée. Je sens que cela m'occupera l'esprit.

LE CURÉ. — Pardon, madame, il m'est impossible aujourd'hui...

DIANE. — Vous n'avez pas le temps ? Eh bien, demain ! Venez me prendre dès le matin ; nous irons à cheval visiter les chaumières, et, chemin faisant, vous m'entretiendrez des choses divines. Oui, je m'en fais une fête ! Par une belle matinée, au soleil naissant, traverser les prairies humides de rosée et sentir son âme s'élever à Dieu dans ce temple de la nature... ce sera pour moi un grand plaisir, et j'aime mieux cela que les histoires de chasse et de Jockey-Club du marquis de Mireville. C'est convenu, vous viendrez ?

LE CURÉ. — Mille pardons, madame, je ne pourrais pas...

DIANE. — Pourquoi donc ? Ah ! vous ne voulez pas vous intéresser à l'œuvre de mon salut, l'abbé ? Vous pensez que mon âme ne vaut pas la peine...

LE CURÉ. — Je fais des vœux ardents pour votre salut, madame la comtesse, et mes plus ferventes prières seront pour vous. Ah ! que le Seigneur bénisse vos jours et verse ses bénédictions sur votre tête !... Mais... mes occupations, mes devoirs ne me permettent pas de me consacrer à une tâche assidue qui serait trop douce pour moi, et que le monde m'envierait trop pour ne pas calomnier mes intentions les plus pures... Je crois que voici une personne qui vous cherche... Je vous demande la permission de me retirer.

DIANE. — Mais non, mais non ! C'est le marquis. Restez donc avec nous, l'abbé ! Ce n'est pas un très-bon chrétien non plus, lui ! Vous nous prêcherez tous les deux, et personne n'y pourra trouver à redire.

(Il salue et s'éloigne.)

DIANE, GÉRARD.

DIANE. — Bonjour, Gérard ! Ah ! vous êtes l'homme de France qui sache baiser la main avec le plus de grâce ! Mais c'est toujours un peu la même chose, et je trouve bien calme votre manière de m'aborder, dans un moment où je suis tout émue d'une déclaration que je viens de recevoir.

GÉRARD. — Une déclaration ? de qui donc ? Je vous croyais en conciliabule édifiant avec le curé de votre village ?

DIANE. — Eh bien, c'est justement le curé de mon village qui vient de me faire une déclaration.

GÉRARD. — Vous moquez-vous ?

DIANE. — Nullement ! Oh ! ce n'est pas une déclaration d'amour passionnée, échevelée comme celle de nos gens du monde ; c'est une déclaration de peur, de défaite, de fuite, une déclaration de prêtre, enfin !

GÉRARD. — Vous vous connaissez en déclarations !

DIANE. — Mais oui ! Cela vous fâche ?

GÉRARD. — Cela m'inquiète.

DIANE. — Vous seriez donc jaloux ?

GÉRARD. — Je le suis.

DIANE. — Ah ! tant mieux ! j'avais peur que vous ne le fussiez pas.

GÉRARD. — Peut-on aimer sans jalousie ?

DIANE. — Vous vous vantez, marquis ! Vous n'êtes pas jaloux ! A propos, il est fort bien, ce curé de Noirac ! Il n'a guère que trente ans, n'est-ce pas ? et il passe pour austère ?... Savez-vous que ce serait amusant de voir un peu souffrir ces farouches vertus du clocher ?

GÉRARD. — Ah ! madame, je crains que vous ne vous fassiez un plaisir de faire souffrir un peu tous ceux qui vous admirent.

DIANE. — S'ils ne souffrent qu'un peu, il n'y a pas grand mal.

GÉRARD. — Mais je vous prie de les faire souffrir beaucoup au contraire ! de les faire souffrir tous, excepté moi.

DIANE. — Ah ! voilà que nous commençons à faire de l'esprit, à marivauder ?

GÉRARD. — Peut-on manquer de chercher à avoir de l'esprit auprès de vous ? Vous en donneriez aux plus simples.

DIANE. — Ah ! c'est donc bien malgré moi, car l'esprit m'ennuie horriblement !

GÉRARD. — Sans doute, celui des autres est si peu de chose...

DIANE. — Ah ! laissons cela. Comment va la Duchesse ?

GÉRARD. — Son pied va tellement mieux qu'on a pu la ferrer ce matin.

DIANE. — Est-ce que vous avez essayé Davenant au tilbury ?

GÉRARD. — Je l'ai fait essayer par Tony. Il a failli le tuer ; mais il en sera quitte pour deux côtes enfoncées et une cicatrice à la figure.

SCÈNE IV

Dans le parc

Le long de la haie du jardin de Jacques

JENNY, JACQUES.

JENNY. — Pardon, monsieur Jacques, je ne pensais pas être si près de votre jardin, et je suis bien honteuse de vous avoir dérangé de votre lecture.

JACQUES, un livre à la main. — Vous ne m'avez pas dérangé, vous m'avez inquiété, mon enfant : je vous ai vue pleurer, à travers ce buisson, et, à votre attitude brisée, j'ai craint que vous ne fussiez malade.

JENNY. — Merci, monsieur Jacques, vous êtes bien bon. Oh ! je vous connais déjà, quoique je n'aie pas encore osé vous parler. Je sais que vous êtes le médecin des malades et des affligés.

JACQUES. — Et moi aussi, je vous connais ; je vous vois passer le soir furtivement par le petit chemin qui descend au village ; je sais que vous allez partager votre repas et vos hardes avec les malheureux. Eux aussi vous connaissent déjà, et ils m'ont parlé de votre bon cœur. Il est donc tout simple que je m'intéresse à vous. Voyons, pourquoi vous cachez-vous comme cela dans les buissons pour pleurer à la dérobée ?

JENNY. — Ah ! monsieur, je n'oserais pas vous le dire. Et cependant vous paraissez si bon !

JACQUES. — Il faut peut-être que j'essaye de deviner ; quel est le malheur de votre âge ? L'amour, n'est-ce pas ?

JENNY. — Eh bien, oui ; pourquoi rougirais-je de cela ? Je n'ai jamais rien fait de mal, moi ! J'ai été abandonnée ; je n'ai ni espérance, ni désir de m'en consoler ; mais il y a pourtant des moments où je souffre tant que je voudrais au moins pouvoir me dire que ma souffrance est utile à quelqu'un et sert à quelque chose. Je sens qu'alors j'aurais tout à fait du courage ! Est-ce que vous ne pourriez pas me trouver une bonne raison qui me permettrait de pleurer et de penser à Dieu en même temps, vous qu'on dit si sage et si savant ?

JACQUES. — Mais pourrez-vous faire votre profit de cette bonne raison ?

JENNY. — J'essayerai.

JACQUES. — Eh bien, voilà : il faut s'habituer à ne plus penser à soi-même.

JENNY. — Oh ! il me semble que je n'y pense jamais !

JACQUES. — Vous pensez à celui que vous avez aimé ? C'est encore penser à vous-même ; car l'amour, on l'a dit souvent, et vous devez l'avoir entendu dire, c'est de l'égoïsme à deux.

JENNY. — C'est donc mal d'aimer ?

JACQUES. — Non, c'est bien, au contraire ; mais quand l'un des deux a brisé le lien, celui qui pleure trop longtemps retombe dans l'égoïsme pur et simple.

JENNY. — Je ne comprends pas.

JACQUES. — L'amour n'est sanctifié, dans son égoïsme à deux, que parce qu'il donne le bonheur qu'il reçoit. S'il n'en reçoit plus, il ne peut plus en donner, et alors... à quoi sert-il ? à qui profite-il ?

JENNY. — Ah ! je comprends. Il faut donc guérir ? Le peut-on ?

JACQUES. — Difficilement ; mais il faut vouloir guérir, et vous ne le voulez pas. Donc...

JENNY. — Donc j'offense Dieu ?

JACQUES. — Bien moins que ceux qui n'ont pas besoin de guérir, parce qu'ils n'ont jamais souffert ni aimé ; mais enfin vous l'offenseriez à la longue si vous vous obstiniez à accomplir le suicide de votre âme, c'est-à-dire à concentrer vos pensées de dévouement sur un être qui ne peut pas et qui ne veut pas en profiter.

JENNY. — Je réfléchirai à cela, monsieur Jacques ! Soyez béni pour m'avoir dit une parole qui me fixe au moins sur quelque chose. Ah ! pourquoi madame, qui est si bonne et qui a tant d'esprit, ne m'a-t-elle jamais rien dit qui m'ait donné à réfléchir !... Adieu et merci, monsieur Jacques ; je ne sais pas si je pourrai me vaincre, mais au moins je pourrai prier Dieu et savoir ce que j'ai à lui demander ?

SCÈNE V

Dans la serre

FLORENCE, DIANE, GÉRARD.

DIANE, entrant avec Gérard. — Ne sortez pas, monsieur Florence, je veux faire connaissance avec vous. Écoutez, venez par là. (A Gérard.) Je suis très-fatiguée ce matin, j'ai mal dormi. Je vais m'asseoir ici. Gérard, prenez la peine de contremander les chevaux ; si vous le voulez bien, nous ne sortirons qu'au coucher du soleil.

(Gérard sort.)

DIANE, s'asseyant sur un banc, au milieu des fleurs. — Voyons, monsieur Florence, vous voilà installé à mon service. Mon intendant a de bons renseignements sur vous, et toutes vos conventions sont faites à votre satisfaction mutuelle, j'imagine. Je ne me mêle pas de ces détails-là ; mais je voudrais pouvoir m'intéresser à vous comme aux autres personnes de ma maison, et, par conséquent, vous connaître un peu. D'abord, comment vous nommez-vous ? Est-ce vraiment Florence que vous vous appelez ?

FLORENCE. — Pourquoi pas, madame la comtesse ?

DIANE. — Ah ! ce n'est pas là une réponse. Avez-vous quelque motif pour cacher votre vrai nom ?

FLORENCE. — Si madame la comtesse a quelque méfiance sur mon compte, je suis prêt à me retirer.

DIANE. — Comme vous êtes fier et susceptible, monsieur Florence, puisque Florence il y a ! Eh bien, je ne déteste pas cette manière d'être, et si vous la justifiez par des sentiments nobles...

FLORENCE. — Permettez, madame la comtesse ; je suis bon ouvrier, honnête homme et d'un caractère sociable. Je sais que vous avez le droit d'exiger cela de vos serviteurs. J'espère ne me faire jamais rappeler à mon devoir sur ces trois points. Le reste ne peut vous intéresser que médiocrement, et je me trouverais impertinent moi-même si je me permettais de vous entretenir de mon caractère et de mes sentiments.

DIANE. — Ah ! mon Dieu ! vous croyez que je veux vous faire subir un interrogatoire politique, peut-être ! (Elle rit.) Allons, vous n'avez pas besoin de m'en dire davantage, vous êtes un républicain, je le vois. Eh bien, mon cher, cela ne me fâche pas le moins du monde. Je ne suis pas une vieille comtesse de province, et je ne refuse pas l'ouvrage aux gens qui pensent autrement que moi. Je vois que vous avez de l'éducation, que vous êtes au-dessus de votre état ; j'en suis bien aise, et je ferai en sorte de ne jamais vous humilier.

FLORENCE. — Je suis reconnaissant de l'intention, madame la comtesse, mais elle ne vous sera pas difficile à remplir. Je ne me mettrai jamais dans le cas d'être humilié par personne.

DIANE. — Ah ! mais, savez-vous que vous le prenez bien haut ! (Florence fait un mouvement pour se retirer.) et que vous me traitez tout à fait en ennemie ? Voyons, monsieur le jardinier, j'ai peut-être autant d'esprit et de délicatesse qu'il en faut pour ne pas froisser un homme délicat et intelligent ; mais si vous êtes ainsi sur la défensive avec tout le monde, vous vous aigrirez le caractère, et j'aurai le regret, moi qui voudrais rendre aussi satisfaits que possible les gens qui m'entourent, d'avoir échoué auprès de vous. Savez-vous qu'à la figure que vous avez en ce moment-ci, on dirait... (Elle rit.) oui, vraiment ! on dirait que je vous ai inspiré une de ces antipathies soudaines, irrésistibles, comme on en voit dans les romans ?

FLORENCE. — Non, madame, je ne sens rien de pareil auprès de vous ; mais je dois fair la sotte figure d'un homme au comble de l'étonnement.

DIANE. — Ah ? Pourquoi ? Dites, dites ! Pourquoi êtes-vous si étonné, monsieur Florence ?

FLORENCE. — Parce qu'en entrant à votre service, comme vous m'avez fait l'honneur de me le dire, madame la comtesse, je ne m'attendais pas du tout à être admis au privi-

lége de causer avec vous sur tout autre sujet que l'horticulture et la botanique.

DIANE. — La botanique ? je ne la sais pas ; l'horticulture ?
je n'y entends rien. Je ne fais jamais aucune conversation,
je vous jure, avec le jardinier-maraîcher qui entretient ma
maison de légumes. Les choux et les carottes ne m'intéressent point. Je pourrais parler fleurs et arbres avec vous,
parce que je les aime, mais sans profit pour mon éducation
botanique ni pour la vôtre. J'aime la nature en poëte et en
artiste. Embellissez la nature autour de moi ; rassemblez
sous ma main et sous mes pieds les merveilles de la végétation, à quelque prix que ce soit, je vous en saurai le plus
grand gré du monde ; mais n'attendez pas que je vous demande jamais le nom d'aucune plante : je serais désolée de
le savoir ; et pour une direction dans le plan de vos par-
terres ou dans la distribution de vos massifs, n'y comptez
pas non plus. Si c'est bien, si c'est beau, je vous en ferai
compliment ; si c'est mal, je ne vous dirai rien et ne vous
ferai sentir mon déplaisir que par mon absence. Mais si je
cause avec vous, ce pourra bien être de la première chose
qui me passera par la tête pour le moment, puisque c'est
ainsi, sachez-le, que je cause avec tout le monde.

FLORENCE. — A la bonne heure, madame la comtesse, si
vous causez de n'importe quoi, avec n'importe qui...

DIANE. — Eh bien, causons donc, car je m'ennuie un peu,
et j'ai la curiosité de savoir avec qui je cause.

FLORENCE. — Pardon, madame, mais si je passe mon
temps à causer, mes fleurs en souffriront. Voilà des bruyères
qui veulent être rempotées et des mimosas qui meurent
de soif.

DIANE. — Si cela meurt, on en achètera d'autres ; j'ai le
moyen de payer une heure de votre loisir et du mien, et si
vous persistez à travailler quand je veux vous faire parler,
je croirai tout de bon que vous me haïssez à première vue,
comme je le disais tout à l'heure. Vraiment, c'est si drôle
que... Tenez, monsieur Florence, je meurs d'envie de rire,
et je ne sais pas pourquoi.

FLORENCE. — Eh bien, moi aussi, madame, l'envie de rire
me vient, je ne sais pas trop pourquoi non plus.

DIANE. — Pourquoi ? Je vais vous le dire, c'est que vous
vous moquez de moi.

FLORENCE. — Ah ! c'est ce que j'allais dire. Je croyais que
madame la comtesse me faisait cet honneur-là.

DIANE. — Moi ? pas du tout ! Mais je ne suis pas votre dupe.
Voyons, monsieur Florence, convenez-en, vous n'êtes pas
plus jardinier que moi ?

FLORENCE. — Vraiment ? Que serais-je donc ?

DIANE. — Je ne sais pas ; mais vous n'êtes pas jardinier.

FLORENCE. — A quoi voyez-vous cela ?

DIANE. — Mon Dieu, à tout ! D'abord, à votre teint qui
n'est point hâlé, à vos mains qui sont très-blanches, à votre
air, à votre langage... et puis à vos manières, qui sont celles
d'un homme du monde, et enfin à votre esprit, qui n'est pas
celui d'un jardinier.

FLORENCE. — Et cependant, madame, je vous donne ma
parole d'honneur que je suis jardinier.

DIANE. — Oui, depuis ce matin ou depuis hier soir ?

FLORENCE. — Qu'importe ? Je connais très-bien mon état,
et, avant huit jours, vous vous en apercevrez à l'embellis-
sement de votre serre et de votre jardin. Toutes ces plantes
que vous voyez là, jaunes et malades, auront relevé la tête
ou seront remplacées par des élèves bien constituées. Le
choix de fleurs dont vous m'avez confié l'achat vous pro-
curera d'agréables surprises, et je me charge même de
donner à votre potager, si mon confrère veut bien m'écouter, un aspect de prospérité et un goût de distribution qui

vous feront comprendre que les légume sont aussi leur
beauté et même leur poésie.

DIANE. — Alors vous êtes un jeune savant échappé du
jardin des Plantes ?

FLORENCE. — Comme une bête féroce ou comme un singe ?

DIANE. — Non, comme un artiste aventurier qui s'ennuie
d'obéir à la règle et qui a appris, par je ne sais quel hasard,
qu'ici il pourrait créer à sa fantaisie, sans subir le caprice
ou la volonté de personne.

FLORENCE. — Mon Dieu, madame, j'en suis charmé, mais
je n'en savais rien du tout. Je n'ai jamais été employé au
jardin des Plantes ; j'ai les mains encore blanches, parce
qu'il y a quelque temps que je ne me suis livré au travail
de la terre. Dans trois jours, si vous daignez vous apercevoir de l'état de mes mains, vous verrez qu'elles n'ont pas
chômé et qu'elles savent réparer le temps perdu. Il en sera
de même de mon teint ; et quant à mon esprit...

DIANE. — Il se sera atrophié dans mon atmosphère, n'est-
ce pas ?

FLORENCE. — Au contraire, madame ; j'aurai beaucoup à
faire pour l'empêcher de s'aiguiser trop ; mais il se sera
remis au courant de ses occupations favorites, et vous m'ac-
corderez, j'espère, la qualification classique de parfait jardinier.

DIANE. — Vous avez là-dessus une assurance qui m'étonne,
en vérité ! Y a-t-il beaucoup de jardiniers comme vous ?

FLORENCE. — Comment suis-je donc, madame ?

DIANE. — Vous parlez trop bien. On dirait que vous n'avez
jamais fréquenté le peuple.

FLORENCE. — Je sais parler comme toutes les classes du
peuple. Tous les artistes savent cela.

DIANE. — Ah ! vous êtes artiste ! J'en étais sûre !

FLORENCE. — Un artiste et un ouvrier... en jardinage. C'est
donc un métier bien grossier à vos yeux, madame, que
vous n'admettez pas qu'on puisse l'exercer et parler français ?

DIANE. — Au fait ! je ne sais pas... pourquoi non ? Jardinier-fleuriste, c'est un état charmant, et vous êtes, d'ailleurs, le premier avec qui je cause. Ah ! tenez, n'est-ce pas
monsieur Jacques, mon voisin, qui passe là-bas ? Je veux
lui parler. Au revoir, et bon courage, monsieur Florence !
Je désire vous rendre aussi content de moi que je le suis de
vous. Voudrez-vous me faire un bouquet et me l'apporter à
l'heure du dîner ?

FLORENCE. — Votre volonté sera faite, madame.

DIANE. — Ma volonté ! Eh bien, et la vôtre ? quelle est-
elle ?

FLORENCE. — De vous obéir, madame.

DIANE. — Ah ! c'est affreux d'être obéie pour son argent !
Voyons, voulez-vous me faire un bouquet ?

FLORENCE, souriant. — Oui, madame.

DIANE. — Voilà la première parole raisonnable que j'aie
pu vous arracher !

(Elle sort.)

FLORENCE, seul. — Et voilà une étrange coquette !

SCÈNE VI

Sur la rivière

MAURICE, EUGÈNE, DAMIEN, sur un petit bateau.

EUGÈNE. — Ta godille ne vaut pas le diable. J'aime mieux
ramer.

DAMIEN. — Eh ! eh ! attention ! il y a là un arbre couché

entre deux eaux qui barre la rivière. Tout l'équipage à la manœuvre !

MAURICE. — J'y suis ! *Tous les hommes sur le pont !*

EUGÈNE. — Où est le curé de Saint-Abdon, pour nous faire baiser les reliques du diable dans un pareil danger ! Fais donc attention, toi ! tu me flanques ta perche dans l'œil !

DAMIEN. — Ça ne me fait rien.

MAURICE. — Y sommes-nous ?

EUGÈNE. — L'obstacle est franchi ! Remercions le Seigneur et allumons une cigarette.

DAMIEN. — Quelles aventures, quels périls, quelles émotions, messieurs, sur cette coquine de rivière !

MAURICE. — Pour une jolie rivière, c'est une jolie rivière ! Il ne lui manque qu'une chose, c'est d'être navigable, même pour un sabot !

DAMIEN. — C'est là le plaisir. Naviguer sur une rivière navigable ! c'est bon pour les épiciers ! Mais traîner son embarcation dans les trous, dans les rochers, à travers les branches, sur le gravier, dans les forêts de nénufars, sur le dos des écluses, sur la crête des barrages, voilà de l'intelligence, du talent et de la gloire !

EUGÈNE. — Et de la fatigue !

MAURICE. — Et de l'appétit, par conséquent ! Voyons, est-il une plus belle vie que la nôtre ? Pas beaucoup d'ouvrage, ni d'argent, c'est vrai ! mais fort peu de besoins ; rien pour la gloriole, tout pour le plaisir de vivre, des amusements tranquilles, intimes, qui ne font envie à personne, et dont nous nous lassons si peu qu'il nous faut toujours un rude effort pour nous en arracher quand la saison du loisir est finie !

EUGÈNE. — Oui, oui, profitons-en, et ne laissons pas perdre une miette de notre loisir occupé et de notre bohème champêtre ! Ma foi, c'est notre âge d'or. Vienne la vie sérieuse, et qu'elle soit ce qu'elle voudra, nous lui ferons face, et s'il faut souffrir, plus avancés que bien d'autres, nous pourrons nous dire que nous avons été heureux.

DAMIEN. — Alors, vivent les arts ! vivent la navigation, la liberté, le soleil, la jeunesse et l'amitié ! Faisons un serment : c'est, quand arrivera quelque débâcle sociale pire pour les ouvriers et les artistes que celles que nous avons déjà subies, de ne pas nous séparer, d'associer nos travaux, nos efforts, nos soucis et nos ressources.

MAURICE. — Ça va !

EUGÈNE. — J'en suis.

DAMIEN. Que ferons-nous ? Voyons ! Toi, Maurice, qui es un petit propriétaire avec pignon sur plaine et cuve au cellier, tu auras les dents aussi longues que nous, si l'agriculture chôme comme les arts et métiers. Un moment peut venir où la bohème s'ouvrira pour tout de bon devant nous, un moment que beaucoup de gens regardent comme très-prochain. Avisons à travers cette bohème honorable en braves enfants et en gentils troubadours.

EUGÈNE. — Il pourra bien faire qu'en fait de guitare, on nous envoie à la frontière avec un fusil de munition sur l'épaule.

MAURICE. — Soit, nous connaissons tous cette clarinette, en France, à l'heure qu'il est ; mais enfin, si la chose tourne autrement, et si la faim est pour nous, comme elle l'est déjà pour tant d'autres bons garçons, le grand Cosaque qui nous flanquera sa lance dans l'estomac... il est certain que nos arts chéris, utiles dans les temps de prospérité, seront mis un moment sous la remise comme choses de luxe !

EUGÈNE. — J'ouvre une motion.

DAMIEN. — Et moi aussi.

MAURICE. — J'ouvre aussi la mienne.

EUGÈNE. — Je me suis inscrit le premier pour la parole. Je propose de promener notre théâtre de marionnettes dans toute la France.

DAMIEN. — C'est ce que j'allais dire !

MAURICE. — C'est curieux, j'allais le dire aussi !

EUGÈNE. — Aux voix ! messieurs !... Mais c'est déjà fait, et j'expose mon projet. Nous achetons une petite charrette.

DAMIEN. — Je propose un amendement : nous la faisons nous-mêmes.

EUGÈNE. — Accordé ! Nous y emballons notre scène, nos décors, nos acteurs, nos costumes, et nous la traînons alternativement sur les grandes routes.

MAURICE. — Je propose un amendement : nous achetons un âne.

DAMIEN. — Un âne !... millionnaire, laisse-nous donc ! Un âne, ça coûte !

EUGÈNE — Et puis, ça mange.

MAURICE. — Eh bien, nous dressons Pyrame et nous en faisons un cheval de trait. Qu'en dis-tu, Pyrame ? Tu nages là comme un cachalot, et tu ne t'intéresses pas au sort glorieux qu'on te réserve !

DAMIEN. — Un chien de cette taille-là, ça mange aussi, et ça ne se nourrit pas de chardons ! J'aime mieux l'âne.

EUGÈNE. — Ne disputons pas, messieurs. L'état de notre budget décidera de nos moyens de transport, et si la caisse est vide, nous serons nos propres bêtes de trait.

DAMIEN. — Oui, à condition que votre théâtre sera plus portatif ; je me charge de vous trouver une combinaison plus simple pour le démonter, le remonter, le dresser et l'emballer. Je commence mon plan ce soir ; j'adapte les proportions de la brouette *ad hoc*. Je fais un compartiment pour les coulisses, un pour les toiles de fond, un coffre à l'arrière pour les acteurs, un pour les costumes, un pour les accessoires, avec une étiquette sur chaque division...

EUGÈNE. — Sois donc le machiniste ! On te confie cette partie importante. Maurice et moi faisons mouvoir et parler les personnages. Toi, au dénoûment, tu dresses la foule des personnages muets sur le râteau, et tu fais les feux du Bengale et le murmure du peuple au fond du théâtre. Tu tires les coups de fusil et de canon dans la coulisse ; tu fais le tonnerre, les éclairs, la grêle, le tambour, le grelot des mules, le zing-zing des guitares, le roulement des voitures et le murmure harmonieux des vagues. Quel état, mon cher !

MAURICE. — Et les pièces, qui les fera ? Nous avons déjà un assez joli répertoire, mais nous n'aimons pas à nous répéter, et le génie s'élance toujours vers les horizons nouveaux. Il nous faudra des pièces de circonstance...

DAMIEN. — D'actualité.

EUGÈNE. — Et de localité ! Eh bien, nous travaillerons tous trois en collaboration, et nous inviterons les beaux-esprits des villes de province à nous confier des canevas que nous développerons en improvisant.

DAMIEN. — Si nous avons la liberté de la pensée et de la parole, et nous ne la tenons pas encore, la république des lettres !

MAURICE. — N'ayons pas d'idées noires. A chaque jour suffit son mal, et si nous devons faire un métier de chien tôt ou tard, que ce soit gaiement.

DAMIEN. — Je le veux bien, et figurons-nous que notre mal passager est celui de bien d'autres servira au contentement et au salut de tous. Ferons-nous de la politique avec le théâtre ?

MAURICE. — Remuer les passions ? Non ; mais élever les sentiments, voilà le but de l'art, et c'est pour cela qu'à travers les obstacles, les rigueurs et les méfiances, nous pourrons toujours glisser quelque vérité utile, sous une forme légère et divertissante.

EUGÈNE. — Savez-vous que cela pourrait être plus sérieux et plus utile que de brailler dans les assemblées politiques our ne rien dire ?

DAMIEN. — Et de barbouiller du papier sans avoir une idée !

EUGÈNE. — Mais halte ! Amenez le canot ! Nous voici arrivés.

MAURICE. — Non, c'était plus bas.

EUGÈNE. — Non, non ; voilà le vieux saule, et je tiens à finir mon étude. Quel trognon de saule, hein ? Avec deux lapins rongeant les rejets de ses grosses racines, une corbeille par terre, peut-être un marmot barbotant dans la flaque d'eau, ou un canard majestueux... peut-être un dindon mélancolique perché sur cette branche... Voilà un Flamand.

MAURICE. — Attachons bien le bateau, le courant est rapide. Allons, je vais dessiner aussi ton arbre, ça me servira pour asseoir une Colombine sous l'ombrage, un Arlequin à ses pieds lui offrant des fleurs, et Pierrot caché derrière le saule, montrant sa tête blanche à travers les branches... Il est tout à fait Watteau, cet arbre-là !

DAMIEN. — Moi, je graverai tous les deux, si ça en vaut la peine ; mais, en attendant, je vais grimper sur le saule pour chercher des chrysalides dans la poussière de son bois moisi. Diable ! il ne tient à rien, c'est de l'amadou !

MAURICE. — N'y monte pas, ne le casse pas avant que nous l'ayons dessiné. Tiens ! il craque déjà !

DAMIEN. — Eh bien, je vous laisse ! Donne-moi le filet, je vais attraper des arginnis, car j'en vois là-bas qui ont l'air de se moquer de nous.

MAURICE. — Non, non, nous en avons assez de ces papillons-là. Reste donc à chercher avec nous le sujet de la pièce que nous avons promise à Jacques et à son Anglais.

DAMIEN. — Eh bien, ce paresseux d'Émile qui avait si bien promis de s'en occuper !

EUGÈNE. — Ah bien oui ! Il n'a pas le temps, il est retourné à son étude, et il ne pourra revenir avec nous que samedi soir.

DAMIEN. — Eh bien, cherchons ! mais avant tout, je veux un beau public, moi ! Qui aurons-nous ?

EUGÈNE. — Le curé de Saint-Abdon, s'il n'a pas peur de se compromettre.

MAURICE. — Et le curé de Noirac, s'il n'a pas peur de se damner.

DAMIEN. — Ils auront peur tous les deux, et cependant il n'y a pas de quoi ! Si nous invitions les domestiques du château ?

MAURICE. — Oui, il y a une soubrette qui est jolie, et qui a l'air d'un petit ange.

EUGÈNE. — Alors, pas de légèretés dans le dialogue !...

MAURICE. — Oh ! toutes nos pièces sont morales. La morale avant tout !

EUGÈNE. — Et puis, il y a un nouveau jardinier qui m'a l'air d'un charmant garçon et avec qui j'ai fait connaissance ce matin. Quoique fleuriste, il entend la beauté du légume, et il m'a promis des géromons tachetés pour mon tableau de salle à manger.

DAMIEN. — Inviterons-nous le beau marquis ?

EUGÈNE. — Ce blondasse de Gérard ? Tu le trouves amusant, toi ?

DAMIEN. — Non ; mais ça fait nombre ! Nous le représenterons sans qu'il s'en doute. Nous habillerons le Léandre comme lui, et nous lui mettrons une barbe de peau de veau. Il parlera en grasseyant et il soupirera pour la dame de Noirac, qui s'appellera Isabelle, et qui ne paraîtra jamais en scène que sur le cheval de carton.

EUGÈNE. — Une idée ! oh mais, lumineuse ! Si nous invitions la lionne de Noirac ?

DAMIEN. — Ah bah !

MAURICE. — Pourquoi non ? Je me charge de lui envoyer une invitation en beau style.

DAMIEN. — Elle ne viendra pas, elle est trop bégueule !

MAURICE. — Bah ! bah ! elle fait sa tête ; mais je ne la crois pas bégueule du tout.

EUGÈNE. — Allons l'inviter en corps ; Maurice fera le tambour ; moi, la trompette, et toi, Damien, tu porteras la parole.

DAMIEN. — Oui, pour nous faire flanquer à la porte.

EUGÈNE. — Qu'est-ce que ça nous fait ? Si elle n'est pas contente, nous lui chanterons *la Marseillaise*. Mais qu'est-ce qui nous espionne donc par là ? Tiens, je crois que c'est le paysan d'hier soir, l'homme au chapeau ! Pourquoi nous guette-t-il derrière ce buisson ? Il a l'air d'un chouan en embuscade.

MAURICE. — Il nous observe, parce qu'il est curieux, et il n'ose pas nous approcher, parce qu'il se méfie. Le paysan d'ici est comme cela ; il a cru pendant quarante ans qu'on levait des plans pour reprendre les biens nationaux ; à présent, il croit que c'est pour partager la terre.

DAMIEN. — Qu'est-ce que tu parles de partager la terre ? Eh bien, et moi qui en ai plein une caisse d'oranger sur le balcon de ma mansarde, à Paris ! Tu me lèveras un plan de ma terre, pour que je puisse la réclamer un jour !

GERMAIN et PIERRE, *derrière le buisson.*

GERMAIN. — Entends-tu ce qu'ils disent ?

PIERRE. — Non, j'attrape un mot par-ci par-là, ils parlent de terre, et le petit maigre a dit à monsieur Maurice : Lève-moi un plan de la mienne.

GERMAIN. — Je te le disais bien ! Va donc voir un peu ce qu'ils font !

PIERRE. — Ma foi non ! Ils ont l'air de se cacher. Ils se sont mis dans les branches. Mêmement, il y a un qui voulait monter sur l'arbre. Ça ne serait pas honnête de vouloir les questionner.

GERMAIN. — Va donc, va donc, innocent ! Faut te mettre bien avec eux. Si c'est pour le partage et que nous n'y attrapions rien, faut pour le moins tâcher de ne rien y perdre ! Allons, allons, va leur z'y dire bonsoir, ça ne coûte rien ! Moi, je m'en vas tout doucement à la maison, et je ferai assavoir à la Maniche que ton bail est signé.

(Il s'en va. Pierre sort du buisson et avance un peu, puis s'arrête interdit.)

MAURICE. — Hé ! dites donc, maître Pierre, un mot ! Nous avons quelque chose à vous rendre.

PIERRE, *approchant.* — Ah ! c'est donc vous, monsieur Maurice !

MAURICE. — Est-ce que vous ne me reconnaissiez pas ?

PIERRE. — Si fait bien ; mais je n'étais pas sûr.

MAURICE. — Je ne suis pourtant pas déguisé !

PIERRE. — Ah ! je le vois bien que vous n'êtes pas déguisé. Et, sans vous commander, qu'est-ce que vous avez à me rendre ?

EUGÈNE. — Votre chapeau, maître Pierre. Il est chez nous et nous vous l'enverrons ce soir.

PIERRE. — En vous remerciant, monsieur ; mais s'il vous fait plaisir, vous pouvez bien le garder.

DAMIEN. — Vous en avez encore peur ? Oh ! il n'est pas ensorcelé. C'est le curé de Saint-Abdon qui l'avait pris pour le sien en passant auprès d'une marionnette qui lui a cogné la tête, et que nous avions pendue là pour nous amuser.

PIERRE. — Ah! c'était vous ?... Vous vous amusez donc à donner la peur au monde.

MAURICE. — Non, nous ne voulions faire peur qu'aux moineaux, et nous savons bien que *le monde* n'est pas assez simple pour s'effrayer d'une marionnette.

PIERRE. — Oh! c'est bien vrai. Il n'y a pas de quoi avoir peur. Mais il y a du monde si bête!

DAMIEN. — Vous ne croyez pas aux bêtises, vous, n'est-ce pas? Vous n'avez peur de rien?

PIERRE. — J'ai peur comme les autres de ce qui est pour faire peur; mais je ne m'embarrasse pas d'une marionnette. J'en ai vu à la foire d'Orval. Oh! dame, c'étaient des belles! et qui causaient, mon ami? On aurait dit des personnes qui causaient pour de vrai!

MAURICE. — Ah çà! dites donc, monsieur Pierre, on di que vous épousez la Maniche?

PIERRE. — Est-ce que ça vous fâcherait les uns ou les autres?

EUGÈNE. — Est-ce que vous nous prenez pour des marquis, dites donc?

PIERRE. — C'est-il que vous entendez que le marquis, mon maître, en voudrait conter à ma future?

MAURICE. — Allons! le voilà qui croit que nous tenons des propos! Ni votre marquis, que je sache, ni aucun de nous n'en veut à votre honneur, maître Pierre. Pourquoi donc êtes-vous si méfiant?

PIERRE. — Dame! comment voulez-vous? Par le temps où nous voilà, on se méfie quasiment tous les uns des autres.

DAMIEN. — Et vous croyez que c'est gentil, ça?

PIERRE. — Les peines qu'on a ne sont pas gentilles. Ce qu'on a, on l'a gagné à grand'peine, et on y tient comme à sa peau. On a tant parlé de prendre, de rendre, de donner, d'ôter, qu'on ne sait plus quoi penser, nous autres. Qu'est-ce que vous en dites donc, vous?

EUGÈNE. — Nous n'en disons rien, et nous n'en pensons pas davantage.

PIERRE. — Oh! vous n'en pensez pas moins, que vous voulez dire!

DAMIEN. — Vous nous croyez plus fins que nous ne sommes.

MAURICE. — Oui, maître Pierre, c'est comme ça. Nous ne demandons rien, nous ne refusons rien, et ce que la nation jugera le meilleur pour le moment, nous dirons que c'est le meilleur pour le moment.

PIERRE. — Le diable soit de votre moment! si on va toujours au changement!

MAURICE. — Il faut bien changer pour essayer d'être plus heureux d'une part ou plus juste de l'autre. Nous ne savons pas ce qu'il faut faire, nous, et personne ne le sait plus que nous, je le crains bien! Mais nous voyons de reste que tout le monde n'est pas heureux.

PIERRE. — Oui-dà! vous l'êtes bien, vous autres! M'est avis que vous ne voudriez pas changer avec moi.

DAMIEN. — Changer? non! personne n'y gagnerait. Nous ne saurions pas labourer, et vous ne sauriez pas dessiner. Mais dessiner un peu plus pour que vous laboureriez avec plus de fruit, nous le ferions de bon cœur. Est-ce que vous ne voudriez pas labourer un peu plus pour nous faire mieux dessiner?

PIERRE. — C'est ça des bonnes raisons, et si chacun en disait autant... Mais je ne vois pas comment ça arrangerait les choses.

DAMIEN. — Ni moi non plus; mais quand on n'est pas plus savant que vous et nous dans ces choses-là, savez-vous ce qu'on fait?

PIERRE. — Nenni, ma foi!

DAMIEN. — On tâche de s'élargir le cœur pour y faire entrer les bonnes intentions.

PIERRE. — Ah! dame, on est si bête, nous autres gens de campagne!

MAURICE. — Non, non! vous faites semblant. Vous avez des idées fausses souvent, mais vous n'êtes pas bêtes du tout, et ce qu'on vient de vous dire ne vous paraît pas faux.

PIERRE. — Qu'il faut penser à tout le monde, et pas à soi tout seul?

DAMIEN. — Vous voyez que vous comprenez bien!

PIERRE. — Dame! ça, c'est une vérité, et je sais bien qu'il faudrait être juste et franc chrétien. Mais on est toujours trompé! On nous promet toujours et on ne nous tient jamais!

EUGÈNE. — On vous rend maîtres de votre sort, et vous ne savez pas l'être!

PIERRE. — Puisqu'on ne sait pas comment faire! C'est-il notre faute, à nous?

DAMIEN. — Pas tout à fait, mais beaucoup.

PIERRE. — J'entends bien, on devrait chercher à s'instruire; mais ça fâche les nobles!

MAURICE. — Et vous ne voulez pas les fâcher?

PIERRE. — Non, tant qu'ils seront maîtres! Mais après... oh! dame!... on leur dira tout!

DAMIEN. — Vous aurez du courage quand vous n'aurez plus peur, n'est-ce pas? Eh bien, il aurait mieux valu savoir leur résister franchement, que d'être forcé d'en venir à les menacer tout bas.

PIERRE. — Oh! je ne menace personne.

MAURICE. — Vous craignez tout le monde, c'est la même chose. La crainte, c'est la méfiance; la méfiance, c'est la haine; et la haine, c'est la menace! Tenez, les hommes sont fous, maître Pierre. Avec un peu de franchise de part et d'autre, ils auraient pu n'en pas venir où nous en sommes. Mais, bonsoir, le soleil baisse trop, et il n'y a plus moyen de dessiner.

PIERRE. — Vous dessiniez donc?

EUGÈNE. — Vous ne vous en aperceviez pas?

PIERRE. — C'est donc ce vieux mauvais arbre à qui que vous faites le portrait?

EUGÈNE. — Est-il à vous?

PIERRE. — Non, mais j'en ai bien d'aussi vieux et d'aussi vilains. A quoi que ça peut vous servir de mettre des choses comme ça sur le papier?

EUGÈNE. — Ah! voilà! Nous vendons ça comme vous vendez du blé.

PIERRE. — C'est-il Dieu possible, qu'on achète ça?

EUGÈNE. — Oui, et plus cher que du blé.

PIERRE. — C'est donc que le gouvernement veut avoir l'image de tout ce qu'il y a dans le pays, mêmement les vieux cossons?

EUGÈNE. — Non, le gouvernement ne sait rien du tout de ce qu'il y a dans le pays; il ne sait ni comment sont faits les arbres, ni comment pensent les hommes.

PIERRE. — Alors à quoi ça sert, vos images?

DAMIEN. — Vous avez bien des images chez vous? Vous en avez deux qui sont gravées par moi.

PIERRE. — Ah! c'est des militaires!

DAMIEN. — Eh bien, pour savoir faire un militaire, il faut regarder et imiter un militaire, comme pour savoir faire un arbre, il faut regarder et imiter un arbre.

PIERRE. — Tiens, tiens! J'aurais cherché bien loin avant de penser à ça! C'est vrai qu'il y a des images où on voit des arbres. Voyez ce que c'est! Si je ne vous avais pas connus, j'aurais jugé que vous étiez dérangés d'esprit, de faire ce que vous faites là ! et je vois à présent que vous y gagnez votre vie, comme je gagne la mienne à faire pousser le blé ! Allons, bonsoir, mes amis. En vous remerciant pour mon chapeau. J'irai le chercher chez vous, à ce soir. Ne vous dérangez point pour moi.

MAURICE. — Venez, vous boirez un verre de quelque chose avec nous.

PIERRE. — Vous êtes bien honnêtes, et vous m'avez dit des paroles... que je veux que vous me disiez encore une fois... Tenez, une poignée de main en nous quittant, tous les quatre !

DAMIEN. — Est-ce de bon cœur ?

PIERRE. — Oui ! Dieu me punisse si ça n'est pas de bon cœur !

(Il s'en va.)

DAMIEN. — Sont-ils tous comme cela ?

MAURICE. — Un peu ou beaucoup plus, un peu ou beaucoup moins. Sauf d'assez rares exceptions, le paysan offre partout, je crois, des contrastes que je ne me charge pas d'expliquer, mais que j'ai observés, moi qui ai été élevé au milieu d'eux. Ils sont à la fois très-crédules et très-méfiants, très-simples et très-intelligents, très-vindicatifs et très-bons. Mais voilà l'Anglais de l'autre côté de l'eau ! Hé ! monsieur Brown ! vous cherchez une passerelle ?

RALPH, sur l'autre rive. — Oui, et je m'aperçois que je me suis un peu égaré. Je viens de porter une lettre à la poste, et j'ai fait plus de chemin qu'il ne fallait. Je m'en console puisque je vous rencontre.

MAURICE. — D'autant plus que nous allons vous faire passer l'eau et vous remettre dans votre chemin.

DAMIEN, dans le bateau, traversant la rivière. — Hein ! que dites-vous de cette pirogue ? Ce n'est pas dans votre pays de sauvages que vous aviez des embarcations de cette tournure-là ! Je parie que vous n'en avez jamais vu d'aussi laide !

RALPH, entrant dans le bateau. — Je n'ai pas le droit de la dénigrer, puisqu'elle m'est secourable.

DAMIEN. — Oh ! vous pouvez en rire ! Nous l'avons fait à peu près nous-mêmes, ce bateau pittoresque. Il est tout de travers, aussi va-t-il à travers. C'est sa manière de voir. Nous lui avons cherché un nom flatteur tant qu'il a été sur le chantier : le Cygne, la Mouette, le Phoque, la Flèche, l'Éclair, rien ne pouvait peindre la grâce ou la rapidité de son allure. Aussitôt qu'il a été sur l'eau, nous ne lui avons trouvé qu'un nom approprié à son infirmité, il s'appelle tout simplement le Mayeux.

RALPH. — Merci au Mayeux et à vous, surtout ! Si je ne vous suis pas importun...

EUGÈNE. — Tout au contraire.

RALPH. — Et si je vous retournez à Noirac...

DAMIEN. — La faim nous y rappelle au plus vite.

RALPH. — Nous ferons donc route ensemble.

MAURICE — Oui, à condition que vous viendrez dîner avec Jacques chez nous, aujourd'hui.

RALPH. — De grand cœur, si Jacques n'a pas quelque empêchement.

MAURICE. — Et vous nous parlerez philosophie, car nous sommes dans une veine de raison.

DAMIEN. — Ou tout au moins de raisonnement. Ce sont les marionnettes qui nous ont suggéré des idées sérieuses.

EUGÈNE. — Fumez-vous ?

RALPH. — Jamais, mais j'aime à voir fumer.

SCÈNE VII

Au château de Mireville

JENNY, BATHILDE.

BATHILDE, reprisant des serviettes damassées à la fenêtre de l'office. À Jenny qui entre par la cour. — Venez, venez, mademoiselle Jenny ; n'ayez pas peur des chiens ! C'est pour jouer ! Ici, Pâlotte ! à bas, Murmureau ! Allons, si j'y vais !... Entrez, mon enfant, je suis contente de vous voir. Avez-vous chaud ? voulez-vous boire un bon verre de vin muscat ?

JENNY, entrant dans l'office. — Je vous remercie, madame Bathilde ; je ne bois jamais de vin.

BATHILDE. — Eh bien, voulez-vous de la limonade, de la bière, du sirop de vinaigre ? Grâce à moi, il y a de tout ici. Attendez, attendez ! Eh bien ! mes clefs ! Les voilà ! Asseyez-vous.

JENNY. — Je ne veux absolument rien ; mais je ne vous en sais pas moins de gré.

BATHILDE. — C'est bien gentil à vous de venir me voir. Tenez, je suis contente d'avoir une personne honnête et sage comme vous à qui parler, car j'ai le cœur gros aujourd'hui, et j'étouffe.

JENNY. — Ah ! mon Dieu, pourquoi donc, madame Bathilde ?

BATHILDE. — C'est monsieur le marquis qui me cause des peines.

JENNY. — Comment cela ? N'est-il pas très-bien pour vous ?

BATHILDE. — Oh ! je voudrais bien voir qu'il ne fût pas bien avec moi, qui ai servi feu sa pauvre mère ! Moi qui l'ai vu naître et qui suis sa femme de charge depuis qu'il est au monde ! Sans moi, sa cuisine serait une gargote et son château une ruine. Mais je veille à tout, et s'il fait des sottises à Paris par sa mauvaise tête, je les répare ici par mon économie.

JENNY. — Des sottises ? Il en fait donc ?

BATHILDE. — Quel est le jeune homme riche, noble et beau qui n'en fait pas ? Votre maîtresse ne doit pas regarder à cela, elle qui est une femme du grand monde. Il fera comme les autres : une fois marié, il se rangera ! Cependant, si vous pensiez que ce que je vais vous dire lui fasse trop de tort auprès de madame la comtesse, j'aimerais mieux me taire. Je ne voudrais pas faire manquer à mon jeune maître un si beau mariage.

JENNY. — C'est donc quelque chose de grave ?

BATHILDE. — Tenez, vous ne le direz pas à votre maîtresse ? Promettez-moi que vous le lui cacherez.

JENNY. — Je ne peux pas vous promettre cela, car je vous tromperais, madame Bathilde, et j'aime mieux vous parler tout franchement. Madame m'a dit tantôt : « Va à Mireville, pendant que je reviens de chez le marquis à Noirac. Vas-y seule et comme pour rendre visite à Bathilde, qui t'a invitée fort honnêtement à aller la voir. Sache d'elle la vérité sur ce qui se passe depuis ce matin chez le marquis. Son piqueur a parlé à mon groom de l'arrivée d'une femme singulière : Gérard ne m'en parle pas. Je ne suis pas jalouse ; mais je ne veux pas être trompée. Par adresse ou par franchise, fais parler Bathilde et reviens vite me dire ce que je dois penser de cette aventure. »

BATHILDE. — Eh bien, mon enfant, puisque le piqueur a parlé au groom, et le groom à madame, je peux bien tout vous dire. Le secret de pareilles choses n'est pas possible à garder. Imaginez-vous, ma belle, qu'une demoiselle, une dame, une... tout ce que vous voudrez! arrive ici ce matin, au petit jour, dans une superbe voiture de poste, quatre chevaux, deux postillons. Nous courons au devant d'elle, nous la recevons très-bien; mais elle nous pousse, nous bouscule... « C'est bon! c'est bon!... Je n'ai pas besoin qu'on m'annonce. Où est sa chambre?... — Mais, madame, il est couché! — Il se lèvera! — Il dort... — Il se réveillera! » Et pif! pouf! pan! la voilà qui monte les escaliers, qui jette les portes, et qui s'enferme avec monsieur le marquis. Au bout d'un instant, on sonne : madame avait des attaques de nerfs, on s'était querellé très-fort! Il faut la déshabiller, la mettre au lit dans une belle chambre. A peine y est-elle, qu'elle demande une bouteille de bordeaux et deux côte-lettes. Puis elle nous dit bonsoir, tire ses rideaux et s'endort comme si de rien n'était. Monsieur le marquis monte à cheval en me disant : « Bathilde, débarrassez-moi de cette femme-là comme vous pourrez; que je ne la retrouve pas ici ce soir! » Comme c'est facile!... Et le voilà parti! Je monte chez la dame, je frappe, bon! Les verrous sont fermés, et voilà qu'il est cinq heures et qu'elle n'a bougé depuis ce matin. Je ne sais si elle est morte ou vivante. Je ne sais si je dois faire enfoncer la porte; je crains le bruit, le scandale. Enfin, je suis là, ne sachant comment me tirer de la jolie besogne que me donne monsieur le marquis. Voyons! qu'est-ce qu'il faut faire? qu'en pensez-vous?

JENNY. — Je pense que c'est une femme qui aime le mar-quis, qu'elle est malheureuse, et qu'il faut la prendre par la douceur.

BATHILDE. — Bah! malheureuse! si vous voyiez son équi-page!

JENNY. — On peut être riche et avoir du chagrin.

BATHILDE. — Mais elle a bu le vin et mangé les côtelettes!

JENNY. — On mange, on boit, on dort, et on a du cha-grin!

BATHILDE. — Dame! c'est possible; mais le diantre soit de son chagrin! Je n'y peux rien. Il faut que le marquis la plante là, puisqu'il épouse madame de Noirac.

JENNY. — Madame de Noirac ne voudrait pas épouser un homme qui aurait pris des engagements avec une autre femme!

BATHILDE. — Alors, il faudrait savoir! Celle-là n'est peut-être pas ce que je croyais... Au fait, elle parle, elle marche, elle pleure, elle rit tout comme madame de Noirac, et c'est peut-être une grande dame aussi! Elle est riche, j'en suis sûre. Elle avait sur le dos, pour voyager, un cachemire de cinq mille francs au moins! Voyons, voyons, il faut savoir! Si vous essayiez d'entrer chez elle? Elle m'en veut, parce que je l'ai un peu brusquée; mais vous, qui avez un air si doux! Voulez-vous?

JENNY. — Madame m'a ordonné d'essayer de la voir, j'irai... Dans l'intérêt de madame comme dans celui de cette dame-là, il vaut mieux, en effet, savoir à quoi s'en tenir.

BATHILDE. — Je vais vous conduire à sa chambre, et si elle vous reçoit, parlez un peu fort, hein? pour que je puisse en-tendre! Je resterai à la porte.

JENNY. — Je ne vous promets pas cela. Si elle veut parler bas, je parlerai bas.

SCÈNE VIII

MYRTO, dans une chambre du château de Mireville; JENNY, frappant doucement à la porte.

MYRTO. — Qui est là?

JENNY. — Quelqu'un qui demande si madame n'a pas be-soin d'une femme pour l'aider à s'habiller.

MYRTO. — Non, je suis habillée, merci! Le marquis est-il au château?

JENNY. — Non, madame, il n'est pas encore rentré.

MYRTO. — Mais je connais cette voix-là... Qui êtes-vous donc?

JENNY. — Je m'appelle Jenny.

MYRTO. — Jenny quoi?

JENNY. — Jenny Vallier.

MYRTO. — Ah! mon Dieu! c'est toi, Jenny?

(Elle lui ouvre la porte.)

JENNY. — Comment! c'est toi, Céline Tarentin?

MYRTO. — Oh! je ne m'appelle plus comme cela. On a joué sur le nom de mon père, qui était, comme tu sais, un mar-chand de médailles prétendues antiques, et qui était d'ori-gine plus italienne que ses médailles. Un beau jour, quel-qu'un a rappelé un vers de... de qui donc déjà? n'importe! Ça disait:

Elle a vécu, Myrto, la jeune Tarentine!

Ça m'a plu, ça a plu à ceux qui étaient là, et me voilà bap-tisée Myrto la Tarentine, et non plus Céline Tarentin.

JENNY. — Eh bien, Céline...

MYRTO. — Non pas, Myrto! Je ne me reconnais plus quand on m'appelle autrement.

JENNY. — Eh bien, Myrto, mon ancienne camarade de magasin, que fais-tu donc ici?

MYRTO. — Eh bien, et toi, ma petite? J'allais précisément t'adresser la même question, comme dit Robert Macaire. Est-ce que tu es entretenue par le marquis, à présent? Est-ce que c'est pour toi que je suis flouée? Tu es bien assez gentille pour ça. Oh! comme tu es embellie... Mais il t'ha-bille mal; tu as l'air d'une femme de chambre!

JENNY. — Je suis une femme de chambre, en effet, et, Dieu merci, je ne suis entretenue que par mon travail.

MYRTO. — Ah! tu es restée vertueuse? Eh bien, tu as bien fait, mon enfant. Je ne t'en veux pas pour ça, au contraire; mais enfin, que fais-tu chez le marquis?

JENNY. — C'est la première fois que j'y mets les pieds, et c'est en cachette de lui. Je te dirai tout simplement la vé-rité, Céline... Myrto, comme tu voudras. Je venais savoir qui tu étais, et maintenant je te demande ce que tu comptes faire.

MYRTO. — Ah! je devine, tu es la soubrette adroite de ma rivale.

JENNY. — Moi, adroite? Tu vois bien que non, puisque je vais droit au fait.

MYRTO. — C'est vrai! Oui, je me souviens, tu es une bonne fille, franche comme l'or et d'un cœur excellent. Eh bien, je vais te répondre comme tu m'interroges. J'étais la maîtresse de monsieur Gérard, et je viens l'enlever à la comtesse de Noirac.

JENNY. — Pourquoi veux-tu faire une pareille chose? Tu n'aimes donc pas monsieur Gérard?

MYRTO. — Comment! puisque je suis jalouse, apparemment que je l'aime!

JENNY. — Mais tu l'aimes pour toi-même, et pas pour lui.

MYRTO. — Pardié!

JENNY. — Tu l'aimes d'une manière égoïste? Tu as tort!

MYRTO. — Voilà une drôle de fille! Toujours la même, Jenny! tu as donc toujours quatorze ans?

JENNY. — Non, j'en ai dix-neuf. Et moi aussi, j'ai aimé, va! et je me suis sacrifiée au bonheur... au repos, du moins au bien-être de celui que j'aimais.

MYRTO. — Eh bien, c'est très-joli, ça! J'en serais capable aussi, si j'aimais Gérard; mais tu avais raison, je ne l'aime pas.

JENNY. — Eh bien, alors... c'est donc par méchanceté ! Oh ! Céline, tu étais moqueuse, un peu coquette, mais tu n'étais pas méchante !

MYRTO. — Je le suis devenue. Si tu savais comme on change quand... Mais tu ne comprends pas ça, toi. Au fond, je ne suis pas mauvaise, mais j'aime un peu à me venger. Gérard m'a trompée, comme un sot qu'il est. Quel besoin avait-il de me tromper ? Est-ce que je lui demandais ça ?

JENNY. — Il t'a promis de t'épouser ?

MYRTO. — Oh ! non pas ; mais de m'aimer plus que personne, et j'apprends qu'il se marie sans ma permission ! Je sais que ta baronne de Noirac se donne des airs dégagés dans le monde, et je n'entends pas que ces dames-là empiètent sur nos droits. Il nous est permis de faire les lionnes, et il ne leur est pas permis de faire les lorettes.

JENNY. — Oh ! Céline, que dis-tu là ? Tu es donc ?...

MYRTO. — Eh bien, mon Dieu, oui ! Tu ne le savais pas ?

JENNY. — Non.

MYRTO. — Et tu ne le devinais pas à ma toilette ? Qu'en dis-tu ? Regarde ! ce n'est pas des dentelles comme ça que nous vendions à notre petit comptoir ?

JENNY. — Oh ! mon Dieu, pauvre fille ! que je te plains ! Je te croyais entretenue par le marquis. C'était une faute... Mais enfin, quand on aime, on trouve si naturel de partager... Mais ce que tu es !...

MYRTO. — Allons, tu ne sais pas même ce que c'est qu'une lorette ; tu connais le nom et non la chose. Ce n'est peut-être pas si révoltant que tu crois, et si nous avons des travers, nous avons aussi des qualités.

JENNY. — Céline, je ne te juge pas, je te plains ! Voyons, rentre en toi-même, et puisque tu n'aimes pas le marquis, ne fais pas de scandale ici, ne fais pas rire et causer à propos de madame ! Si tu savais comme elle est bonne, tu n'aurais pas de dépit contre elle, va ! Elle n'a rien fait, elle, pour t'enlever ton amant ? Elle ne te connaît pas, et quand à prendre des airs de lorette, comme tu dis, je t'assure qu'elle ne sait pas ce que ça veut dire.

MYRTO. — Ah ! c'est qu'il y a, vois-tu, lorettes et lorettes. Il y a des lorettes lionnes, comme je te le disais, et des lionnes lorettes. Tout le monde peut être lionne. Il suffit de s'habiller d'une certaine façon, d'être crâne à cheval, de fumer crânement, enfin d'avoir de la crânerie en tout, sauf en amour ; mais, en amour, il n'est pas donné à toutes les femmes d'être lorettes, et j'ai ouï dire que beaucoup de femmes prétendraient agir comme nous.

JENNY. — Comment donc, mon Dieu ?

MYRTO. — Sous couleur de mariage (puisqu'on les épouse, ces femmes-là), elles prétendent exploiter le cœur et la bourse de leurs lions. Et puis, elles les renvoient et se promettent à d'autres. Eh bien, je dis que c'est intolérable, parce que ces dames-là ne donnent pas toujours, comme nous, des droits sur elles. Elles pèchent en restant ce qu'on appelle vertueuses. Elles ont des vices, elles n'ont pas nos hontes et nos misères. Nous sommes donc fondées à les détester et à leur faire une guerre à mort, toutes les fois que l'occasion s'en présentera.

JENNY. — Ma chère, tu ne sais pas ce que tu dis. Je ne sais pas comment sont les dames du monde, je ne les connais pas, moi ! Mais je sais que madame n'exploite la bourse de personne, et que c'est une infamie de dire cela. Elle est riche dix fois comme ton monsieur Gérard, et elle est si peu intéressée, d'ailleurs, qu'elle donne à tout le monde, à pleines mains, sans compter.

MYRTO. — Elle l'aime donc ?

JENNY. — Je ne sais pas.

MYRTO. — Ah ! tu ne sais pas ? Tu as rougi ! Elle ne l'aim pas ! Elle est entichée de son nom.

JENNY. — Pas du tout, je t'assure.

MYRTO. — Mais voilà trois mariages qu'elle rompt !

JENNY. — Je n'en sais rien, cela ne me regarde pas.

MYRTO. — Elle veut plaire et briser ; voilà son plan. Elle est coquette, conviens-en !

JENNY — Elle est bonne, je te jure qu'elle est bonne !

MYRTO. — Une coquette n'est pas bonne. Je veux la voir, la juger, lui pardonner, ou lui donner une bonne leçon, selon qu'elle se conduira bien ou mal avec moi.

JENNY. — Tu veux la voir ? Y songes-tu ?

MYRTO. — Pourquoi pas ?... Parce qu'elle est comtesse et que je ne le suis pas ? Elle a eu de la chance, voilà tout ! mais j'aurai celle de la mortifier et elle me reçoit mal. J'ai de ses nouvelles, vois-tu, et je peux lui en faire avaler, des couleuvres !

JENNY. — Toi ? je t'en défie !

MYRTO. — Tu te fâches ? tu fais ta comtesse aussi, toi, cameriste ?... Nous verrons, nous verrons !

JENNY. — Céline, je t'en prie, sois raisonnable, sois bonne! pour les autres, pour toi-même, pour moi, qui étais ta camarade préférée. Tu oublies donc que tu m'aimais un peu ?

MYRTO. — Ah ! c'est que tu étais si bonne ! Non, je ne l'oublie pas. Aussi, toi, pauvre fille, sois tranquille ; ce n'est pas de vous autres que nous sommes jalouses !... Mais j'entends le pas d'un cheval... c'est mon marquis ! Va-t'en, Jenny, si tu ne veux pas qu'il te voie.

JENNY. — Je me sauve ; et que dirai-je à madame ?

MYRTO. — Tout ce que je t'ai dit.

JENNY. — Je n'oserai jamais !

MYRTO. — Si tu ne le lui dis pas, ce sera pire !

SCÈNE IX

Sur le chemin de Mireville à Noirac.

JENNY, seule, marchant vite. — Je vous avoue que j'ai peur... Je ne suis pas habituée à marcher comme cela, le soir, dans la campagne, et je crains toujours de m'égarer. Si je voyais un loup, je perdrais la tête ; mais on dit qu'il n'y en a pas dans ce pays-ci. Il fut un temps où j'aurais été avec vous à travers le feu, un temps où le feu n'aurait pas osé me brûler, où les loups n'auraient pas osé me manger. C'était le temps où vous m'aimiez... A présent, je suis toute seule sur la terre. — Ah ! mon Dieu ! à qui est-ce que je croyais parler ? Je suis toute seule, en effet ; je ne pourrai donc jamais me déshabituer de m'entretenir dans ma pensée avec lui, comme s'il était là ? Qu'est-ce qui vient donc sur le chemin ?... Ah ! c'est Florence. Cela me rassure de voir quelqu'un !

FLORENCE. — J'allais vous chercher, mademoiselle Jenny.

JENNY. — Ah ! de la part de madame ? Elle est inquiète de moi ?

FLORENCE. — Non, c'est moi qui étais inquiet de vous.

JENNY. — Je vous en remercie, car je conviens que je n'étais pas bien rassurée. Voilà les jours qui deviennent courts !

FLORENCE. — Je serais venu plus tôt au devant de vous, si je m'étais senti libre ; mais j'attendais le coucher du soleil pour quitter mon ouvrage, et il me semblait que ce soir il faisait bien des façons pour se retirer ? Aimez-vous mieux marcher seule, ou serez-vous moins fatiguée si je vous donne le bras ?

JENNY. — Je vous donnerais le bras bien volontiers ; mais

voyez, dans ces chemins pierreux, je crois qu'il est plus commode de ne pas marcher deux de front.

FLORENCE. — Est-ce que madame de Noirac vous envoie souvent comme cela, seule, dans la campagne?

JENNY. — Non, c'est la première fois.

FLORENCE. — Si elle recommence, vous devriez lui représenter qu'une jeune fille est exposée dans ces chemins peu fréquentés, et à l'approche de la nuit surtout. Est-ce que vous venez de loin?

JENNY. — Oh! non, ce n'est pas bien loin! Comment saviez-vous de quel côté j'étais?

FLORENCE. — Parce que je vous ai vue partir; j'ai pris la même direction, et le bon Dieu a fait le reste.

JENNY. — Et comment avez-vous su que c'était madame qui m'envoyait?

FLORENCE. — Parce que j'étais bien sûr que vous ne sortiez pas ainsi seule pour votre plaisir.

JENNY. — Oh! si je n'étais pas poltronne et qu'il n'y eût aucun danger pour moi, je courrais bien volontiers le jour et la nuit, car j'ai de bonnes jambes! J'étais habituée à trotter, à Paris, et c'est bien beau, la campagne! C'est bien plus beau que Paris.

FLORENCE. — Ah! n'est-ce pas?

JENNY. — Quand je suis arrivée ici, ce grand château, ce grand ciel, ces grands terrains, tout cela m'effrayait. Je n'étais jamais sortie de Paris, moi, et je ne croyais pas pouvoir vivre ailleurs. Mais, dès le lendemain, je me suis aperçue que la campagne, c'est vraiment le paradis, et, à présent, je ne voudrais plus jamais la quitter.

FLORENCE. — Mais la campagne doit vous rappeler cependant...

JENNY. — Elle ne me rappelle rien du tout.

FLORENCE. — Vous dites que vous n'êtes jamais sortie de Paris! Vous n'alliez jamais vous promener le dimanche à Montmorency, avec...

JENNY. — Avec Gustave? jamais! Je n'avais pas le temps; j'allais voir ma pauvre vieille tante, aussitôt que le magasin était fermé, et Gustave venait le soir manger des marrons avec nous. Nous faisions une partie avec ma bonne tante, et Gustave s'en allait à dix heures.

FLORENCE. — Ah! je suis heureux... pour vous, que la campagne ne vous rappelle aucun souvenir attristant. Comme c'est beau, n'est-ce pas, de voir les étoiles et tout l'horizon.

JENNY. — Et comme l'air sent bon ici?

FLORENCE. — Aimez-vous à entendre chanter tous ces oiseaux, tous ces insectes?

JENNY. — Moi? oh! j'aime même à écouter chanter les grenouilles. Il me semble qu'elles se racontent tant de choses intéressantes! Elles en disent tant, et elles se dépêchent tant!

FLORENCE. — La grive cause mieux et a bien plus d'esprit: L'entendez-vous?

JENNY. — Comment, c'est une grive qui chante si bien que ça? Le joli air! ça ressemble à une chanson, et je crois que je pourrais la chanter.

FLORENCE. — Que croyez-vous qu'elle dise?

JENNY. — Mon Dieu, je crois qu'elle dit ce que nous disons: « Le ciel est beau, les étoiles brillent, et l'air sent bon! »

FLORENCE. — Oui, voilà ce qu'elle dit, je le crois aussi. Je crois que la nature ravit de joie tous les sens de toutes les créatures, et que les plantes elles-mêmes...

JENNY. — Les feuilles, les fleurs? vous croyez?

FLORENCE. — Regardez ces grandes marguerites sauvages qui sortent leurs figures blanches des broussailles, à côté de vous.

JENNY. — Oui, elles ont l'air de bayer aux étoiles, comme moi! ah! quelles sont jolies!

FLORENCE. — Les voulez-vous?

JENNY. — Non! si elles sont contentes, pourquoi les déranger?... A propos, monsieur Florence, avez-vous pensé au bouquet de madame, à l'heure de son dîner? Je n'y étais pas...

FLORENCE. — J'y ai pensé, et je le lui ai envoyé par mon confrère le potagiste, comme il s'intitule.

JENNY. — Ah! mon Dieu! cela lui aura déplu, à madame! Elle prétend que les bouquets de monsieur Cottin sentent toujours l'oignon!

FLORENCE. — Bah! l'oignon est une senteur de haut goût qui doit être saine pour les femmes nerveuses.

JENNY. — Monsieur Florence, je ne vois qu'une chose à vous reprocher, c'est que vous parlez de madame un peu légèrement, et c'est injuste: vous ne la connaissez pas.

FLORENCE. — Si fait, car je connais ses pareilles, et toutes ces dames-là sont les mêmes. C'est comme leurs adorateurs: qui a vu un lion les a tous vus. Et cependant hommes et femmes de ce genre-là cherchent à se faire remarquer et affectent des goûts excentiques; mais comme ils se copient tous les uns les autres, il n'y a rien de surprenant ni d'original en eux.

JENNY. — D'où donc connaissez-vous comme cela les gens du monde? Vous avez donc déjà fait, comme on dit, beaucoup de maisons?

FLORENCE. — Non, c'est la première où je sers; mais je suis observateur, et les êtres humains ne sont pas plus mystérieux que les plantes. Savez-vous à quoi madame de Noirac a employé le temps de votre absence?

JENNY. — Non!

FLORENCE. — A tirer au pistolet, à cheval, sur des têtes disposées dans le manège. — Et puis un caprice! « Monsieur Florence, venez ici... » C'était pour avoir un spectateur; monsieur Gérard ne lui suffisait pas. On a fait son effet sur lui! Moi, j'ai été sournois, j'ai fait comme un homme blasé sur les exercices de l'hippodrome, et je n'ai pas seulement regardé en lui parlant. — Madame veut des fleurs autour du manège, sur les talus? on en fera mettre; et me voilà parti!

JENNY. — Mon Dieu, comme vous paraissez enclin à dénigrer madame! Ce n'est pas bien, et nous ne serons plus amis si vous continuez. Madame ne pense pas du tout à faire de l'effet. Elle s'amuse, voilà tout. Laissons cela! J'aime mieux écouter la grive et regarder le ciel.

SCÈNE X

Au prieuré

La maison de Maurice

MAURICE, DAMIEN, EUGÈNE, JACQUES, PIERRE, RALPH, FLORENCE, LE CURÉ DE NOIRAC, à table.

MAURICE. — *Félix qui potuit rerum cognoscere causas!* Hein, monsieur Jacques?

EUGÈNE. — Tu sais donc le latin, toi? Tu ne m'avais jamais dit ça!

MAURICE. — Oui, je sais le latin... comme un rapin!

EUGÈNE. — Ma foi, je n'en sais pas même si long. Ah! si fait, je me rappelle un mot que nous avons mis dans une de nos comédies: *Morituri te salutant?*

JACQUES. — Comment, vous dites des choses aussi solennelles dans vos comédies de marionnettes?

DAMIEN. — Certainement, et de pires ! Mais en attendant, qu'est-ce que ça veut dire, *Morituri*...

JACQUES. — *Te salutant ?* Ceux qui vont mourir te saluent ! C'est ce que les gladiateurs du cirque disaient à César, au moment d'entrer dans l'arène.

DAMIEN. — C'est gai !

LE CURÉ. — C'est affreux !

JACQUES. — C'est grand en soi-même, ce mot-là ! Il ne s'agit que de le bien placer. A quel propos le disait-on dans votre pièce ?

MAURICE. — Oh ! c'était un canevas de pièce, tiré d'une fort belle nouvelle d'Émile Souvestre. Un officier de la République, entouré de chouans, disait cela à un ami, au moment d'entamer un combat désespéré. C'est dans la nouvelle.

JACQUES. — Eh bien ! c'est beau.

MAURICE. — L'idée me plut, et, outre la pièce, je fis une composition qui, bien rendue, pourrait être quelque chose. Au sommet d'une montagne planait, comme le soleil, la Liberté rayonnante. La montagne s'ouvrait au centre, en un large chemin rapide, où se précipitait une foule de volontaires de tout âge et de tous costumes, qui en officier, qui en blouse, qui pieds nus ; l'un portant un fusil, l'autre un sabre, l'autre une faux ; il y avait même des femmes, des enfants, des vieillards ; et puis, des affûts de canon, des chevaux, tout le tremblement, qui descendaient rapidement la montagne et s'enfonçaient, au tournant inférieur, dans une vaste plaine couronnée au loin par les Alpes. Tous ces Français éperdus et fiers, misérables et terribles (je ne dis pas ce qu'ils étaient sous mon crayon, mais ce que je voulais rendre), se retournaient vers la déesse avec un transport de désespoir et d'enthousiasme, et, au bas du dessin, on lisait : *Morituri te salutant !*

LE CURÉ. — N'auriez-vous pas pu placer aussi bien votre mot au bas d'une composition qui aurait représenté Jésus libérateur planant sur une troupe de martyrs, prêts à être livrés aux bêtes ?

MAURICE. — Oui, et dans mon idée ce n'eût été que changer d'époque, puisque, au fond, c'est un épisode du même drame.

LE CURÉ. — Oh ! pardonnez-moi, pas tout à fait !

RALPH. — Ne discutez pas là-dessus, monsieur le curé. Plus nous serions d'accord sur le fond des choses, moins vous voudriez peut-être nous accorder que nous avons raison.

LE CURÉ. — Mon Dieu, messieurs, vos intentions sont bonnes ! Je vous connais assez pour être sûr de cela ; mais vous êtes dans un chemin qui mène à l'opposé de notre but commun.

JACQUES. — C'est ce que nous pensons aussi de vous, et toutes les nuances d'une même idée sont ainsi controversées dans le monde à l'heure qu'il est. Ne discutons pas ; nous avons perdu l'espérance de nous convertir les uns les autres ; mais puisque nous parlons peinture, c'est-à-dire composition pittoresque, représentons-nous un tableau qui symbolisera la situation générale.

DAMIEN. — Voyons, je regarde !

JACQUES. — C'est encore une montagne. Au sommet brille le soleil éclatant de la vérité, et, dans son plus pur rayon, je voudrais voir, avec monsieur l'abbé, la figure du Christ. Cependant, ni monsieur l'abbé, ni moi, ni aucun de nous ici, ni personne dans la foule innombrable dont nous allons peupler notre tableau, ne voit clairement ni cette figure vénérée, ni les autres figures qui rayonnent dans le soleil de la vérité. Personne n'a atteint le sommet d'où on peut le contempler, et pourtant tout le monde approche et monte. Ceux qui sont encore en bas font un effort pour gravir. La montagne est horrible ; des volcans, des précipices s'ouvrent sur ses

flancs, des sentiers âpres et pleins de péril sont encombrés d'explorateurs... des millions d'hommes s'égarent, roulent, disparaissent ! D'autres combattent et s'arrachent le terrain pied à pied. La mort et le désespoir font là une impitoyable curée. Ailleurs, des phalanges épuisées s'endorment dans les neiges comme nos bataillons pétrifiés par le froid dans la retraite de Russie. Ailleurs, des groupes, qui symbolisent des nations à une époque donnée, se sont arrêtés dans une vallée délicieuse. Ils s'y abandonnent aux plaisirs de la vie matérielle. Ce sont des jeux, des danses, des voluptés, des orgies. Ce sont les époques de décadence. L'homme, trop rassasié sur la terre, a oublié le chemin du ciel et s'est arrêté dans la recherche de la vérité. Mais des hordes de barbares accourent et le chassent de son oasis. La rage et la famine passent comme des torrents sur ce monde de délices ; des sociétés disparaissent. Les barbares recommencent l'œuvre de la civilisation sur les débris d'une civilisation vaincue. Ils gagnent du terrain, ils s'étendent, ils montent. Et puis viennent l'abus, la lassitude, l'épuisement, la décadence, la conquête, la destruction pour ceux-ci comme pour ceux qu'ils ont remplacés. Ainsi, de catastrophe en catastrophe, l'humanité, fatalement, c'est-à-dire divinement poussée à graviter vers la vérité, cherche, au prix de son sang, à gagner les plateaux d'une nouvelle terre promise. Des épisodes sublimes, des épisodes atroces sillonnent ce tableau fantastique de l'histoire universelle. On torture, on brûle, on écorche les pèlerins qui, pour ouvrir à leur race une route plus sûre et plus droite, avaient osé s'aventurer sur des sentiers encore inconnus. On couronne quelques-uns de ces novateurs, on en égorge un plus grand nombre. Partout, et presque en même temps, la masse se croit plus habile et plus éclairée que l'individu et abuse de sa force contre lui. L'ordre se fait sur un point de la colonne et se rompt sur un autre point. Et cependant, il y a toujours des éclaireurs, et tout monte. Beaucoup crient vers le ciel : *Morituri te salutant !* Tous disent : *Felix qui potuit...* (A Damien.) Heureux celui qui peut connaître les causes des choses !

DAMIEN. — Voilà un petit chiffon de tableau que je ne me charge pas de graver.

MAURICE. — Ni moi de dessiner.

JACQUES. — Je ne le propose ni à vos pinceaux ni à vos burins. Je le propose à vos imaginations. C'est une image de la marche de l'humanité vers le progrès, et des désastres qui l'entravent sans cesse sans l'arrêter jamais. Sans cesse décimée, elle multiplie toujours ; et plus la vérité lui échappe, plus elle a soif de voir la vérité face à face.

LE CURÉ. — Ainsi, selon vous, personne ne la voit, pas même le chrétien ?

JACQUES. — Le chrétien la voit, tous la voient plus ou moins, mais à travers des voiles, des obstacles. Celui-ci, masqué par un rocher, ne voit qu'une lueur oblique ; celui-là, ébloui par l'éclat inattendu d'un aspect plus vaste, perd la vue tout d'un coup. Ces divers effets de lumière produisent un phénomène d'hallucination générale. Les objets qui sont à notre portée, les chemins ou les obstacles apparents ou réels qui les traversent, changent d'aspect selon la situation de l'un de nous. Où vous voyez un fossé, je vois un pont ; où vous voyez une plaine, je vois un abîme.

LE CURÉ. — Alors, il n'est point de vérité absolue pour l'homme ? Toute vérité est relative, passagère par conséquent ? C'est un scepticisme impie et indigne d'une âme comme la vôtre, monsieur Jacques !

JACQUES. — La vérité de Dieu est absolue. Vous oubliez donc mon soleil au sommet de la montagne ? Mais la part de chaque homme est relative et incomplète. N'êtes-vous pas forcés, vous autres orthodoxes, d'admettre le *mystère?* Vous dites les mystères de la religion. C'est un mot bien plus ancien que le christianisme, et qui sert à couvrir d'un voile ce que l'on ne peut expliquer.

FLORENCE. — Et à l'heure qu'il est, monsieur Jacques, sommes-nous encore bien loin du sommet lumineux ?

JACQUES. — C'est le secret de Dieu, mon enfant, que vous me demandez là ! Tout ce que je peux vous dire, et ce que vous savez aussi bien que moi, c'est que nous en sommes plus près, nous, la France de 1851, que tout ce qui nous entoure sur le globe, et que tous les peuples qui nous ont précédés.

PIERRE. — Mais apercevez-vous, monsieur Jacques, sur votre montagne, du côté d'en sus, quelque chose que les autres n'ont pas encore avisé ?

JACQUES. — Ah ! vous écoutiez donc ma comparaison, mon ami Pierre ?

PIERRE. — J'ai vu tout ça, comme si vous me le faisiez rêver. Dites donc ce que vous voyez là-haut, là-haut ! comme si c'était la fumée de tabac qui monte au plafond de cette chambre, avec les chandelles qui percent dedans ? Regardez bien !

JACQUES. — Je vois des rayons et des nuages, maître Pierre.

PIERRE. — Si vous ne voyez que ça, restons comme nous sommes, de crainte d'être pis !

LE CURÉ. — Voilà une parole d'un grand bon sens, Pierre !

MAURICE. — En ce cas, maître Pierre, n'épousez pas la Maniche, car vous ne serez peut-être pas aussi heureux marié que garçon.

PIERRE. — Oh ! que si. Je prétends être mieux !

DAMIEN. — Ne prenez pas de métairie, vous en sortirez peut-être plus pauvre que vous n'y serez entré.

PIERRE. — Je compte bien y prospérer, au contraire !

EUGÈNE. — Et ne mettez jamais d'enfants au monde, car ils pourront bien être plus à plaindre que vous.

PIERRE. — Par la grâce de Dieu, j'espère qu'ils profiteront de ma peine !

FLORENCE. — Donc, vous avez l'espérance !

JACQUES. — Et la foi, par conséquent !

LE CURÉ. — Distinguons...

JACQUES. — Oui, distinguons, l'abbé ! L'homme croit au bonheur terrestre ; il le cherche, il le veut ; aucune fatigue, aucune souffrance, aucun désastre ne le détourne de son but. Et il ne rêverait pas la possession de la vérité religieuse et sociale qui, seule, peut assurer ce bonheur matériel !

LE CURÉ. — Ainsi, tous les hommes, selon vous, cherchent sincèrement la vérité ?

JACQUES. — Qui dit chercher, dit chercher ; je n'y vois pas d'équivoque, et quiconque cherche la vérité en sent le besoin. Ment-on à dessein à soi-même ?

LE CURÉ. — Je me suis mal expliqué. J'aurais dû dire que tous les hommes n'aiment pas et ne cherchent pas la vérité.

JACQUES. — Ceux qui ne l'aiment ni ne la cherchent sont ceux qui n'en ont pas la moindre notion. Il faut les instruire et non les maudire.

PIERRE. — Voilà qui est bien dit ! Bonsoir, messieurs, et grand merci pour vos honnêtetés.

FLORENCE. — Moi, j'ai des graines à trier ce soir, et comme maître Pierre, je me lève avec le jour. Au revoir, messieurs, et à vous de tout mon cœur.

LE CURÉ. — Je vous suis. — Adieu, mes chers voisins. Adieu, monsieur Jacques ; je suis votre ami quand même !

JACQUES. — J'y compte bien, cher pasteur.

EUGÈNE. — Attendez, attendez ! Il fait un temps de chien !

LE CURÉ. — Vraiment ? Il faisait si beau quand nous nous sommes mis à table ! En effet... j'entends gronder le vent très-fort.

DAMIEN. — C'est un orage. Vous voulez partir malgré cela ?

LE CURÉ. — Oui, oui, c'est si près ! Voyez, Pierre et le jardinier sont déjà en route.

DAMIEN. — Prenez au moins une lanterne et un parapluie. Tenez !...

LE CURÉ. — Grand merci. Je vous rapporterai cela demain.

(Il s'éloigne.)

SCÈNE XI

DAMIEN et EUGÈNE, dans la cour.

DAMIEN. — Il va pleuvoir des hallebardes ! Quelle tempête, après un si beau coucher de soleil !

EUGÈNE. — Heu ! il était trop rouge ! Mais qu'a donc Pyrame à aboyer comme ça ? Est-ce qu'il veut manger notre petit curé ?

DAMIEN. — Non, il le connaît ! On sonne à la grande porte, je crois ? Attends donc ! Quel diable de vent ! Oui, on sonne ; allons voir.

SCÈNE XII

Dans le salon, chez Maurice

MAURICE, RALPH, JACQUES.

MAURICE. — Vous n'êtes pas étonné, monsieur Jacques, de l'intelligence de Pierre, quand on lui parle raison d'une façon poétique ?

JACQUES. — Non, le paysan est comme cela. Vous trouvez en lui le génie à côté de la stupidité. Ah ! que de belles choses on pourrait graver sur ces tables rases que le passé nous dispute !

(Il s'assied et joue aux échecs avec Ralph.)

DAMIEN, à la porte. — Écoute donc, Maurice ! un instant.

(Maurice sort.)

SCÈNE XIII

Dans la salle à manger

MAURICE, DAMIEN, EUGÈNE, MYRTO, en amazone.

MAURICE, à Damien. — Madame de Noirac ? Non ! une belle dame que je ne connais pas.

DAMIEN, à Maurice. — Ni moi non plus. Elle demande à te parler.

MYRTO. — C'est là monsieur Maurice Arnaud ? J'ai un service à vous demander. Restez, messieurs, ce n'est pas un secret !

MAURICE. — Vous êtes mal ici, madame. L'odeur d'un dîner... il est vrai qu'au salon, je crains qu'on n'ait déjà fumé.

MYRTO. — Vous avez du monde au salon ? Eh bien, restons ici. C'est l'affaire d'un instant.

MAURICE. — Nous sommes à vos ordres ;

MYRTO. — Je suis la comtesse de Myrto ; vous ne me connaissez pas.

MAURICE. — Nous ne sommes pas des gens du grand monde, madame ; nous n'avons pas même l'honneur de vous connaître de nom.

MYRTO. — Peu importe ! Je suis parente du marquis de Mireville que vous connaissez ?

MAURICE. — Oui, madame, un peu.

MYRTO. — Je suis venue avec l'intention d'acheter une propriété dans ce pays-ci... Je sais que la vôtre n'est pas à vendre. D'ailleurs, elle ne serait pas assez considérable pour moi. Mais, comme la décence ne me permet pas de loger à Mireville, et que c'est de ce côté-ci que je veux examiner, je suis venue sur un cheval et avec un laquais à Gérard, pour demeurer ici provisoirement.

MAURICE. — Ici, madame ? Comment donc...

MYRTO, *étouffant de rire.* — Oh ! monsieur ! dans votre village !

DAMIEN. — Mais c'est un village de paysans ; il n'y a pas d'hôtel, pas d'auberge convenable pour vous.

MYRTO. — Je le sais. Je me suis informée en chemin : mais on m'a dit qu'il y avait trois ou quatre petites maisons habitables dans l'endroit, parce qu'il est joli et qu'il y vient quelquefois des promeneurs, des étrangers, des malades. Tenez ! je suis au courant de tout. Il y a la maison de monsieur Jacques qui touche au parc de Noirac, une belle propriété ! La comtesse est de mes amies.

MAURICE. — Eh bien, madame, pourquoi n'allez-vous pas chez elle ?

MYRTO. — Non ! elle me retiendrait, et je veux la voir sans la gêner. On m'a dit que, outre cette maison-ci que vous habitez, vous en possédiez une autre dans le village.

MAURICE. — Il est vrai, madame, et elle est bien à votre service ; mais c'est une maison rustique, encore plus modeste que celle-ci.

MYRTO. — Et elle est meublée ?

MAURICE. — Avec fort peu de luxe !

MYRTO. — On m'a dit qu'elle était propre et qu'elle était libre. Combien voulez-vous me la louer ! Là, voyons, tout de suite ?

MAURICE. — Je vous l'offre *gratis*, madame, pour quelques jours, si elle vous convient.

MYRTO. — *Gratis*, monsieur ? Non, je n'accepte pas les choses ainsi. Est-ce un refus ?

MAURICE. — Au contraire. Vous paierez ce que vous voudrez.

MYRTO. — A la bonne heure. Et je peux m'y installer tout de suite ?

MAURICE. — A l'instant même.

MYRTO. — Puis-je avoir une femme pour me servir ?

MAURICE. — Si vous vous contentez d'une paysanne, vous en aurez trois pour une. Veuillez entrer au salon, je vais dire qu'on s'occupe...

MYRTO. — Non, rien ! donnez-moi le nom d'une de ces femmes.

MAURICE. — Marguerite, la maison à côté de celle où je vais vous conduire.

MYRTO. — Non, ne me conduisez pas. Le domestique qui m'accompagne connaît tout cela. Donnez-moi les clefs.

MAURICE. — C'est Marguerite qui les a. Mais elle est peut-être déjà couchée ?

MYRTO. — Elle se lèvera.

MAURICE. — Vous voulez attendre à sa porte, à cheval, par ce temps affreux ?

MYRTO. — Oh ! je m'en moque !... Je veux dire, je ne suis pas délicate et ne crains pas les rhumes de cerveau.

MAURICE. — Attendez au moins que l'un de nous aille en avant, avertir...

MYRTO. — Oh ! j'y serai avant vous. J'ai quatre jambes !

Bonsoir, monsieur, et grand merci. Si vous voulez venir me voir tous les trois demain matin, vous me ferez plaisir. Puisque vous êtes si obligeants, je vous consulterai sur l'emplette que je veux faire d'une propriété dans vos parages.

(Elle se lève. Tous trois la suivent en lui ouvrant les portes et en tenant un flambeau.)

SCÈNE XIV

Dans la cour du prieuré

LES PRÉCÉDENTS, ANTOINE.

MAURICE. — Oh ! oh ! vous montez ce cheval-là ? Je le connais, il est vigoureux ?

MYRTO. — Il n'est pas mauvais. Est-ce que Diane le monte ?...

MAURICE. — Madame de Noirac ? Je ne crois pas.

MYRTO. — En ce cas, je suis donc meilleure écuyère qu'elle ?... Vous voulez me donner le pied ?... non, non ? Antoine, ne tenez pas la bride, je la tiens ; je ne crains pas cette bête-là, j'en ai gouverné de pires. Bonsoir, messieurs !

(Elle part au grand trot.)

MAURICE, *au domestique qui la suit.* — Antoine, qu'est-ce que c'est donc que cette dame-là ?

ANTOINE, *riant.* — Ma foi, monsieur, j'ai reçu un louis pour me taire... et je ne sais rien.

(Il part.)

DAMIEN. — Collé !

MAURICE. — Refermons les portes, et allons nous chauffer. Il fait un froid de loup.

EUGÈNE. — Que diable signifie cette apparition ?

DAMIEN. — Ça ? c'est une péronnelle. Elle est jolie !

MAURICE. — Qui sait ? c'est aussi bien une lionne !

EUGÈNE. — C'est encore plus crâne que celle de Noirac !

MAURICE. — Allons conter cela au père Jacques. Il nous aidera dans nos commentaires.

SCÈNE XV

Dans le prieuré

DAMIEN, EUGÈNE, MAURICE.

DAMIEN. — En attendant, tu fais tes affaires, propriétaire que tu es ! Voilà ta maison louée !

MAURICE. — Pas sûr ! mais je m'en moque !

EUGÈNE. — As-tu remarqué comme elle a dit ce mot-là : « Je m'en moque ? »

DAMIEN. — Oui, j'ai cru qu'elle allait dire mieux ! Drôles de femmes qu'on voit à présent ! Je croyais qu'on ne trouvait ces genres problématiques qu'à Paris, et ça vient vous relancer au fond des montagnes !

EUGÈNE. — Est-ce que ça vous monte la tête, à vous autres ?

MAURICE. — A première vue, non ! Ça me fait l'effet du champagne, et je ne l'aime pas.

DAMIEN. — Moi, je dis que pour être le but de ces femmes-là, aventurières ou princesses, il faut être comme monsieur Gérard : avoir cinq pieds huit pouces et une barbe de sapeur, couleur de feu, monter sur des chevaux qui me casseraient les reins, parler chien, renard, piqueurs, steeple chase, être enfin fort comme un Turc, riche comme un juif et bête comme une oie. Or j'ai trop d'amour-propre pour m'y frotter.

MAURICE. — Tu as raison, toi! Allons philosopher avec nos hommes graves. Ils sont très-gentils au fond! Sexe enchanteur! pourquoi n'as-tu pas souvent une miette microscopique du bon sens d'un homme comme Jacques?

DAMIEN. — Bah! un homme comme Jacques a peut-être, lorsqu'il était jeune, mis toute sa cervelle en miettes pour une femme comme ça!

MAURICE. — J'en doute.

EUGÈNE. — Qui sait?

DAMIEN. — Voyons, sommes-nous amoureux?

MAURICE. — Non.

EUGÈNE. — Non.

DAMIEN. — Non.

MAURICE. — Alors, chorus! et rentrons au salon en chantant la Marseillaise!

SCÈNE XVI

BATAILLON DE GRUES DANS LES AIRS.

Déroute! déroute! Attention! qui va là? C'est toi? où sont les autres? Quel temps de détresse! La nue est trouble, l'air est lourd, la terre semble vouloir écorcher nos ailes, et le vent est de plomb. Déroute! déroute!

— Courage! courage! j'ai retrouvé le courant aérien. Qu'on me suive! qu'on me suive! Le firmament s'étoile par là-bas. Ne vous séparez point. Où sont les femelles? où sont les enfants? Venez, venez!

— Ciel! ciel! Étoiles! étoiles! Nous voilà tous, personne ne manque? Tournez, tournez, tournez en rond, qu'on voie toute la bande! Resserrez la spirale et montez, montez! Le vent est lourd, mais nos ailes sont fortes. La nuit est sombre, mais notre œil est perçant. Fendons, cinglons, volons, hâtons-nous vers les étoiles , et que nos voix aiguës laissent planer un dernier cri de détresse sur la terre qui s'éloigne!

TROISIÈME PARTIE

SCÈNE PREMIÈRE

Samedi matin au château de Noirac

Dans la chambre de Diane

DIANE, JENNY.

JENNY. — Oui, madame, il commence à faire jour; mais vous ne voulez pas monter à cheval avant le lever du soleil! Il a fait un temps affreux cette nuit, et je croyais que le vent emporterait les toits. Vous feriez mieux de ne pas sortir ce matin et de vous rendormir, car vous vous êtes couchée bien tard et vous n'avez pas dormi quatre heures.

DIANE. — Je n'ai pas dormi quatre minutes, et je sens que je ne dormirai pas de sitôt. Reste un peu là. Je ne sortirai pas. Sais-tu bien qu'après avoir ri comme une folle de l'idée de ta grisette, j'ai fini, grâce à l'insomnie qui montre les choses en noir, par m'en tourmenter sérieusement? J'ai beau chercher sur quoi peuvent porter ses menaces et quel tour elle prétend me jouer, je ne trouve rien!

JENNY. — Eh! sans doute, madame! Puisque vous ne vous reprochez rien envers personne, vous n'avez rien à craindre de personne. N'y pensez plus. C'est une tête folle, et elle ne serait pas si hardie que de se présenter devant vous.

DIANE. — Je l'espère, et cependant c'est humiliant d'être menacée par une créature comme ça! J'en veux tellement à Gérard de m'attirer une pareille affaire, que j'ai pris cette nuit la résolution de ne pas me marier.

JENNY. — Comment, madame, pour une chose qui arrive malgré lui? Quand je vous assure qu'il a dit hier à Bathilde de l'en débarrasser, qu'il ne voulait plus la retrouver chez lui? et puisque vous savez qu'il l'a fait partir le soir même, en revenant d'ici, et qu'elle n'a pas passé la nuit à Mireville?

DIANE. — Es-tu sûre de cela?

JENNY. — Antoine me l'a dit hier soir.

DIANE. — Que venait-il faire ici, Antoine, après que son maître était rentré chez lui?

JENNY. — Il a dit que monsieur Gérard avait perdu Léda en s'en retournant, et il venait voir si elle était che nous.

DIANE. — Est-ce vrai? Est-ce qu'elle y était, sa chienne?

JENNY. — Oui, et Antoine l'a remmenée.

DIANE. — Et il t'a dit que cette femme était repartie pour Paris?

JENNY. — Pour Paris, je ne sais pas. Je n'ai pas osé lui faire de questions. Ces domestiques, ça a un si drôle d'air en parlant de ces sortes d'histoires! Mais il m'a dit : Elle n'y est plus; elle vient de filer!

DIANE. — Tiens, Jenny, je crois que Gérard veut essayer de me tromper. Il est assez simple pour s'imaginer que c'est possible, qu'il cachera une fille dans son château, à une lieue de moi, et que je ne le saurai pas!

JENNY. — Vous pouvez croire qu'il vous aime assez peu pour revenir à une ancienne fantaisie?

DIANE. — Oh! cela, peu m'importe! Je ne suis pas du tout jalouse de lui. Je ne le crois, d'ailleurs, ni assez tendre, ni assez bouillant pour revenir à la passion ou à la pitié envers une femme quelconque. Mais je le crois lâche, et voilà ce qui me dégoûte le plus de lui. Je crois qu'il craint les esclandres de cette folle, et qu'il est assez fat pour craindre ma jalousie, et assez peu intelligent pour ne pas trouver un moyen sûr et prompt de chasser cette... Margo, Myrto, comment l'appelles-tu?

JENNY. — Chasser une femme, quelle qu'elle soit, c'est bien dur, madame! On ne chasse pas même un chien importun qui se jette dans vos jambes.

DIANE. — Un chien! je le crois bien! Mais une fille! on la chasse à coups de cravache, à moins que l'on n'ait quelque motif pour la ménager. Et il y en a toujours, vois-tu! Ces histoires de débauche ne sont jamais bien nettes, et ces misérables créatures ne seraient pas si impudentes si on ne leur donnait quelques droits de l'être, je ne sais lesquels!

JENNY. — Ni moi non plus. Mais pourquoi, vous qui êtes compatissante, parlez-vous si durement de ces malheureuses filles? Moi, je les plains, et Myrto me fait de la peine, je vous assure.

DIANE. — Ne m'en parle plus. Je lui pardonnerai ses menaces si elle me fait naître un bon prétexte pour me débarrasser convenablement du marquis; car, à dire vrai, plus je le vois et moins je m'y attache.

JENNY. — Mon Dieu, madame, n'est-il pas bien tard pour rompre comme cela?

DIANE. — Qu'appelles-tu bien tard? Est-ce que tu es folle?

JENNY. — Oh! madame, je sais bien que vous l'avez tenu à la distance qu'il fallait! Mais enfin, promettre c'est s'engager.

DIANE. — Je ne lui ai rien promis de positif. Je l'ai toujours tenu entre la crainte et l'espérance. Je l'ai laissé se flatter, je ne l'ai pas flatté.

JENNY. — Ah! c'est bien subtil, cela? Faire espérer, c'est déjà accorder.

DIANE. — Oui, dans tes idées naïves et niaises. Mais nous avons un autre code, nous autres femmes du monde; nous savons fort bien jusqu'où nous pouvons aller.

JENNY. — Eh bien, ma chère maîtresse, permettez à la pauvre niaise de Jenny de vous dire qu'elle craint que vous ne le sachiez pas.

DIANE. — Ah! ah! tu me tiens tête? Tu veux discuter avec moi? Voyons.

JENNY. — Oui, madame, je dis que vous ne le savez pas, parce que vous êtes trop franche pour en savoir si long. Si vous aviez le cœur et la tête assez froids pour ne jamais aller un peu plus loin que vous ne voulez, je craindrais que vous ne fussiez pire que Myrto, et, comme cela n'est pas, je crains que vous ne vous soyez engagée plus que vous ne croyez.

DIANE. — Je crois vraiment que tu me fais de la morale!...

JENNY. — Oh! vous n'en avez pas besoin; vous savez bien que je dis vrai.

DIANE. — Peut-être... Mais laissons ça; ça m'ennuie. Parle-moi du jardinier.

JENNY. — Du jardinier?

DIANE. — Eh bien, oui. Qu'est-ce que tu as à faire tes grands yeux ébahis?

JENNY. — Qu'est-ce que vous voulez donc que je vous dise du jardinier? Lequel?

DIANE. — Ah! voilà de l'hypocrisie!... Lequel? Penses-tu me faire croire que tu ne fais pas de différence entre Cottin et Florence?

JENNY. — J'en fais beaucoup. Cottin est un excellent homme, bien honnête, bien doux; mais il ne parle pas et il ne raisonne pas comme monsieur Florence.

DIANE. — Tu vois bien? L'un est Cottin, l'autre monsieur Florence. Cottin est une bête, et Florence un homme d'esprit.

JENNY. — Non, madame, je ne prends pas monsieur Cottin pour une bête. Seulement l'autre sait mieux s'expliquer.

DIANE. — Aussi tu ne causes pas avec Cottin, et tu te promènes, tu cours les champs avec Florence.

JENNY. — Oh! madame, je cours les champs! J'ai été à Mireville pour faire une commission qui ne me plaisait guère; j'avais grand'peur pour revenir seule, et parce que je vous ai dit que Florence était venu au devant de moi, vous dites que je cours avec lui! C'est un mot bien dur et que je ne mérite pas.

DIANE. — Que tu es sotte et prude! Quel mal y aurait-il, après tout? N'es-tu pas libre d'aimer qui bon te semble?

JENNY. — Non, madame.

DIANE. — Pourquoi?

JENNY. — Parce que je n'ai pas encore oublié Gustave.

DIANE. — Ah! tu commences à dire pas encore! C'est un progrès, et je vois que monsieur Florence n'a pas perdu son temps. Sais-tu qu'il a une figure charmante, ce garçon-là?

Je voudrais bien savoir d'où il sort? Mais tu prétends ne pas le savoir. Tu mens, j'en suis certaine. N'importe! S'il te plaît, j'en serai charmée, ma pauvre enfant. Il est bien temps que tu te consoles, et si tu ne trouves pas qu'un jardinier soit au-dessous de toi pour la condition... Il est certain qu'ici la condition ne fait rien, il a une éducation... c'est étonnant! Mais ne sois pourtant pas trop pressée, Jenny! Il faut le connaître et ne pas être trompée une seconde fois. S'il est ce qu'il paraît, je veux bien vous marier ensemble. Je te ferai une petite dot, et vous ne me quitterez pas.

JENNY. — Ah! madame, voilà votre bon cœur et votre imagination qui trottent. Je ne pense pas à Florence, et Florence ne pense pas à moi.

DIANE. — Il ne te fait pas la cour? Tu m'en donnes ta parole d'honneur?

JENNY. — Je vous la donne.

DIANE. — D'où vient ce changement?

JENNY. — Quel changement?

DIANE. — Tu disais avant-hier que tu n'oublierais jamais ton ingrat, et aujourd'hui tu as l'air d'y travailler?

JENNY. — C'est vrai, j'y travaille, comme vous dites, et cela me fait bien mal de me forcer comme cela; mais je prie Dieu, et cela ne m'était pas arrivé depuis longtemps.

DIANE. — Qui a fait ce miracle? Allons! c'est la vue du beau jardinier, conviens-en!

JENNY. — Non! c'est une parole de monsieur Jacques.

DIANE. — Monsieur Jacques! Ah! voilà un homme qui m'intrigue aussi, un homme qui a des habits de quaker et des manières de gentilhomme! D'où ça sort-il, tout ce monde-là? Et toi, tu connais déjà tout ça? Sais-tu que te répands singulièrement! Tu as été parler de tes amours avec Jacques.

JENNY. — Oui, tout bonnement. On le dit si sage, si savant!

DIANE. — C'est un savant? Il doit bien s'entendre aux délicatesses de l'amour!

JENNY. — Eh bien, madame, riez si vous voulez, il s'y entend mieux que vous.

DIANE. — Ah bah? Invite-le à dîner ce soir avec moi.

JENNY. — Oh! je le veux bien! vous l'aimerez tout de suite! Il est si paternel, si doux! A la première parole que je lui ai dite, j'ai été entraînée à me confesser à lui.

DIANE. — C'est drôle, il ne m'a pas fait cet effet-là. Après tout, je ne l'ai pas examiné. Il faut qu'un homme soit bien intéressant pour l'être encore à soixante ans? Eh bien, quelle est donc cette parole magique qu'il a trouvée pour te guérir? S'il en avait une pour conjurer l'ennui!

JENNY. — Il ne m'a pas guérie, il m'a calmée. Il m'a dit... Mais je ne saurai jamais redire ça comme lui.

DIANE. — Cherche bien... Mais qu'est-ce que c'est? Que veut Marotte?

MAROTTE, entrant. — C'est une dame qui demande à parler à madame la comtesse.

DIANE. — Une visite à six heures du matin? Ah! voilà qui est trop province! Dites que je dors!

MAROTTE. — Elle dit que madame ne refusera pas de la recevoir. Elle s'appelle madame de Myrto.

DIANE. — Ah! mon Dieu!

JENNY. — Est-il possible?... Je vais lui parler!

DIANE. — Non! non! puisque la voilà, je veux la voir; faites entrer.

(Marotte sort.)

JENNY. — Y songez-vous! Sans savoir si elle vient avec des intentions raisonnables? Je l'aurais peut-être calmée, si elle est en colère.

DIANE. — Mais que veux-tu donc que je craigne? Je saurai bien la mater, va? Et puis, je suis curieuse de savoir ce que c'est qu'une lorette. Ça m'occupera, ça m'amusera.

JENNY. — Dites-moi de rester avec vous. Si elle s'emporte... je me souviens qu'elle était un peu brutale autrefois... Je lui ferai entendre raison mieux que vous.

DIANE. — Bien, reste! La voilà, tiens! Elle est charmante, et mise comme un ange!

MYRTO, entrant. — Bonjour, madame de Noirac. Je vous remercie de me recevoir comme ça tout de suite. Ça n'est pas d'une bégueule. Ah! que vous êtes donc jolie, et bien arrangée, avec ce petit bonnet de dentelle! Ma foi! je crois que vous êtes plus jolie que moi!

DIANE. — Vous êtes trop modeste, mademoiselle Myrto!

MYRTO. — Si, si, vous êtes plus jolie, je vois ça, n'est-ce pas, Jenny? Ma foi, Gérard n'a pas de mauvais goût. Reste à savoir si vous avez plus d'esprit que moi... car, sur ce chapitre-là, Gérard ne s'y connaît pas du tout.

DIANE. — Voyons donc votre esprit d'abord, mademoiselle Myrto, et faites-en preuve en parlant sérieusement, si c'est une raison sérieuse qui vous amène devant moi.

MYRTO. — Vous voulez que ce soit sérieux? Je le veux bien; c'est à votre choix. Mais, est-ce qu'elle va rester là, elle?

DIANE. — Jenny? Pourquoi pas? Je n'ai rien de secret à dire ni à entendre.

MYRTO. — Peut-être que si! n'en jurez pas.

DIANE. — Vous vous trompez. N'importe! je suis sûre d'elle.

MYRTO. — Comme vous voudrez. Ah! que vous avez là un joli petit chien! quel bijou! et il me caresse! J'ai envie de vous le voler. Est-ce que c'est Gérard qui vous l'a donné? Je parie que c'est le chien de La Havane qu'il m'avait promis, et il a prétendu ensuite qu'il avait péri en mer.

DIANE. — Voyons, est-ce de monsieur de Mireville ou de mon petit chien que vous venez me parler, mademoiselle? Je vous attends.

MYRTO. — Oh! vous pouvez bien attendre un peu. Dame! je ne sais pas où commencer, moi! Je ne comptais pas vous voir entrer comme ça en matière. Ça ne vous fait donc rien que je vienne vous parler de votre amant, moi qui suis sa maîtresse?

DIANE. — Monsieur de Mireville n'est pas mon amant, mademoiselle. S'il est le vôtre, je ne vous le dispute pas.

MYRTO. — Bah! vous ne l'aimez pas? J'en étais sûre! Eh bien, il ne se doute pas de ça, ce pauvre Gérard! Il croit que vous êtes folle de lui!

DIANE. — J'ai beaucoup d'estime et d'affection pour monsieur de Mireville. Il est possible qu'un mariage entre nous en devienne un jour la preuve; mais jusque-là, je ne m'arroge aucun droit sur lui, et il est libre d'avoir autant de maîtresses qu'il lui plaira.

MYRTO. — Et vous, autant d'amants...

DIANE. — Pourquoi cherchez-vous à m'insulter, mademoiselle? Je vous parle, je crois, avec beaucoup de calme et de politesse!

MYRTO. — C'est vrai, madame de Noirac, vous êtes très-polie et très-douce; mais, enfin, ce n'est pas pour échanger des cérémonies avec vous que je suis venue hier soir de Mireville par un temps de chien pour coucher dans un galetas. Je voulais vous prendre au saut du lit, comme on dit, parce que je sais que vous aimez la promenade; et puis je serai peut-être bien aise que Gérard, qui vient ici tous les matins, m'y trouve arrivée avant lui.

DIANE. — Dites donc le but de votre visite.

MYRTO. — Bah! vous le savez bien. Je l'ai dit à Jenny. Est-ce que tu ne le lui as pas dit, toi?

JENNY. — Tu étais folle hier, ma pauvre Céline, et ce matin tu sens que tu as été ridicule. Conviens-en et laisse madame tranquille. Tu étais curieuse de la voir, tu voulais savoir si tu serais bien reçue. Tu as vu madame. Elle est belle et elle te parle avec bonté. Si tu n'as rien de bon à lui dire, remercie-la et viens ailleurs parler d'autre chose.

MYRTO. — Non, non, on ne m'intimidera pas avec de grands airs! Quelque chose de rare! J'en prends aussi quand je veux, de ces airs-là! J'en veux à madame, et il faut qu'elle sache bien que si elle épouse Gérard, c'est un effet de ma générosité.

DIANE. — Vous êtes bien bonne, et je vous en remercie, mademoiselle Myrto!

MYRTO. — Ah! voilà que vous me raillez! Voyez-vous ce petit ton! Eh bien, oui, ma belle dame, il ne tient qu'à moi de vous empêcher d'être marquise, et ne faites pas trop la princesse avec moi!

DIANE. — Peut-on vous demander comment vous m'en empêcheriez, si j'en avais l'intention arrêtée?

MYRTO. — L'avez-vous, oui ou non?

DIANE. — Cela ne vous regarde pas.

MYRTO. — Pardon! ça me regarde. J'ai une tête aussi! Je veux bien vous laisser Gérard, mais je ne veux pas qu'il me laisse sans ma permission.

DIANE. — Eh bien, arrangez-vous ensemble; cela ne me regarde pas du tout.

MYRTO. — Allons, c'est bien! Vous ne vous souciez pas de lui, vous vous moquez de lui, et vous voilà bien forte, parce que vous n'avez pas à me disputer un homme dont vous ne voulez que le nom. Voilà donc vos manières, à vous autres? « Prenez nos amants, mesdemoiselles, nous n'y tenons pas, pourvu qu'ils nous épousent! » Eh bien, nous ne pouvons pas vous empêcher de vouloir, malgré tout, les épouser; nous ne pouvons pas vous forcer à en être jalouses; mais nous pouvons quelquefois rompre vos mariages et faire que vous ayez la honte d'être délaissées comme nous le sommes.

DIANE. — Non, pas comme vous l'êtes!

MYRTO. — Ah! enfin, voilà la colère qui vient et la haine qui perce! Merci, ma belle comtesse! J'aime mieux ça que vos douceurs méprisantes, et je peux enfin vous jeter la honte à la figure. Vous serez délaissée par le marquis de Mireville, je vous en réponds! et il dira partout que c'est lui qui ne vous a pas trouvée digne de porter son nom. Ce sera assez humiliant pour une femme d'esprit comme vous, d'avoir été plantée là par un homme si simple! Adieu, je vous avertis que vous avez vu hier le marquis pour la dernière fois, et qu'il sera à Paris demain, racontant à deux cents personnes pour quelles raisons il vous laisse seule dans vos terres!

JENNY. — Céline, vous mentez... vous ne pouvez pas...

MYRTO. — Tu m'ennuies, tais-toi, soubrette! — Madame de Noirac, avez-vous écrit beaucoup de lettres à monsieur de Vaudraye? Vingt-quatre, je crois! Elles sont dans mes mains, ainsi que celles dont vous avez gratifié Ernest de Guerbois. Demain, tout Paris les lira, à moins que vous ne fassiez ici amende honorable du petit mot de tout à l'heure, et que vous ne me disiez... sans sourire et sans pincer les lèvres... en me tendant la main et d'un air enfin qui satisfasse mon amour-propre: Vous êtes bonne, Myrto, et je vous remercie.

DIANE. — Vous êtes folle!

JENNY. — Oui, tu es folle...

MYRTO. — Certainement, je suis folle! car, à ma place, il y en a qui diraient: Mille francs par lettre, ma belle dame! il y en a, en tout, trente-huit; ça fait trente-huit mille francs.

Moi, je méprise l'argent; j'en ai assez pour le quart d'heure, et, d'ailleurs, je trouve ça lâche de vendre la vengeance. Je veux humilier et non dépouiller. Humiliez-vous, comtesse! Allons, courbe la tête, fière *sycophante*, et après ça, tu verras que Myrto est de parole! Les lettres vous seront rendues gratis.

JENNY. — Ah! madame! si ces lettres sont fâcheuses pour vous, prêtez-vous à son caprice. Elle est folle, mais elle n'est pas méprisable, voyez! un peu de bonté, et vous aurez son cœur. Eh! mon Dieu! le cœur d'une pauvre fille perdue peut être bon encore! N'est-ce pas, Céline? Il y reste toujours quelque chose de ce que Dieu y avait mis, et je suis sûre qu'il y a des moments où la reconnaissance et l'attendrissement... Sois bonne aussi, toi; baise sa main, et elle t'embrassera.

MYRTO, *émue un instant*. — Voilà... Je tiens sa main... et elle est froide! Ah! elle n'est même pas émue, ta grande dame! Elle n'a ni peur, ni honte; ni reconnaissance, ni pitié... c'est un marbre!

DIANE, *retirant sa main*. — Mademoiselle Myrto, écoutez-moi bien! A supposer que vous ayez des lettres qui puissent me compromettre, et je doute encore qu'il y ait des hommes du monde assez lâches pour donner nos lettres à des filles...

MYRTO. — Il y en a apparemment, car j'ai les vôtres. Je les ai ici, je le prouverai!

DIANE. — C'est bien, je m'y attends, et ne vous en empêcherai par aucun moyen. Je sais aussi qu'il y a des femmes du monde assez lâches pour subir vos conditions et pour vous racheter, à tout prix, ces preuves de leur faiblesse. Je ne suis pas de ces femmes-là. Tout ce qui est poltron me répugne. C'est un malheur, sans doute, que de voir des lettres intimes passer de main en main et subir l'outrage des plus grossiers commentaires; mais si le monde est vil et méchant, c'est une raison de plus pour lever la tête, pour accepter avec dédain ses outrages et pour se consoler avec sa propre estime. Or je perdrais la mienne en m'abaissant à vous implorer. Gardez votre vengeance, je veux garder mon mépris. Sortez!

MYRTO. — Allons! vous l'avez voulu, ma belle! Tant pis pour vous! Adieu, Jenny!

JENNY. — Non, tu ne feras pas une pareille chose! Tu y renonceras! Je te suis.

DIANE. — Restez, Jenny; je vous l'ordonne!

(*Myrto sort.*)

JENNY. — Madame, madame! ne me retenez pas; je suis sûre...

DIANE. — Reste, te dis-je. Je suis calme. Ces lettres me tueront, mais ne m'aviliront pas.

JENNY. — Mon Dieu, comme vous êtes pâle!...

DIANE. — Non, ce n'est rien!

JENNY. — Ah! vous vous trouvez mal... Mon Dieu, madame!...

MAROTTE, *entrant*. — Madame!... Quoi donc? qui a crié?

JENNY. — Vite, vite... de l'air... le flacon!... C'est une attaque de nerfs!

SCÈNE II

Dans le potager du château de Noirac

PIERRE, COTTIN.

PIERRE. — Oui, c'est comme je te le dis. Je vais chez le maire et chez le curé pour faire publier mes bans, et pas plus tard qu'à la Toussaint, j'épouserai la Maniche.

COTTIN. — J'en suis content, Pierre, et je te fais mon compliment. C'est une forte fille, et d'un grand courage.

PIERRE. — Pour une belle fille, c'est une belle fille. Elle vous enlève un sac de six boisseaux de blé sur son épaule comme une autre enlèverait un sac de balle. Mais c'est pas tout ça, jardinier! faut se parler raisonnablement tous les deux!

COTTIN. — Voyons, qu'est-ce qu'il y a?

PIERRE. — Je suis un homme, et tu n'es pas une poule.

COTTIN. — J'espère être un homme aussi!

PIERRE. — J'en tombe d'accord. Eh bien, tu as fait les yeux doux, dans le temps, à ma future.

COTTIN. — Dame! je ne dis pas non; elle me revenait bien! Mais elle n'a pas voulu de moi, et je m'en suis consolé; que veux-tu? Il y a plus de deux ans que je ne lui ai pas dit quatre paroles.

PIERRE. — Oh! je sais bien que tu ne m'as point traversé dans mes amitiés; mais il ne faut point me trahir dans mon mariage.

COTTIN. — Pourquoi me dis-tu ça? Est-ce que je suis un faux ami?

PIERRE. — Non! nous avons toujours été camarades, et je sais que tu es juste et franc comme tout. Moi aussi, pour l'amitié, je vais tout droit. C'est pourquoi je te dis : Il y a deux ans que tu ne parles plus à la Maniche; mais la voilà tantôt ma femme, et je suis ton ami. Il faudra bien que tu lui parles; il faudra bien que tu viennes chez moi. Eh bien, quelle mine est-ce que tu vas lui faire, à ma femme?

COTTIN. — La mine d'un honnête homme. Je n'en peux pas faire d'autre, j'espère!

PIERRE. — J'entends bien... mais...

COTTIN. — Mais quoi?

PIERRE. — Cottin!... Ma future m'a tout dit.

COTTIN. — Elle a eu tort...

PIERRE. — Non! elle a eu raison. Je t'avais vu, dans le temps, te promener avec elle, et on disait des choses... Enfin, je me sentais d'être un peu jaloux. Je l'ai confessée... là, dans le cœur! C'est une brave fille, elle ne m'a point trompé. Elle voulait bien de toi, dans le temps.

COTTIN. — Non, non, elle m'a renvoyé!

PIERRE. — C'est bien, ce que tu dis là, et c'est comme ça qu'il faut toujours dire à tout le monde.

COTTIN. — Est-ce que j'ai jamais dit autrement?

PIERRE. — Non! Faut continuer par égard pour moi.

COTTIN. — C'est bien commode, c'est la vérité!

PIERRE. — Non! La vérité, c'est que le père n'a point voulu, et que la fille s'est soumise au père. Mais vous avez été bons amis ensemble, et on sait bien que l'amitié...

COTTIN. — Tais-toi, Pierre, il ne faut jamais ni dire ni penser ça.

PIERRE. — Tu as raison, il faut le savoir, se taire et l'oublier.

COTTIN. — Si on le croit, faut le pardonner, du moins!

PIERRE. — Oui, c'est fait. J'aime la fille, elle m'a dit la vérité, elle m'aime, je l'épouse. Une fois ma femme, c'est sacré, le passé, et, bien moins qu'un autre, je n'ai le droit de tourmenter et de mortifier celle que j'ai charge de faire respecter.

COTTIN. — Ça serait faire perdre le respect aux autres.

PIERRE. — Bien dit! Tu m'entends, et en voilà assez.

COTTIN. — Mais si ça te fâche que j'aille chez toi?

PIERRE. — Non, tu y viendras quelquefois; pas assez souvent pour qu'on croie que tu me trompes, assez souvent pour qu'on ne croie pas que j'ai été trompé. Je ne crains pas que ma femme me trahisse; je saurai bien me faire aimer. Et puis le ménage, le travail, la famille... et toi, d'ailleurs...

COTTIN. — Moi? je serais pire qu'une bête si j'avais seule-

3

ment dans l'idée... Tiens, je ne me souviens de rien, et c'est si vrai, qu'à partir d'aujourd'hui, mettons que nous avons rêvé ça et que ça n'est pas.

PIERRE. — C'est bien, Cottin ; tu viendras à ma noce ?

COTTIN. — Et si je lâche un mot, si je fais un œil dont tu ne sois pas content ce jour-là ou tout autre jour de ma vie, méprise-moi !

PIERRE. — Je suis content. Adieu, mon vieux !

COTTIN. — Bonjour, mon camarade.

SCÈNE III

Auprès de la haie de Jacques

JACQUES, RALPH.

RALPH. — Voici une lettre qui change mes projets. Ma femme est retenue à Paris par quelques affaires, elle ne sera que dans quatre jours à Lyon. J'ai donc le temps d'en passer encore deux avec vous, mon cher Jacques.

JACQUES. — C'est une bonne nouvelle pour moi. En ce cas, nous approfondirons le sujet que nous n'avons qu'effleuré hier soir : la famille.

RALPH. — Nous avons parlé de l'amour, mais au point de vue de la nature plus qu'à celui de la religion et de la société. Nous allons donc aborder ce vaste sujet. Nous n'aurons pas le temps de l'embrasser tout entier. Il nous faudrait des années pour tout ce que nous avons à nous demander et à nous répondre, et nos heures sont comptées ! Mais nous pouvons, au moins...

JACQUES, RALPH, FLORENCE, MYRTO.

FLORENCE, dans le parc. — Oui, mademoiselle, on peut sortir par ici. C'est le jardin de monsieur Jacques, qui ne le trouvera pas mauvais.

MYRTO. — Et cela conduit au village ?

JACQUES, souriant. — Si l'on veut ; passez, madame.

MYRTO. — Bonjour, monsieur Jacques, puisque monsieur Jacques, il y a ! Je vous demande mille pardons. Je suis une nouvelle habitante du pays, et je ne connais pas encore les chemins.

JACQUES. — C'est vous qui êtes venue hier soir chez Maurice ?

MYRTO. — Et qui demeure, pour l'instant, dans une maison à lui ! Une fameuse baraque ! Mais ça ne fait rien, les lits sont propres et j'y ai bien dormi.

JACQUES. — J'en suis fort aise !

MYRTO. — Tiens ! vous avez l'air d'un vieux malin, vous ! Ce pays-ci me semble rempli de gens d'esprit, savez-vous ? Et si j'y reste, je veux voir du monde. Ah çà, dites donc vous, le jardinier !... vous êtes encore un farceur, de me dire que vous êtes jardinier.... Comme si je ne vous reconnaissais pas !

FLORENCE. — Moi aussi, mademoiselle, je vous reconnais fort bien.

JACQUES. — Vous vous connaissez ?

MYRTO. — De vue, voilà tout.

FLORENCE. — Oh ! je sais fort bien qui vous êtes...

MYRTO. — Eh bien, tant mieux pour vous ; mais je ne peux pas en dire autant de vous ; je ne me souviens pas de votre nom... Mais je vous ai vu souvent, souvent, du temps que j'étais liée avec Guérineau, l'entrepreneur. Vous aviez un joli cheval arabe pur sang... J'ai voulu vous l'acheter, vous n'avez pas voulu ! Par parenthèse, vous n'étiez pas bien aimable avec moi et je vous appelais l'ours. Comment diable vous appelez-vous ?

FLORENCE. — Cela ne peut pas vous intéresser, et quand même vous le sauriez aujourd'hui, vous l'oublieriez demain.

MYRTO. — C'est possible ; je n'ai pas la mémoire des noms, mais j'ai celle des figures, et la vôtre est de celles qu'on n'oublie pas, d'ailleurs ! Pourquoi donc faites-vous semblant d'être jardinier, vous qui avez... ah bah ! on m'a dit cinquante mille livres de rente ?

JACQUES, à Florence. — Est ce vrai ?

FLORENCE. — Madame plaisante : elle me prend pour un autre !

MYRTO. — Oh ! que non ! et la voix, et l'air moqueur, toujours le même air ! Vous me plaisiez bien, mais je vous détestais parce que vous n'avez jamais été gentil avec moi. J'ai envie de me venger. Qu'est-ce que vous faites donc à présent à la campagne, chez madame de Noirac ?

JACQUES. — Vous vous trompez, mademoiselle, Florence est jardinier-fleuriste au château de Noirac, et, par conséquent, il n'a pas de chevaux arabes et il n'a pas cinquante mille livres de rente.

MYRTO. — A moins qu'il n'ait tout fricassé en deux ou trois ans ! Mais ce n'est pas ça, et je devine l'affaire. Monsieur fait ici un roman avec madame de Noirac ; c'est encore bon à savoir, ça ! Bonjour, messieurs, au plaisir de vous revoir.

(Elle s'en va.)

JACQUES, FLORENCE, RALPH.

RALPH. — Comment, c'est là la femme dont ces jeunes gens nous parlaient hier ? et ils doutaient de ce qu'elle pouvait être ?

JACQUES. — Ces femmes-là prennent tous les aspects, et celle-ci probablement peut, quand bon lui semble, faire la dame pendant cinq minutes.

FLORENCE. — Oui, il y en a qui peuvent en prendre et en garder plus longtemps le langage et l'attitude. Myrto est plus naturelle et plus spontanée ; elle se lasse vite de poser, et à tout instant elle jette masque et bonnet par-dessus les moulins. Elle n'est pas des plus mauvaises ; mais c'est encore une assez triste connaissance à faire pour des gens sans expérience, et vous ferez bien d'en avertir vos amis les artistes si, comme je le résume, ils connaissent encore peu le monde.

JACQUES. — Mais vous, Florence, sans vous accuser de faire un roman avec madame de Noirac, savez-vous que je suis étonné ? Un homme de votre profession peut parler et penser comme vous faites, mais non pas connaître le monde comme vous paraissez le connaître ?

FLORENCE. — Oh ! je ne ferai pas le mystérieux avec vous, monsieur Jacques. J'ai vécu dans le monde, pas beaucoup, je ne l'ai jamais aimé, mais un peu, pour savoir ce que c'était. Je m'y trouvais naturellement entraîné par une certaine fortune, et il me fallait sortir autant de ma position pour m'en abstenir qu'il me le faudrait faire maintenant pour y rentrer. J'avais, en effet, des rentes et des chevaux ; mais je n'eus pas longtemps à en jouir. Mon père fut ruiné par une spéculation désastreuse. L'infortuné en mourut de chagrin en peu de semaines, laissant des dettes au moins égales à son avoir. J'ai tout liquidé, tout acquitté scrupuleusement. Si mademoiselle Myrto n'a pas entendu parler de mon désastre, c'est que, changeant souvent de milieu, elle avait cessé de voir mon ami Guérineau lorsque ce malheur m'arriva. Depuis j'ai cherché à vivre de mon travail, et cela ne m'a pas coûté le moins du monde.

RALPH. — Eh bien, c'est une grande preuve de bon sens, et je vous en estime davantage.

FLORENCE. — Oh! ne m'en faites pas compliment. J'avais été élevé pour le travail, dans le principe. Mon pauvre père était un jardinier-pépiniériste habile et instruit. Jusqu'à l'âge de quinze ans, je fus son apprenti et son aide. Pendant ce temps il faisait sa fortune. Diverses entreprises ingénieuses dans sa partie l'enrichirent en très-peu d'années. Alors il voulut me donner une éducation plus complète. J'eus un précepteur, et j'appris la langue et l'histoire de mon pays. Puis il me fit voyager pendant deux ans, et j'étudiai les lois de la végétation dans diverses contrées, car la botanique était restée ma passion dominante. Je revins pour voir prospérer mon père pendant quelque temps encore. Et puis la catastrophe arriva à la révolution de Février. Tout en m'occupant de payer ses dettes, je cherchai mon pain quotidien dans les premiers travaux qui me tombèrent sous la main. J'aurais pris une brouette de terrassier plutôt que de recourir à la bourse de mes amis. J'essayai diverses parties; mais, toujours ramené à l'étude et à la culture des plantes, je cherchai l'emploi que j'occupe ici, et je veux m'y tenir jusqu'à nouvel ordre. Quant à madame de Noirac, je ne la connais guère plus que vous ne la connaissez vous-même, et je peux même vous avouer que je n'ai pas une grande sympathie pour ses manières.

JACQUES. — Ni moi non plus; mais peu importe. Elle ne vivra pas à la campagne, j'en suis certain. Elle n'y viendra qu'en passant. L'espace est vaste, le terrain excellent, et vous aurez ici un travail agréable. Je souhaite, pour mon compte, de conserver le plus possible un voisin tel que vous.

FLORENCE. — Je serai fier si vous m'accordez un jour le titre d'ami, monsieur Jacques, et je suis bien décidé à m'en rendre digne. Pour commencer, je ne veux pas causer plus longtemps. Je retourne au travail, dont cette vierge folle m'a dérangé, je ne sais comment ni pourquoi.

JACQUES, lui serrant la main. — Au revoir, mon brave jeune homme. Voulez-vous venir dîner avec nous aujourd'hui? Ce sera l'heure où vous finissez votre journée.

FLORENCE. — Je le veux bien, si vous me permettez de vous quitter de bonne heure.

JACQUES. — Cela va sans dire. Deux heures pour manger et causer avec des amis, voilà une récréation bien légitime! Combien de pauvres travailleurs ne l'ont pas ou ne sont pas capables de l'apprécier!

FLORENCE. — Hélas! quand je pense à eux, je me regarde comme un privilégié de la fortune et de l'éducation!

(Il s'en va.)

RALPH. — Savez-vous que voilà un homme très-raisonnable et très-bon?

JACQUES. — Oui certes, une nature excellente et un cerveau très-bien organisé. J'ai causé hier avec lui en nous rendant au prieuré, et il m'a paru fort instruit, non-seulement dans sa partie, mais généralement en histoire naturelle. Cela ne l'empêche pas de bien juger les hommes et la société, d'être assez versé en littérature, et d'avoir les instincts et les jouissances d'un artiste et d'un poëte.

RALPH. — Savez-vous ce qui me frappe, à propos de cet homme et de beaucoup d'autres que j'ai rencontrés et observés depuis mon retour en France? c'est que les distinctions de classes s'effacent avec une rapidité surprenante. La seule distinction réelle qu'il y eût, il y a vingt ans, je dis réelle aux yeux de l'homme sensé, c'était celle que trace le plus ou moins de part à la vie intellectuelle; mais elle était encore assez tranchée; et me voilà bouleversé et ravi à chaque instant à la vue d'hommes instruits et intelligents qui prennent le marteau ou la charrue, tandis que des manœuvres prennent la plume avec succès ou lisent avec fruit des ouvrages sérieux. D'une part, l'éducation classique, que

l'on jugeait indispensable, ne l'est plus. Cela est prouvé. De rapides études individuelles font surgir des hommes aussi capables et aussi utiles que les bacheliers ès-lettres. D'autre part, cette même éducation classique ne gêne pas l'homme qui veut travailler de ses bras, et, pour celui qui a du sens, loin de lui créer une source de regrets et d'humiliations dans sa rude carrière, elle ennoblit et poétise les fonctions les plus matérielles.

JACQUES. — Ah! c'est qu'il n'y a pas de fonctions purement matérielles dans le travail de l'homme. Toujours l'intelligence et l'expérience raisonnée ennobliront son labeur physique en le simplifiant. Vous avez remarqué combien nos paysans sont lents, maladroits, et par le résultat, débiles dans l'emploi de leurs forces musculaires. Cela vient de l'absence d'habitude dans le travail intellectuel du raisonnement. La routine les tue. De robustes bras que ne pousse pas un cerveau actif ne fécondent pas puissamment la terre, et c'est un blasphème, aussi bien qu'un mensonge, de dire que le jour où tous les ouvriers seront instruits, ils ne voudront et ne sauront plus être ouvriers.

RALPH. — Certes, c'est le contraire. S'il y a encore trop de mauvais ouvriers, c'est parce qu'il y a encore trop d'esprits incultes. Heureusement, l'intelligence humaine cherche avec passion désormais à secouer ses entraves. La poésie elle-même est nécessaire pour donner l'ardeur au travail. Ah! comme vos laboureurs seraient moins tristes et moins accablés en fendant ces lourdes terres dès le matin, si, pendant une demi-heure seulement, ils avaient lu et compris les *Géorgiques*, à la veillée!

JACQUES. — Hélas, oui! Ô humanité, toi si riche et si belle quand tu t'élèves vers la pensée de Dieu, pourquoi faut-il que quelques-uns de tes membres soient initiés seuls aux joies de l'âme, tandis que le plus grand nombre ne connaît, dans la vie, d'autre devoir que la peine et d'autre mobile que le salaire? Mais vous avez raison d'être relativement content de ce que vous voyez, mon ami. C'est déjà une grande conquête. Les révolutions ont cela de fécond qu'elles mêlent les cartes. Elles font et défont les situations personnelles. Elles nivellent les rangs, elles initient l'oisif aux joies salutaires du travail, elles excitent le travailleur à devenir intelligent à son tour. Encore quelques années, et on n'osera plus dire qu'il faut des hommes abrutis pour servir les hommes éclairés. Prenez cent personnes, dont une seule sera instruite, et condamnez-la à vivre et à travailler avec les quatre-vingt-dix-neuf autres. Quelle sera la plus à plaindre? Celle-là précisément qui comprendra l'impuissance physique et morale de ses compagnons. Quel est le plus grand malheur des inventeurs, dans la science, dans l'industrie, dans l'art? C'est de n'être compris que du petit nombre. Quel stimulant, quelle fécondité donneront au génie individuel la sympathie, la reconnaissance, l'assentiment de tout un peuple!

RALPH, regardant vers le village par-dessus la haie. — Mais que fait donc cette vierge folle, comme l'appelle Florence, au milieu de ces paysannes?

JACQUES. — Elle est assise sur un arbre fraîchement équarri, et semble se plaire à caresser les enfants.

RALPH. — Que venait-elle donc chercher de si bonne heure dans le jardin de Noirac?

JACQUES. — Probablement jouir de la beauté du lieu, comme nous faisons souvent. Le soleil levant ne se voile la face devant aucun être humain. Il n'a pas de préjugés, lui!

RALPH. — Appelleriez-vous préjugé le dégoût qu'inspirent ces sortes de femmes? Tout cosmopolite que je suis devenu, je suis resté un peu Anglais sur ce point.

JACQUES. — Je ne vois pas que les Anglais aient moins de vices que les autres nations civilisées.

RALPH. — Non certainement; mais ils sont plus rigides dans leurs opinions.

JACQUES. — C'est de l'hypocrisie en plus.

RALPH. — J'en conviens; mais je ne suis pas hypocrite, moi, et j'ai une grande répulsion pour le désordre.

JACQUES. — Vous avez raison, et ceci nous ramène à traiter de la morale, de l'amour et de la famille.

SCÈNE IV

MYRTO, MANICHE, MARGUERITE; plusieurs PAYSANNES, vieilles et jeunes, avec des enfants.

MYRTO. — Et celui-là, quel âge a-t-il? deux ans?

MARGUERITE. —Oh! deux ans! vous plaisantez, mam'selle! C'est mon dernier, il a trois ans et demi.

MYRTO. — Ah! mon Dieu! comme c'est petit, un enfant de trois ans!

MANICHE. — Il est pourtant beau pour son âge, ce gars-là!

MYRTO. — Je ne dis pas non; mais je croyais que les enfants poussaient plus vite que ça!

MANICHE. — Vous ne regardez pas souvent ça, les enfants, à ce qu'il paraît?

MYRTO. — Si, je les regarde, comme ça, en passant; mais je ne les examine pas. Est-ce que vous en avez, vous, la grosse, des moutards?

UNE PAYSANNE. — Pas encore! Elle n'est point mariée.

MYRTO. — Ce n'est pas une raison... Ah! ça vous fait rire, vous autres, ce que je dis là! Je parie que vous êtes toutes, plus ou moins, des gaillardes!

MARGUERITE. — Dame! mam'selle, on peut être gaillarde en paroles quelquefois, pour plaisanter; mais celles qui aiment trop la gaillardise n'en rient que pendant un temps. Ça les mène toujours à pleurer d'un œil ou de l'autre.

MYRTO. — Qu'est-ce que ça veut dire, pleurer d'un œil ou de l'autre?

MARGUERITE. — Ça veut dire qu'on en a un pour pleurer la misère et un pour pleurer la honte.

MYRTO. — Diable! on est donc bien sévère dans votre village?

MARGUERITE. — On est comme ailleurs. On vous passe bien quelques petits manquements; mais on ne vous en passe pas trente-six.

MYRTO. — Ainsi, on peut aller jusqu'à trente-cinq?

UNE PAYSANNE. — Ah! diantre, mam'selle, vous nous paraissez avoir la manche large!

UNE AUTRE. — Et la langue dégagée!

MYRTO. — Ça vous fâche donc, qu'on vous taquine? Tenez, voilà la grosse qui a rougi! Elle a au moins vingt-quatre ans, celle-là!

MANICHE. — Excusez, j'en ai vingt, tout au plus.

MYRTO. — Tiens, c'est drôle, j'allais dire que vous aviez bien eu trois ou quatre amoureux; mais je peux dire encore que vous en avez un?

MARGUERITE. — Bien sûr qu'elle en a un!

MYRTO. — Eh bien, avec celui qu'elle a peut-être eu auparavant, ça fait deux.

MARGUERITE. — Ça ne regarde personne, ça! Faut croire qu'elle est assez sage, puisqu'elle trouve à se marier avec un bon sujet.

MYRTO. — Ah! elle se marie? Êtes-vous contente de vous marier?

MANICHE. — Ça ne me fait point de peine.

MARGUERITE. — Elle prend un beau mari, et comme elle n'est point déjetée non plus, ça nous amènera une bande de beaux enfants que nous verrons jouer comme ça sur la place, dans cinq ou six ans d'ici! Pas vrai, Maniche?

MANICHE. — Si le bon Dieu m'en fait la grâce!

MYRTO. — Tiens, ça ne vous fait plus rougir, ça, la belle?

MARGUERITE. — Et pourquoi donc que ça lui ferait honte? C'est pour mettre des chrétiens sur la terre qu'on se marie.

MANICHE. — J'en voudrais avoir un tout pareil au tien! un joli gars, et si mignon!

(Elle embrasse l'enfant.)

MYRTO, se levant. — A revoir, mes bonnes femmes!

UNE PAYSANNE. — Tiens! on dirait que ça lui a remué le cœur, encore qu'elle soit bien effrontée, cette demoiselle!

SCÈNE V

A l'autre bout de la place du village

DAMIEN, EUGÈNE, MAURICE, PIERRE, COTTIN, avec un chariot traîné par un gros cheval; une douzaine de paysans les suivent et les entourent. Les gens du village sortent de chez eux pour les regarder. MYRTO s'approche aussi. GERMAIN arrive de son côté, avec d'autres paysans.

MAURICE. — Halte! Garde à vous! En manœuvre?

DAMIEN. — Allons donc, vous autres, vous n'entendez donc pas?

EUGÈNE. — Silence dans les rangs, quand l'officier commande!

MAURICE. — Allons, recommençons ça...

En manœuvre!
Déchaînez!
Au levage!
Pompe à terre!
Otez le chariot!

MYRTO, à Germain. — Qu'est-ce qu'on fait donc là, mon bonhomme?

MAURICE. — C'est l'instruction des pompiers de la paroisse, mam'selle.

MYRTO. — Comment, vous avez des pompiers dans votre village? Vous êtes riches, à ce qu'il paraît?

GERMAIN. — Ah! si c'était vrai que nous fussions riches, nous ne le serions pas longtemps, au train dont on nous galope! Monsieur le maire ne s'est-il pas imaginé de nous faire acheter une pompe, parce que, de vrai, le feu prend souvent en campagne, et qu'on ne sauve rien, faute de secours!

MYRTO. — Eh bien, il a eu raison, votre maire.

GERMAIN. — Oui, mais faut que la commune paye ça? On y était tous consentants, dans le conseil!! Il a parlé de huit cents francs! Dame! on disait : C'est cher, mais on en aura pour son argent. Eh bien, voyez donc ce qu'on nous a envoyé!

MYRTO. — C'est donc mauvais? Ça ne va pas?

GERMAIN. Si! ça va bien! Mais pas plus gros que c'est! Dire qu'une machine comme ça, qu'un seul cheval peut traîner, coûte tant d'argent! C'est pas possible! Le gouvernement s'entend avec le maire et le curé pour nous écorcher. Ah! on peut bien dire qu'ils ont inventé ça pour nous pomper notre argent.

MYRTO. — Ça paraît joli, pourtant, la machine! Moi, je n'y connais rien. Est-ce que vous vous y connaissez, vous?

GERMAIN. — Nenni, c'est la première que je vois.

MAURICE. — C'est très-mal exécuté, tout ça. C'est à refaire. Si vous causez toujours, si vous faites de l'esprit à chaque commandement, vous n'apprendrez jamais.

GERMAIN, s'approchant. — Vous ne pouvez donc pas en jouir, de vos pompiers?

EUGÈNE. — Ce n'est pas facile. Ils sont bien gentils, mais ils n'écoutent pas.

PIERRE. — Dame! on vient là pour s'amuser, et vous nous faites marcher comme des chevaux! On n'est pas des soldats!

MAURICE. — Si fait, mes enfants. Autour de la pompe, il faut vous soumettre à la discipline. Voulez-vous ou ne voulez-vous pas apprendre à vous servir de la pompe?

PIERRE. — Dame! oui, on voudrait apprendre.

GERMAIN. — Faut apprendre! Diantre, ça a coûté assez cher; faut, pour le moins, que ça serve!

COTTIN. — C'est pas tout ça. Faut recommencer et faire mieux, car nous avons travaillé, sauf votre respect, mes amis, comme de vrais...

DAMIEN. — C'est le mot! Recommençons. Sergent, avancez. Où est le chef de pompe? Premier servant, ici. Allons! voilà le second servant qui ôte ses sabots!

EUGÈNE. — Tais-toi donc! Si tout le monde commande, comme personne n'obéit...

MAURICE. — Allons...

Démarrez!
Otez la lance!

Pas comme ça donc! Est-ce qu'on s'y prend comme ça?

LE BORGNOT. — Ah! que c'est donc malaisé de faire attention!

MAURICE. — Oui, il n'y a que ça de difficile!

Développez!
Fixez l'établissement!
Prenez vos dispositions!
Manœuvrez!

MYRTO. — Ça commence à m'ennuyer, tout ça! (A Germain.) Dites donc, mon brave homme, si vous voyez passer monsieur de Mireville se rendant au château, voulez-vous m'avertir, là-bas, vous savez, la maison blanche? Vous aurez pour boire!

GERMAIN. — Ma fine, mam'selle, je n'aurai pas grand'-peine à le gagner, car voilà monsieur le marquis qui vient, postant sur son cheval.

MYRTO. — Arrêtez-le, courez après lui! Qu'il n'entre pas au château sans me parler.

GERMAIN. — Courir!... Oh! vous êtes plus jeune que moi pour courir!

MYRTO, courant vers Gérard. — Gérard, c'est moi! Écoutez-moi!

(Gérard fouette son cheval et passe.)

MYRTO. — Tu ne m'écoutes pas!... Du mépris, toi aussi! Oh! je me vengerai!

GERMAIN, à Maniche, qui s'approche. — Eh bien, ma fille, voilà ton homme qui pompe... Dame! s'y prend-il bien, lui!... Il n'est point maladroit, mon fils Pierre!

MAURICE. — Pierre, mon ami, si vous vous y prenez comme ça, vous vous ferez casser les jambes. Allons!

Armez la pompe! Amarrez!

MANICHE. — Ça me paraît qu'il est savant, monsieur Maurice.

GERMAIN. — Ah bien oui, savant! Ils apprennent ça tout de suite dans les livres, vois! il a son livre dans la main! avec des images, encore! J'en saurais bien autant, moi, si j'avais appris à lire!

MAURICE, à Damien. — Si ça ne fait pas damner, de voir des lambins comme ça!

DAMIEN. — Ils n'apprendront jamais. Au premier incendie, ils se blesseront tous ou casseront la pompe avant de s'en servir.

MAURICE. — Oui, si le malheur arrive demain; mais avec un peu de temps et de patience, nous viendrons à bout d'en former quelques-uns. Sacristi! ce n'est pourtant pas malin le peu qu'on leur demande! Mes amis, ce n'est pas ça; il faut encore recommencer.

PIERRE. — Diantre, j'en ai chaud! Comment donc que tu fais, toi, Cottin, pour ne point t'échauffer?

DAMIEN. — C'est qu'il écoute.

MYRTO, revenant, à Germain. — Ils n'ont pas encore fini? (A Marguerite.) Eh bien! est-il prêt, votre déjeuner, que vous êtes là à regarder?

MARGUERITE. — Je m'y en vas. Ah çà! vous voulez des œufs, du fromage, des poulets, du vin, des fruits...

MYRTO. — Oui, oui, et je paye d'avance. Tenez!

MARGUERITE. — Un louis d'or? Ah! c'est trop, mam'selle.

MYRTO. — Allez toujours.

MAURICE. — Flèche à terre... Enchaînez... En avant, marche!... Sergent, faites remiser la pompe à la mairie.

(Marguerite part en courant.)

MYRTO. — Eh bien! monsieur, est-ce fini, vos exercices hydrauliques?

MAURICE, riant. — Pardon, madame, mais, sous les armes, le militaire français ne connaît que son devoir.

MYRTO. — Vous avez là un joli grade!... capitaine?

MAURICE. — Non! je ne commande encore que vingt-quatre hommes qui n'en valent pas deux. Je dois cet honneur à ma supériorité dans l'art de lire couramment le *Manuel du pompier*.

MYRTO. — Et ça vous amuse?

MAURICE. — Pas du tout.

MYRTO. — Eh bien! pourquoi le faites-vous?

MAURICE. — Parce qu'il faut bien se rendre utile, ne fût-ce que dans son village.

MYRTO. — Mais tous ces pétrats à qui vous rendez service ont-ils l'air de recevoir l'instruction malgré eux?

MAURICE. — C'est toujours comme ça.

MYRTO. — Voyons, je vous ai invité à déjeuner avec moi ce matin, venez-vous? Où sont vos amis?

MAURICE. — Les voilà qui reviennent de conduire la pompe.

MYRTO. — Ils sont donc pompiers aussi eux?

MAURICE. — Oui, pompiers volontaires. Mais puisque vous nous faites l'honneur de vouloir déjeuner avec nous, ne serait-il pas plus simple à vous, qui n'êtes pas installée ici, de venir chez nous, qui le sommes un peu plus?

MYRTO. — Non! ce ne serait pas convenable.

MAURICE. — Nous inviterions le curé!

MYRTO. — Le curé! tiens, ça m'amuserait. Eh bien! un autre jour. En attendant, venez, messieurs; mon déjeuner est commandé; il sera frugal, mais il s'agit de causer avant tout.

DAMIEN. — Ah!

MYRTO. — Oui, j'ai beaucoup de choses à vous dire! Connaissez-vous madame de Noirac? Lequel de vous lui fait la cour?

EUGÈNE. — Aucun de nous; nous ne lui avons jamais parlé.

MYRTO. — Tiens, vraiment? Elle a des jolis garçons comme vous à sa porte et elle ne vous a pas encore invités?

MAURICE. — Elle est ici depuis peu, et d'ailleurs nous ne sommes ni de sa caste, ni de son opinion, probablement.

MYRTO. — Ah! oui, elle vous méprise! Vous aimez à rire, n'est-ce pas? des artistes! Eh bien ! venez, je veux commencer par vous et vous raconter quelque chose...

MAURICE. — Vous offrirai-je mon bras?

MYRTO. — Oui, mais plus vite que ça; j'aime à marcher vite.

MAURICE. — Nous courrons, si vous voulez!

MYRTO. — Suivez-nous, suivez-nous, messieurs! Qui m'aime me suive.

EUGÈNE, à Damien. — Dis donc, elle est bonne, cette lionne-là? Étions-nous bêtes, hier soir?

DAMIEN. — Mais non! nous disions : C'est une dame du faubourg Saint-Germain qui fait la folle, ou une demoiselle du quartier Breda qui fait la dame.

EUGÈNE. — Que diable veut-elle nous conter?

DAMIEN. — Maurice y va d'un train! Ne faudrait-il pas ramener la pompe pour arrêter l'incendie?

EUGÈNE, riant. — Volons au secours de l'innocence!

(Ils partent en suivant Maurice et Myrto à la course.)

PIERRE, revenant. — Ah! que ça donne chaud! Dites donc, père, qu'est-ce que c'est que c'te dame-là qui nous regardait?

GERMAIN. — Ça? c'est une *couratière* qui vient voir les artistes.

PIERRE. — Est-ce qu'elle t'a parlé, Maniche? Je ne veux pas que tu causes avec cette fille-là,

MANICHE. — Ma fine, je crois que tu as raison, mon Pierre.

GERMAIN. — C'est égal, huit cents francs une pompe comme ça, c'est cher.

PIERRE. — Bah! vous n'en payez pas gros pour votre part, mon père.

GERMAIN. — Non, mais ça fait de la peine de voir dépenser tant d'argent à la fois! Dire qu'on aurait seize bonnes boisselées de terre pour une machine qui ne pèse pas une cuvée de vendange!

COTTIN. — Et si ça vous sauve une grange de trois mille francs?

GERMAIN. — Oui, si ça la sauve!...

LE BORGNOT. — Moi, j'en suis content, de la pompe : j'ai ma maison qui est couverte en chaume!

SCÈNE VI

Dans le jardin de Noirac

JENNY, FLORENCE.

JENNY. — Oui, je vous cherche. Je ne sais si je suis folle, je ne sais si je fais mal, mais il me semble que c'est Dieu qui me pousse vers vous.

FLORENCE. — Mon Dieu, Jenny, quel chagrin avez-vous, et que puis-je faire pour vous?

JENNY. — Ah! mes propres chagrins, j'ai appris à les supporter... Il ne s'agit pas de moi. C'est ma maîtresse qui souffre tant, que j'en perds la tête. Je crains qu'elle n'en meure.

FLORENCE. — Mourir de chagrin, elle? Je ne le crains pas.

JENNY. — Non, ce n'est pas un caractère à se laisser ronger par une idée fixe. D'ailleurs, on ne meurt pas de chagrin! Mais, savez-vous! elle a une tête si prompte, des idées si singulières! J'ai peur qu'elle ne se tue, si d'ici à quelques heures je n'ai pas trouvé un moyen de lui donner au moins de l'espérance.

FLORENCE. — Le suicide? Oui, ces cervelles-là en sont capables Hâtons-nous, en ce cas. Que faut-il faire?

JENNY. — Cette fille que vous avez vue tantôt...

FLORENCE. — Quoi! vous la connaissez?

JENNY. — Oui, je l'ai connue avant qu'elle se fût égarée, perdue! Eh bien, elle est jalouse de monsieur Gérard; elle a des lettres qui compromettent madame. Elle les a ici, elle veut s'en servir. Il faudrait les ravoir à tout prix. Comment faire?

FLORENCE. — Impossible de vous le dire. Il y a mille manières et il n'y en a pas une seule. Tout dépend de l'occasion. Tous les moyens sont bons pour empêcher une créature humaine d'en tuer une autre...

JENNY. — Oui, n'est-ce pas?

FLORENCE. — Dans le cas où nous sommes pourtant, vis-à-vis d'une femme, la violence est impossible.

JENNY. — Mais par adresse? Cela ne vous répugnerait pas?

FLORENCE. — Si, très-fort ; mais il faut savoir quelquefois vaincre sa propre répugnance.

JENNY. — Eh bien, alors, essayez donc vite.

FLORENCE. — La première chose à faire, c'est de s'attacher aux pas de cette fille et de ne pas la perdre de vue.

JENNY. — Il faudrait surtout l'empêcher de quitter trop vite le village et de parler à monsieur Gérard.

FLORENCE. — J'entends bien. Je cours m'habiller plus... agréablement, et je vais, où?

JENNY. — A la maison blanche. — Je sais qu'elle y est maintenant avec les artistes, et je crains que déjà...

FLORENCE. — Les artistes sont d'honnêtes jeunes gens. Si le mal est fait, il n'ira pas plus loin, quant à eux.

JENNY. — Allez donc!

(Florence entre dans le pavillon où il demeure, dans le parc.)

GÉRARD, s'approche, agité. — Ah! mademoiselle Jenny, je vous cherche. Je n'ai pas osé me présenter devant madame la comtesse avant de vous avoir vue. Vous connaissez cette folle de Myrto, à ce qu'il paraît? Je la croyais partie pour Paris, et ce matin je lui ai renvoyé sa voiture à Sainte-Aigue, où elle m'avait dit qu'elle passerait la nuit. Eh bien elle s'est fait conduire ici par cet imbécile d'Antoine. Il s'est enivré sans doute, car je ne l'ai pas revu depuis hier, et la première personne que j'aperçois dans le village, c'est Myrto!

JENNY. — Ah! mon Dieu! elle vous a parlé.

GÉRARD. — Non. Je n'ai pas voulu qu'il pût être rapporté à madame de Noirac que j'avais échangé un seul mot avec elle. Mais est-ce qu'elle est venue jusqu'ici? Est-ce qu'elle aurait osé?...

JENNY. — Je ne sais pas, monsieur; je ne peux rien vous dire ; mais j'ai un conseil à vous donner, si véritablement vous aimez madame.

GÉRARD. — Si je l'aime! en doute-t-elle?

JENNY. — Oui.

GÉRARD. — Elle sait donc que Myrto est venue chez moi? Vous le lui avez dit, Jenny, vous qui saviez bien...

JENNY. — Attendez, monsieur Gérard ; voilà Florence, à qui je veux parler. Ne bougez pas d'ici. (Allant à Florence, qui sort du pavillon.) Vous partez? Ah! mon Dieu, que vous êtes bien mis!... Vous m'intimidez comme cela! Je vous aimais mieux en jardinier.

FLORENCE. — Et moi aussi ; mais en jardinier je n'aurais pas été aussi bien accueilli que je veux l'être...

JENNY. — Ah! monsieur Florence, vous voulez donc plaire à cette... à cette pauvre Céline?

FLORENCE. — Il faut bien que j'essaye la douceur avant d'en venir à la menace. Eh bien! qu'est-ce donc, Jenny? vous pâlissez!

JENNY. — Moi? rien! Je pense à madame... je suis si agitée de tout cela! Allez, allez! et ne quittez pas Myrto d'un instant. Moi, je vous avertis que j'enferme monsieur Gérard dans votre pavillon. Je ne veux pas qu'il la voie.

FLORENCE. — Ah ! Jenny...

JENNY. — Quoi donc ? Allez, Florence, et si vous sauvez ma maîtresse, je vous aimerai comme un frère !

FLORENCE. — Si je ne la sauve pas, c'est que je ne suis pas digne d'un tel bonheur.

(Il part.)

GÉRARD. — Eh bien ! Jenny, qu'est-ce donc ? Est-ce que le jardinier... est-ce que les gens de la comtesse savent quelque chose ?

JENNY. — Non, rien. Mais je vous avertis que madame est bien triste, et même malade, ce matin.

GÉRARD. — Serait-elle jalouse ?

JENNY. — Peut-être ! Malgré tout ce que j'ai pu dire pour vous excuser, elle parlait de rompre le mariage. Elle m'a même défendu de vous recevoir.

GÉRARD. — Quoi ! elle me chasse de sa présence ? Jenny, ma bonne Jenny, je suis désespéré ? Si la comtesse rompt avec moi, je me brûle la cervelle.

JENNY. — Vraiment, monsieur Gérard ! l'aimez-vous à ce point ? est-ce bien sûr ?

GÉRARD. — Oui, Jenny. J'ai eu une jeunesse frivole, absurde, comme nous l'avons tous dans le monde. Elle a plus d'esprit à elle seule que toutes les femmes du monde réunies, et je sais... oh ! je le sais, moi ! que je n'en ai pas du tout ! Myrto me l'a dit cent fois, et les Myrto nous rendent ce service-là, du moins, qu'elle ne ménagent pas nos travers et nos ridicules quand nous les offensons. Eh bien ? je suis si reconnaissant d'avoir été souffert aux pieds de Diane et presque encouragé à espérer sa main, que je me sens par là digne de l'obtenir. Je veux lui consacrer ma vie entière, être à jamais son esclave, sa chose, son souffre-douleur même, comme je le suis aujourd'hui. Qu'elle me taquine, qu'elle me raille, qu'elle me torture, j'y consens, pourvu que, de temps en temps, elle me relève et me sourie, et qu'un jour vienne où elle me dira : « Mon ami, je vous rends bien malheureux, mais cela m'a fait du bien, à moi, et, après tous, je crois que personne ne m'eût rendue aussi heureuse que vous ! »

JENNY. — Mais savez-vous que tout ce que vous dites-là est bien, monsieur le marquis ? J'avoue que je ne vous trouvais pas d'esprit, moi non plus ; mais, à présent, je vois bien que vous en avez assez, puisque vous avez tant de cœur.

GÉRARD. — Bonne Jenny ! tenez, personne ne m'a encore dit si crûment et si généreusement une parole qui me fasse accepter sans rougir mon ignorance et ma nullité.

JENNY. — Dites-moi donc tout ; je peux vous sauver de grands chagrins peut-être ! mais je ne veux pas avoir à me le reprocher ; êtes-vous ruiné, comme on le dit ?

GÉRARD. — Ah ! je vous entends, Jenny ! Vous croyez, comme bien d'autres, que la fortune de madame de Noirac... Le croit-elle ? Dites ! dites, tuez-moi ! Si elle le croit, je pars, je meurs, elle ne me reverra jamais !

JENNY. — Non, elle ne le croit pas. Elle est assez belle, assez aimable pour avoir le droit de se croire aimée pour elle-même. Mais enfin, pour votre honneur, à vous, pour l'acquit de ma conscience, à moi, j'aimerais mieux que vous ne fussiez pas ruiné.

GÉRARD. — Je le suis, Jenny. Est-ce que madame de Noirac ne le sait pas ?

JENNY. — Non ! vous ne le lui avez jamais dit.

GÉRARD. — Elle ne me l'a jamais demandé.

JENNY. — Vous auriez dû le lui dire.

GÉRARD. — Je n'ai jamais supposé qu'elle s'occupât de ma position ; elle paraît si indifférente à ces sortes de choses !

JENNY. — Oh ! bien certainement, elle n'y tient pas ; mais cela vous eût mis à l'abri de l'embarras que vous éprouvez.

GÉRARD. — Dites-le-lui, Jenny, dites-le-lui aujourd'hui même ! moi, je n'oserais jamais, il me semblerait que je lui fais outrage ! Est-ce qu'on ne m'a pas dit, à moi, qu'elle n'estimait en moi que mon nom et mon titre ? Eh bien ! je ne l'ai jamais cru...

JENNY. — Vrai, vous ne l'avez pas cru un peu ?

GÉRARD. — Quand je l'aurais cru, et quand cela serait, c'est bien peu de chose à offrir à une femme comme elle ; mais si cela peut être du moindre prix à ses yeux, je dois m'estimer heureux d'avoir au moins cette misère à mettre à ses pieds, moi qui voudrais pouvoir y mettre aussi un grand cœur et un grand esprit !

JENNY. — Allons, monsieur Gérard, vous méritez d'inspirer la confiance, et me voilà décidée à vous sauver. Eh bien, tenez, il ne faut pas voir ma maîtresse aujourd'hui ; elle est mal disposée ; laissez passer l'orage. Il ne faut pas non plus voir Myrto, il ne faut pas seulement l'apercevoir.

GÉRARD. — Mais si cette folle s'attache à moi ! Je ne peux pas la battre, je ne peux pas la tuer ! Et cependant... tenez j'ai le sang vif, la tête faible ; il y a des moments où, si je croyais qu'elle osât se présenter ici...

JENNY. — N'ayez pas de ces idées-là et ne perdez pas la tête. Arrangez-vous de manière à ce qu'elle ne puisse pas vous voir, cachez-vous.

GÉRARD. — Mais où donc, puisque je ne puis ni rester ici, d'où l'on me chasse, ni rentrer chez moi, où elle peut toujours venir me trouver ? Je suis sûr qu'elle me guette et que je vais la retrouver en sortant. Je la connais, c'est un démon !

JENNY. — Ah ! monsieur le marquis, voilà ce que c'est que de livrer sa jeunesse à ces femmes-là ! Un moment vient où elles troublent votre repos, et menacent votre bonheur et votre dignité ! Vous pouvez défendre vos femmes légitimes contre tous les hommes, vous ne pouvez pas les garantir de la fureur d'une fille.

GÉRARD. — Vous avez bien raison, Jenny ! voilà notre châtiment ! il est rude, mais il est mérité. Que faire donc, mon Dieu ?

JENNY. — Tenez, entrez dans le pavillon du jardinier ; personne ne viendra vous trouver là ; vous y passerez la journée, la nuit, s'il le faut ; et si l'on vient rapporter à madame que vous avez vu mademoiselle Myrto, je lui montrerai cette clef que je vais mettre dans ma poche, et c'est elle-même qui viendra vous délivrer.

GÉRARD. — Ah ! Jenny, vous êtes un ange !

JENNY. — Ne vous ennuyez pas trop là-dedans. Il paraît que le jardinier a beaucoup de livres. Je tâcherai de vous apporter à manger.

GÉRARD. — Ne pensez pas à cela ; je n'y songerai guère, je vous en réponds !...

JENNY. — Fermez les volets, que le pavillon ait l'air d'être désert. Courage, monsieur Gérard ! je reviendrai vous parler, s'il y a quelque chose de nouveau.

SCÈNE VII

A la maison blanche

MYRTO, MAURICE, DAMIEN EUGÈN

MYRTO. — Et les lettres existent tellement, que je vais vous les montrer.

(Elle se lève et passe dans une chambre.)

EUGÈNE. — Eh bien! en voilà une d'histoire! Est-ce que vous êtes curieux de voir les lettres, vous autres?

MAURICE. — Non, ça m'ennuie.

DAMIEN. — Bah! qu'est-ce que ça nous fait?

MAURICE. — Ça te scandalise donc énormément, toi, qu'une femme du monde ait des amants?

DAMIEN. — Moi, ça m'est diablement égal!

EUGÈNE. — Et à moi! Je n'ai jamais fait la conquête d'aucune marquise, et ce n'est pas à nous de nous garder de ce bétail-là. Que le beau Gérard-cor de chasse, Gérard-couteau de chasse, Gérard-chien de chasse se venge ou pardonne, c'est son affaire, et je m'en bats l'œil.

MAURICE. — Écoutez, mes vieux! Gérard-veste de chasse, je le connais depuis longtemps. Je ne l'aime guère; il m'ennuie, c'est une bête : mais je ne le méprise pas. Il est franc, il est brave, il est généreux, et en somme, s'il a les travers de ses pareils, il a des qualités qui ne dépareraient aucun homme. Eh bien! ce que cette Laïs va faire est mauvais pour lui; elle le rendra ridicule, il fera quelque coup de tête, je ne sais quoi! Il ne faut pas jouer avec les cervelles faibles. Il tuera sa marquise, sa lorette, son cheval, ou lui-même. On ne sait pas! il nous cherchera querelle peut-être Soit! direz-vous; mais quand on se fait une affaire, il est fort désagréable d'y avoir le mauvais rôle, et nous en aurions là un fort vilain.

EUGÈNE. — Comment ça?

DAMIEN. — Moi, j'entends et j'approuve. Nous serions les confidents d'une Thisbé qui ne nous fait de jolis sourires pour le moment que par rage et malice; nous aurions l'air d'être les champions d'une tigresse qui ne s'apprivoiserait peut-être pas pour cela avec nous... nous sommes trop gueux!...

MAURICE. — Et quand elle s'apprivoiserait? Faut-il que cette pauvre lionne de Noirac, qui doit avoir la crinière bien basse ce moment-ci, soit l'enjeu de nos folies et la victime de notre champagne?

DAMIEN. — Après tout, cependant, nous ne sommes pas forcés de la décrier. Quant à moi, ça ne me va pas. Une femme est toujours une femme, quand elle est jolie, et la lionne est encore plus jolie que la lorette; mais nous pouvons bien entendre les lettres, en rire, et nous taire.

MAURICE. — Non! Gérard saura que nous les avons lues. S'il veut, en chevalier courtois, et il en est capable, venger l'honneur de sa dame, sauf à la quitter le lendemain, il viendra nous prier de nous taire. Il n'a pas assez d'esprit pour nous dire cela gentiment, comme à des amis; il arrivera en pourfendeur, avec son fusil de chasse et son couteau de chasse. Il nous ennuiera, nous l'enverrons paître. Il nous provoquera, nous ne reculerons pas; nous nous battrons, advienne que pourra; mais nous aurons, comme je vous le disais, le vilain rôle.

DAMIEN. — Ma foi, tu parles comme un livre. Qu'est-ce que tu as donc mangé ce matin?

EUGÈNE. — Tu ne vois pas que c'est le *Manuel du pompier* qui lui forme le cœur et l'esprit? Mais elle est bien longue à revenir, la Thisbé? Est-ce qu'elle les fait, ces fameuses lettres?

MAURICE. — Elle en est bien capable. Moi, ça me dégoûte, ces histoires de filles et de coquettes; ne nous mêlons pas de ça, et que ceux qui dansent payent ou cassent les violons. Je m'en vais!

EUGÈNE. — Imprudent! tu nous laisses seuls dans le danger! Quand l'enfer s'allume, toi, capitaine de pompiers, tu nous abandonnes!

MAURICE. — Ma foi, si pour une noctuelle comme ça, vous voulez endosser de sales commérages...

DAMIEN. — Avec ça que je les aime! Bonsoir, Eugène, nous te cédons la gloire, mon vieux.

EUGÈNE. — Cruels, vous le voulez! Mon cœur se déchire; mais laissez-moi boire un petit verre, et je sens que j'aurai le courage de vous suivre.

FLORENCE, entrant. — Non, mes chers voisins, restez. Pardonnez-moi, j'ai écouté aux portes, ou pour mieux dire aux fenêtres, qui sont ouvertes.

MAURICE. — Bah! vous écoutiez?

FLORENCE. — Oui, aujourd'hui, je suis un valet de comédie. Écoutez! vous êtes de braves jeunes gens, je le disais bien!

DAMIEN. — Vous le disiez?

FLORENCE. — Oui, tout à l'heure, à Jenny, qui avait deviné ce qui arrive.

EUGÈNE. — Ah! Jenny, parlez-moi de celle-là! voilà un bijou! je voudrais être jardinier à Noirac!

FLORENCE. — Vous ne seriez peut-être pas plus avancé que moi! Cela, c'est le lis sans tache; comparaison de jardinier : passez-moi le classique.

MAURICE. — Ah çà! qu'est-ce qu'il y a? que venez-vous faire ici en tenue de gentilhomme, ma foi! et pourquoi nous dites-vous de rester?

FLORENCE. — Je vous le demande comme un service d'amis. Je n'ai pas encore le plaisir d'être le vôtre, mais je suis sûr que je le deviendrai, parce que j'en ai bonne envie et que je ne suis pas un mauvais garçon.

MAURICE. — Bien parlé! nous sommes à vous!

DAMIEN. — Voyons, vous venez au secours de votre dame châtelaine, puisque vous avez entendu de quoi il retourne. Faut-il vous prêter main-forte!

EUGÈNE. — Voilà donc que nous passons champions de la lionne, nous qui étions sur le point d'arborer l'étendard de la lorette?

MAURICE. — Tu ne peux pas faire autrement. C'est toi qui nous as amené le jardinier, et vous avez dû faire un pacte ensemble, artistes en légumes et en fleurs tous les deux.

EUGÈNE. — Oui, nous avons juré, lui sur le cactus, moi sur les melons, d'être les meilleurs amis du monde; mais je voudrais jouer le parti de la lionne et celui de la lorette à pile ou face.

DAMIEN. — Face pour la lionne!

EUGÈNE. — Eh bien, pile pour la lorette. Elle en a mérité plus d'une! (Il jette la pièce en l'air, elle retombe sur la table Florence met la main dessus avant qu'on ait eu le temps de voir.) Vous escamotez?

FLORENCE. — De deux coquettes, il faut protéger la moins coupable; c'est le cœur et non le sort qui doit en décider.

MAURICE. — Quelle est la moins coupable?

FLORENCE. — Celle qui pleure.

DAMIEN. — Elle pleure, la lionne? Allons lui chanter *la Marseillaise* pour la consoler, car la lorette ne fait que rire et j'aime mieux rage qui pleure que rage qui rit.

EUGÈNE. — Messieurs, vous avez tant d'esprit ce matin que : dans la crainte de passer pour une bête, je dis comme vous face pour la lionne! (Il remet la pièce dans sa poche sans la regarder. Que faisons-nous pour la sauver?

FLORENCE. — Rien, vous me laissez faire. Vous vous entendez à la comédie, je le sais. Vous saisissez donc à demi-mot, et vous me servez de compères!

MAURICE. — Si ça tourne bien, je fais une comédie pour dimanche avec ça.

MYRTO, rentrant. — Ah! j'ai été longtemps, n'est-ce pas? C'est une pauvre femme avec un petit enfant malade sur les bras, qui n'en finissait pas de me raconter ses peines, et je ne pouvais pas me décider à lui dire de s'en aller. Tenez, la voilà qui passe. Elle est jolie, cette femme-là!

LA MENDIANTE passant devant la fenêtre. — Encore une fois, que le bon Dieu vous récompense, ma bonne chère dame ! Dieu du ciel, un louis d'or ! et de si bonne paroles. Ah ! il n'y en a pas beaucoup, des dames comme ça !

(Elle disparaît)

FLORENCE. — Eh bien ! oui, elles ont un bon cœur, ces dames-là, et c'est pour cela qu'on aime à les retrouver.

MYRTO. — Tiens ! monsieur... chose... monsieur l'ours ! monsieur le millionnaire... monsieur Marigny ! voilà enfin votre diable de nom qui me revient... Vous êtes là, vous n'êtes plus déguisé, et je ne vous voyais pas ! Ma foi, tant mieux, vous ne serez pas de trop. Asseyez-vous là ! Prenez du rhum, ça éclaircit les idées, et écoutez-moi. Je commence, et je vous dirai après de qui et à qui sont ces lettres, si vous ne le devinez pas en les écoutant. Je commence ! Numéro un...

FLORENCE. — Un moment, belle Myrto.

MYRTO. — Tiens ! je crois que vous me tutoyez, vous ! Je ne vous connais pas.

FLORENCE. — Ce n'est pas une raison. Avant que vous commenciez la lecture, moi, j'ai un récit à vous faire en présence de ces estimables témoins.

MYRTO. — Nous n'avons pas le temps. Vous sortez de la question, mon cher !

FLORENCE. — Non, je la pose, vous la développerez. Il s'agit de la châtelaine de Noirac.

MYRTO. — C'est différent, vous avez la parole.

SCÈNE VIII

Devant la porte du château de Noirac

PYRAME, LÉDA, MARQUIS.

MARQUIS. — Belle Léda, reine des levrettes, je vous présente mes hommages. Ah ! que vous avez les pattes blanches ce matin ! Bonjour, bonjour, Pyrame ; je me porte bien, merci !

PYRAME. — As-tu fini, avec tes manières ! chien de comtesse, va ! chien de manchon, chien de couvre-pied rose, chien de gimblettes !... Léda, ne faites pas attention à ce roquet-là !

LÉDA. — Je trouve qu'il sent bon, il sent la crème !

PYRAME. — Vous aimez donc ça la crème ? C'est écœurant ! Parlez-moi d'un bon manche de gigot !

MARQUIS. — Toi, tu manges du gigot, portier ? Tu ne connais que le pain de munition, et quant à la crème, tu n'y as jamais goûté. Voyez, belle Léda, comme j'ai la barbe bien peignée et comme on m'a tondu les pattes ce matin !

LÉDA. — Il est drôle, ce petit, il m'amuse !

PYRAME. — Léda, vous êtes une coquette ! Vous me disiez tout à l'heure que vous aimiez les grandes dents blanches, et celui-là n'en a plus ; c'est un vieux folâtre.

LÉDA. — J'aime les marquis, c'est mon faible ; mon maître est un marquis !

PYRAME. — Vous ne détestez pourtant pas les paysans !

LÉDA. — Mon cher, j'aime à rire et à causer avec tout le monde. Mais où est donc mon maître ? Je l'ai perdu. Il faut que je le cherche.

MARQUIS. — Ah ! voilà Jenny qui m'appelle. Je me sauve. Si elle me savait ici en compagnie d'un gros chien malpropre !...

PYRAME. — Gare le fouet, Marquis ! Ah ! que c'est agréable d'être grand seigneur et de ne pouvoir faire société avec personne de son espèce ! Allons, pauvre esclave, viens faire un tour avec moi, dépêche-toi avant qu'on te voie filer !

MARQUIS. — Où vas-tu ?

PYRAME. — Trouver mon maître, qui déjeune par là-bas.

MARQUIS. — Est-ce qu'on y mange de la viande ?

PYRAME. — Tiens, je crois bien !

MARQUIS. — Ah ! j'y vais. On ne m'en laisse pas manger, à présent ? vous demandez pardon ! Allons, venez voir votre maîtresse qui a du chagrin. Venez l'amuser et lui dire que vous l'aimez bien aussi, vous !

JENNY, courant après Marquis. — Ici, ici, monsieur ! Je vous vois vous sauver ! Fi, que c'est vilain ! Vous vous couchez, à présent ? vous demandez pardon ! Allons, venez voir votre maîtresse qui a du chagrin. Venez l'amuser et lui dire que vous l'aimez bien aussi, vous !

(Elle l'emporte.)

PYRAME, seul. — Est-on malheureux d'être chien de qualité ! Ah ! je vais prendre un bain dans la mare verte, pour me mettre en appétit !

SCÈNE IX

À l'entrée du potager de Noirac

BOURGEOIS et BOURGEOISES de la ville voisine, COTTIN.

MADAME PATURON. — Eh bien, par exemple ! est-ce qu'on ne peut pas se promener aujourd'hui dans le parc, monsieur le jardinier ?

COTTIN. — Attendez, messieurs, mesdames... Je ne sais pas. Madame est arrivée, et je n'ai pas encore reçu ma consigne rapport aux promeneurs étrangers. Vous pouvez toujours regarder mon potager, madame n'y vient jamais.

MADAME PATURON. — Eh bien, allez donc lui demander la permission, à votre bourgeoise.

(Cottin s'éloigne.)

MADAME CHARCASSEAU. — Allons, c'est amusant, à c'te heure, s'il faut avoir des permissions pour se promener dans le jardin de Noirac !

MONSIEUR CHARCASSEAU. — Dame, écoute donc, ma bonne, respect à la propriété, chacun chez soi !

MADAME PATURON. — C'est vrai, ça. Elle est comme l'aristocrate de Russie, votre femme ! faut que tout le monde lui cède !

MONSIEUR CHARCASSEAU. — C'est moi qui l'ai habituée à ça.

MADAME CHARCASSEAU. — Non ! je ne suis pas aristocrate pour ça, ma petite ; mais quand on a un beau jardin, c'est pour le faire voir, et si c'te dame veut cacher le sien, c'est pas la peine qu'elle en ait un. C'est-il vrai, monsieur Malassy ?

MONSIEUR MALASSY. — Distinguons ! un lieu public n'est pas une propriété particulière, de même qu'une propriété particulière n'est pas un lieu public. Il y a fagots et fagots, comme on dit, il y a fagots et fagots ! Si cette dame ne veut point accorder le droit de passage et de parcours sur sa propriété, nous n'avons pas le droit de faire irruption sur sa propriété !

POLYTE CHOPART. — Qu'est-ce qu'il dit, monsieur Malassy ? Il réclame le droit de pacage ?

MONSIEUR CHARCASSEAU. — Ah ! les belles citrouilles ! Dieu de Dieu, les belles citrouilles !

MADAME CHARCASSEAU. — Fais donc attention, Ulalie ! tu traînes ta robe sur l'oseille toute fraîche arrosée.

MONSIEUR CHARCASSEAU. — Regarde donc, ma femme, les belles citrouilles !

MADAME CHARCASSEAU. — M'entends-tu, Ulalie ? quand je te dis de relever ta robe !

COTTIN, revenant. — Messieurs, mesdames, vous pouvez vous promener dans le jardin tant qu'il vous plaira. Seulement on vous prie de ne pas entrer dans le parterre autour du château, parce que madame est malade ; elle a besoin de dormir.

MADAME CHARCASSEAU. — C'est bon, c'est bon, on n'ira pas !

MONSIEUR CHARCASSEAU. — Il faudrait donner une pièce de monnaie à ce domestique qui a fait la commission.

MADAME CHARCASSEAU. — Qu'est-ce que tu vas lui donner ? Dix sous ! ah bien, par exemple ! dix sous pour ça !

MONSIEUR CHARCASSEAU. — C'est que, pour le moment, je n'ai pas de petite monnaie.

MADAME CHARCASSEAU. — Dites donc, madame Paturon, avez-vous dix sous à changer ?

MADAME PATURON. — Ma foi, ma petite, je n'ai que cinq sous.

MADAME CHARCASSEAU. — C'est bien assez ! ça ne vaut pas plus !

MADAME PATURON. — Je donne trois sous pour vous ; vous êtes trois, vous, votre mari et votre fille. Moi, je donne deux sous pour mon neveu Polyte et moi. Monsieur Malassy entre par-dessus le marché. Tiens, Polyte, va donc porter ça à ce jeune homme !

MADAME CHARCASSEAU, à son mari. — Plus souvent que je lui rendrai ses trois sous ! Quelle crasse ! elle qui est deux fois riche comme nous, et qui n'a pas d'enfants ! Elle peut bien payer le tout.

(Ils entrent dans le parc.)

EULALIE. — Ah ! ma foi, c'est ennuyeux de se promener comme ça dans les allées. J'aimerais mieux le parterre. Au moins il y a des fleurs, et j'aurais fait un bouquet.

POLYTE. — C'est pas difficile d'en avoir ! Je vais passer par-dessus la barrière.

MADAME PATURON. — Eh bien ! eh bien ! Polyte, qu'est-ce que tu fais ? Je te le défends !

MONSIEUR MALASSY. — Ce jeune homme est enclin à saccager et à ravager.

MADAME CHARCASSEAU. — Dites donc, monsieur Polyte, est-ce que vous êtes communiste, vous, que vous voulez voler et piller ? — C'est égal, c'est une chipie, c'te dame de Noirac, de défendre comme ça son parterre ! Croit-elle pas qu'on veut le lui emporter ?

MONSIEUR CHARCASSEAU. — Mais si cette dame veut se livrer aux douceurs du sommeil, crois-tu que ce soit bien agréable pour elle d'entendre acasser sous ses fenêtres ? Avec ça que quand vous vous y mettez, madame Paturon et toi !...

MADAME CHARCASSEAU. — C'est elle qui est une bavarde ! et des ragots ! Moi, on ne peut pas me reprocher ça ; je ne parle jamais de personne ; je n'aime pas à me mêler de ce qui ne me regarde pas.

MONSIEUR CHARCASSEAU. — Ulalie, ne chante donc pas comme ça ! Tu veux donc te faire remarquer ?

MADAME CHARCASSEAU. — Elle ne cherche qu'à se donner du ridicule ! Ulalie, tais-toi et retrousse-toi surtout. Tiens ! j'en étais sûre, voilà ta robe neuve tout abîmée ! Là ! on dirait une guenille, à présent ! Est-elle haïssable !

EULALIE. — Ah bah ! maman, e la repasserai ! Tu me grognes toujours ; tu m'amènes à la campagne pour me faire du bien, pour que je prenne de l'exercice, et tu ne veux pas que je bouge !

MONSIEUR MALASSY, à madame Paturon. — Il est certain que cette jeune personne aurait besoin d'air et d'exercice. Elle est éminemment lymphatique.

MADAME PATURON. — Ah mon Dieu ! qu'est-ce que vous me dites là ? Comment dites-vous ça ? Lym... est-ce que ça se gagne ? moi qui avais idée de la faire épouser à mon neveu !

MONSIEUR MALASSY. — Elle n'a pas grand avoir !

MADAME PATURON. — Mais c'est que Polyte n'a rien, lui ! Est-ce que ça passe aux enfants, cette maladie-là ?

MONSIEUR MALASSY. — Ordinairement.

MADAME PATURON. — Je ne m'étonne plus qu'on ne dise rien quand Polyte l'embrasse aux jeux innocents ! Pauvre Polyte, c'est qu'il n'a pas le sou, lui, voyez !

MONSIEUR MALASSY. — Bah ! vous lui ferez un sort, vous qui n'avez pas d'enfants !

MADAME PATURON. — Un sort ? merci !

EULALIE. — Dis donc, maman, il y a quelque chose de changé, là-bas, dans le parterre.

MADAME CHARCASSEAU. — Quoi donc ? qu'est-ce qu'il y a de changé ?

POLYTE. — Oui, oui, regardez ! Des pots de fleurs tout autour de la maison !

MADAME CHARCASSEAU. — Cette coquine de barrière m'empêche de voir ! Est-ce qu'il y en a beaucoup ?

POLYTE, qui est monté sur la barrière. — Ah ! je crois bien qu'il y en a ! Ils en ont mis jusque sur les marches du perron.

MADAME CHARCASSEAU. — Ah ! que c'est ennuyeux, cette barrière ! Je parie que c'est superbe, à présent, la maison en dedans ! Et dire qu'on ne nous fera pas voir ça !

MADAME PATURON. — On dit qu'on a envoyé de Paris pour plus de cent cinquante mille francs de meubles, de tapis, de rideaux, de porcelaines et de tas de choses.

MADAME CHARCASSEAU. — Laissez-moi donc tranquille ! On en aurait, des tas de choses pour cent cinquante mille francs ! C'est pas à moi qu'il faut venir conter ça. Madame de Noirac n'est pas déjà si riche !

MONSIEUR MALASSY. — J'estime qu'elle a bien ici pour un million de terres au soleil. Le beau-père de mon beau-frère a été le notaire de la famille.

MADAME CHARCASSEAU. — Oui ! mais les dettes ! vous ne les comptez pas, vous ! Et ça en fait, des dettes, ces dames de Paris ! C'est tout du monde perdu de dettes, dans ces pays-là !

EULALIE. — Ah ! c'est égal, je voudrais bien voir ses robes, à c'te dame ! Doit-elle en avoir de belles !

MONSIEUR CHARCASSEAU. — Bah ! on peut bien en avoir aussi des robes ! Si tu en avais soin, on t'en donnerait plus souvent.

EULALIE. — Oh ! si j'étais riche comme ça, je voudrais en changer tous les jours.

MONSIEUR CHARCASSEAU. — Eh bien, si tu es bien sage, quelque jour, nous viendrons, pendant que cette dame sera sortie ; on donnera une pièce de vingt sous à sa femme de chambre, et on te fera voir ses robes, puisque ça te fait tant de plaisir.

MONSIEUR MALASSY. — Ça lui fera bien la jambe, de les voir !

EULALIE. — Oh ! c'est égal, je voudrais bien les voir ! Si nous y allions, maman, au château ? Pendant qu'elle dort, on pourrait peut-être parler à la femme de chambre ?

MADAME CHARCASSEAU. — Non, non, ces domestiques de château, il faut toujours les aborder l'argent à la main.

EULALIE. — Mon Dieu, est-ce ennuyeux ! Nous venons ici pour nous amuser, et nous ne voyons rien ! Moi je croyais que nous la verrions, cette dame ! On dit qu'elle monte à cheval dans son parc !

MADAME CHARCASSEAU. — Oui, avec ça que c'est joli, une femme à cheval ! Il n'y a rien de plus indécent.

SCÈNE X

Dans le boudoir de Diane

DIANE, JENNY.

JENNY. — Oui, oui, ma chère maîtresse ! Prenez courage et ne vous rendez plus malade. Nous les aurons, ces maudites lettres !

DIANE. — Et tu ne veux absolument pas me dire par quel moyen ?

JENNY. Non, impossible. Si vous me questionnez, si vous ne me laissez pas faire comme je l'entends, je perdrai la tête et je ne réussirai pas. Tenez, il faut vous distraire de cette idée-là...

DIANE. — Tu crois que tu les auras aujourd'hui ?

JENNY. — Aujourd'hui ou demain, n'importe, pourvu qu'elles vous soient rendues et que monsieur Gérard ne les voie pas auparavant.

DIANE. — Non, non, tu me trompes. Mon désespoir t'effraye : tu es si dévouée que tu ne recules pas devant un mensonge pour me calmer. Pourquoi regardes-tu toujours par la fenêtre ? Est-ce que tu attends quelqu'un qui doit te les rapporter ?

JENNY. — Oui et non. Ah ! mon Dieu, ayez donc un peu de patience ! Vous voyez bien que je suis tranquille, que je suis gaie !

DIANE. — Mais non ! tu me parais agitée et souffrante, toi aussi !

JENNY. — C'est l'émotion que j'ai eue de vous voir si mal ce matin ; mais vous allez mieux, n'est-ce pas ? Vous avez confiance en votre Jenny qui vous aime ? — Tenez, voyez ! votre petit Marquis... Pauvre petite bête ! il vous regarde comme s'il comprenait que vous avez de la peine.

DIANE. — Viens là, Marquis... Ah ! oui, Jenny ! Dans quelques jours peut-être je serai honnie, repoussée du monde, l'isolement se fera autour de moi, et je n'aurai plus que toi et mon chien pour me plaindre.

JENNY. — Comme vous exagérez ! Comment, parce que vous auriez fait une faute, vous seriez repoussée de tout le monde ? Elles n'en font donc pas, les autres dames ?

DIANE. — La plupart en font de plus graves, et beaucoup d'entre elles ont des vices, une galanterie effrénée, une impudence rare. Eh bien, ce sont là les plus méchantes, les plus implacables pour l'erreur d'une jeune femme !

JENNY. — Méprisez l'opinion de ces femmes-là, et contentez-vous de l'estime et de l'amitié de celles qui sont honnêtes.

DIANE. — Ah ! tu ne connais pas le monde, heureuse enfant du peuple ! Celles d'entre nous qui sont irréprochables sont généralement hautaines et dénigrantes, surtout quand elles sont laides.

JENNY. — C'est comme ça, je crois, dans toutes les classes. Mais enfin il y a des exceptions, et plus que vous ne pensez, peut-être ! Je suis sûre qu'il y a partout des femmes sévères pour elles-mêmes, indulgentes pour les autres.

DIANE. — Ah ! Jenny, qu'il est dur d'être réduite à accepter l'indulgence, quand on est habituée à primer, à dominer, à entrer partout la tête haute et le regard droit !

JENNY. — Pourquoi voulez-vous primer et dominer ? Est-ce qu'il n'est pas plus doux d'être aimée, même quand ce serait un vous laissant plaindre un peu ? Tenez, depuis ce matin que je vous vois malheureuse, il me semble que je vous aime davantage.

DIANE. — Parce que tu es bonne, toi ! je t'en sais gré ;

mais faire pitié ne me plairait pas longtemps, et si tu t'habituais à ce sentiment-là avec moi, je ne pourrais peut-être pas le supporter. Je ne suis pas aimée dans le monde, moi, vois-tu ! Je n'y tenais pas. J'ai toujours préféré être admirée.

JENNY. — Vous aviez tort.

DIANE. — On ne choisit pas ses goûts et ses besoins, Jenny. J'ai été gâtée de bonne heure par une supériorité marquée sur toutes les femmes que je connaissais ; je me plaisais à les rendre jalouses, et, comme je ne suis pas méchante, tu le sais, je prenais aussi un grand plaisir à me montrer généreuse et protectrice avec elles. Je me suis faite à rôle de souveraine, et je le portais bien ; mais elles en ont toujours souffert, et à présent, comme elles vont s'en venger ! Ah ! que n'ai-je vingt ans de plus ! je me retirerais dans ce château, j'y fermerais ma porte à tous les voisins, j'y vivrais avec des livres, avec des fleurs...

JENNY. — Mais vous ne le pouvez pas, puisque vous vous ennuyez, même au milieu des plaisirs de Paris ! — Voyons, vous n'avez rien pris de la journée, il faut absolument que vous mangiez un peu ; faites un effort, madame.

DIANE. — Manger ? Ah ! si je pouvais vite mourir de faim ! Mais c'est long ! On a des jours et des nuits pour réfléchir, pour regretter la vie...

JENNY. — Attendez, attendez, madame ! Voilà quelqu'un dans le parterre qui a prononcé mon nom.

(Elle va à la fenêtre.)

DIANE. — Qu'est-ce que c'est donc, mon Dieu ? Tout le monde est donc dans la confidence ? Ah ! Jenny, tu me perds en voulant me sauver, et je suis bien folle de te laisser agir.

JENNY. — Quoi ! madame, ne peut-on pas savoir que vous voulez qu'on vous restitue quelque chose, et ne pas connaître ce que c'est ? Oui, oui, on demande à Cottin où je suis. Laissez-moi voir ce qu'on me veut.

SCÈNE XI

Dans le jardin

EUGÈNE, JENNY.

EUGÈNE. — Oui, mademoiselle, je viens de la part de Florence pour vous dire ce seul mot : Espérez.

JENNY. — Ah ! merci, monsieur ; c'est une chose qui me tourmente bien, une chose qui m'est toute personnelle, je vous assure.

EUGÈNE, souriant. — C'est vous qui avez des lettres compromettantes dans les mains d'une ennemie ?

JENNY. — Moi ?... Eh bien ! oui, monsieur, c'est moi !

EUGÈNE. — Vous êtes généreuse, mademoiselle Jenny ; mais nous savons bien qu'il ne s'agit pas de vous, soyez tranquille.

JENNY. — Comment, vous savez...

EUGÈNE. — Nous ne savons rien. Nous n'avons pas voulu entendre la lecture des lettres, et nous avons laissé Florence aux prises avec le démon. Nous espérons, à voir comme il s'y prend, qu'il en triomphera comme l'archange.

JENNY. — Ah ! il est... avec elle ?

EUGÈNE. — Et je vous assure qu'il a bien dressé ses batteries. C'est à mourir de rire. Je ne croyais pas que ce brave garçon-là pût être si malin à l'occasion. D'abord, il lui a persuadé qu'il était millionnaire, et il faut qu'elle soit trompée par une ressemblance, car elle prétend l'avoir vu riche, ayant des chevaux, allant aux Italiens, etc., etc. ; et il joue son rôle, lui ! Il fait le lion, le dandy, c'est superbe à voir.

JENNY. — Mon Dieu ! comme cela m'étonne, tout ce que vous me dites là !

EUGÈNE. — Et elle se figure qu'il est ici sous un faux nom, sous un déguisement, et qu'il est au mieux avec madame de Noirac. Il fait le jaloux et il demande que les lettres lui soient confiées, afin de les montrer à monsieur Gérard. Oh ! c'est intrigué comme une comédie !

JENNY. — Et elle va lui donner les lettres ?

EUGÈNE. — Ah ! voilà le *hic !* elle se méfie. Elle est parfois au moment de tout croire, et puis elle s'aperçoit, car elle est fine, qu'on se moque d'elle. Mais il regagne toujours autant de terrain qu'il en a perdu ; et comme nous avons vu, en fin de compte, que ce prétendu millionnaire l'occupait beaucoup plus que nous, et que nous n'aurions pas beau jeu tant qu'il ne serait pas redevenu jardinier, nous les avons laissés ensemble dans une conversation fort animée, et après beaucoup de champagne bu de part et d'autre.

JENNY. — Ah !... ils boivent du champagne ?

EUGÈNE. — Nous avons tous commis ce crime, et je crois que cela me rend un peu expansif, car il n'était peut-être pas nécessaire de vous dire tout cela.

JENNY. — Si, si, je suis bien aise de le savoir. Est-ce que vous y retournez ?

EUGÈNE. — Non pas ! Comme nous commencions à nous griser et à employer des ficelles un peu trop grosses, il nous a priés, dans la vue du succès de la pièce, de rentrer pour quelque temps dans la coulisse, et nous allons faire un tour de promenade en bateau, car il n'y a pas moyen de travailler après le champagne ! Cette diable de princesse nous a fait perdre notre journée, avec son déjeuner et ses cancans ! Aimez-vous la promenade en bateau, mademoiselle Jenny ?

JENNY. — Non, monsieur, j'ai peur de l'eau.

EUGÈNE. — Si vous aimez mieux le feu, nous vous ferons voir un incendie, et nous vous mettrons à la chaîne. Voilà un plaisir !

JENNY. — Je ne m'y mettrais pas pour mon plaisir, mais pour être utile.

EUGÈNE. — Ah ! pour être de chaîne à côté de vous, j'ai envie de mettre le feu au village.

JENNY. — Comme vous y allez ! J'espère que vous ne buvez pas de champagne tous les jours, car on ne serait pas en sûreté dans le pays !... Mais on m'appelle. Merci pour vos renseignements, monsieur. Je suis votre servante.

SCÈNE XII

Dans le boudoir de Diane

DIANE, JENNY.

JENNY. — Oui, oui, madame, on agit et on espère, car on nous dit d'espérer.

DIANE. — Mais qui donc agit pour moi ? qui donc est dans la confidence à ce point ? Jenny, vous me compromettez... Je veux tout savoir, ou je m'oppose à ce que vous faites.

JENNY. — Eh bien, madame, c'est Florence.

DIANE. — Ce jardinier qui est ici depuis deux jours... et qui sait déjà ?...

JENNY. — C'est moi qui lui ai dit ce qu'il fallait bien lui dire. C'est un coup de tête, si vous voulez, et c'est votre désespoir qui me l'a inspiré ; mais c'est une bonne inspi-

ration, j'en suis sûre à présent, car il s'y prend de manière à réussir.

DIANE. — Quoi ? que fait-il ?

JENNY. — Il fait la cour à Myrto.

DIANE. — Ah ! c'est d'un Frontin, cela ! Je croyais qu'il n'y en avait plus. Mais cette fille doit être trop intéressée pour écouter un jardinier.

JENNY. — Il se fait passer pour millionnaire auprès d'elle.

DIANE. — En vérité ? quelle imagination ! Au fait, c'est un homme à jouer tous les rôles, ce garçon-là ! Il est rempli d'esprit, il parle comme on parlerait dans le monde, si on y parlait bien... Il a des manières... une figure !... Oui, il est charmant... et il m'est déjà dévoué à ce point ?

JENNY. — Il ne faut peut-être pas un grand dévouement pour faire la cour à Céline. Elle est jolie et elle a beaucoup d'esprit.

DIANE. — Qu'as-tu ? tu as l'air de souffrir, toi ?

JENNY. — J'ai la migraine. Oh ! ce n'est rien.

DIANE. — Tu me fais peur !

JENNY. — Pourquoi donc ?

DIANE. — C'est que ce jeune homme peut bien, tout en voulant séduire cette fille, se laisser séduire par elle et se mettre avec elle contre moi.

JENNY. — Non, madame. Qu'il se laisse séduire... cela ne nous regarde pas ; mais qu'il vous trahisse, c'est impossible : il est trop honnête homme pour cela.

DIANE. — Comment le sais-tu ? Tu ne le connais pas plus que moi.

JENNY. — Oh si ! j'en suis sûre... je le connais déjà !

DIANE. — Tu le connaissais avant qu'il vînt ici ? Attends donc, moi aussi !... Cela me frappe tout d'un coup ! Je l'ai vu dans ton magasin. Un beau commis, là... pas ridicule, très-poli, point bavard... Je l'avais remarqué ! Comme un autre costume, une barbe changée modifient un visage !... Mais il n'y a pas deux mois que j'ai vu ce jeune homme-là venir chez moi à Paris. Tiens, c'est lui qui m'a trouvé les rubans que je voulais pour ma robe de satin broché... ma robe bleue... il a un goût exquis ! Mais pourquoi est-il jardinier à présent ?

JENNY. — C'est un état qu'il préfère aux autres.

DIANE. — Et il s'y entend, cela se voit. Il arrange mes jardinières avec un art ! Brave jeune homme ! et mon intendant m'a dit qu'il s'était montré fort délicat et peu avide d'argent dans ses conditions pour entrer ici. Jenny, je le veux voir aussitôt qu'il rentrera, et s'il apporte ces fatales lettres... ah ! vraiment, je ne sais pas ce que je ne ferais pas pour lui ! Crois-tu qu'il accepterait... Voyons, quoi ? De l'argent l'humilierait peut-être, s'il est fier ! Mais un cadeau de valeur offert délicatement... une bague ! on aime toujours à recevoir une bague de la main d'une femme ! Mon gros diamant ! est cela ! Tiens ! ce sera très-drôle de voir, dans mon jardin, un homme qui travaillera avec un diamant de dix mille francs au doigt ; et ça m'amusera de me dire qu'il le tient de moi ! Ça l'amusera aussi, j'en suis sûre, et s'il est discret, avec cela, ma foi, voilà un roman bien pur, bien original, et qui n'a pas encore été fait ! Ouvre mon écrin et donne-moi mon diamant.

JENNY. — Allons, Dieu merci, voilà la gaieté qui vous revient avec l'espérance.

DIANE. — Oui, je crois, j'espère. La figure de ce jeune homme ranime mon courage quand j'y songe. Oh ! il est impossible que la Myrto n'en devienne pas folle ! — Que me donnes-tu là, un rubis ? Où donc as-tu l'esprit ?

JENNY. — Tenez, est-ce cela, madame ? Jamais Florence n'acceptera un pareil bijou.

DIANE. — S'il faut le lui mettre au doigt moi-même, je le

lui ferai bien accepter. Voyons, coiffe-moi : je suis tout échevelée.

JENNY. — Oui, oui, il faut vous habiller, madame; vous faire belle comme si rien n'était. Rester en désordre comme vous voilà ne vaut rien. Il n'y a rien qui ôte le courage comme de se négliger soi-même.

DIANE. — Tu as bien raison : quand je ne me sens pas habillée et bien arrangée, il me semble que je suis morte... Mets-moi des rubans roses dans les cheveux : le rose porte bonheur.

JENNY. — Et quand vous serez belle, vous dinerez : il faut me promettre cela.

DIANE. —Diner! ah! ne m'y fais pas penser : c'est si triste de diner seule! Mon pauvre Gérard était bon à cela, du moins, qu'il me tenait compagnie, et son grand appétit me faisait plaisir à voir.

JENNY. — Si vous voulez diner avec lui, il ne tient qu'à vous; d'autant plus que, quoi qu'il en dise, je suis sûre qu'il meurt de faim.

DIANE. — Comment ça? où est-il donc? Je n'ai pas voulu le recevoir.

JENNY. — Vous eussiez mieux fait de le recevoir et de tout lui dire : c'eût été une épreuve pour son amour, et je suis sûre qu'à cette heure vous l'aimeriez par reconnaissance.

DIANE. — Ah! tu es folle, Jenny! Un homme du monde pardonner à une femme d'être compromise et vilipendée comme je le serai peut-être demain, si Florence ne me sauve pas! Quant à voir Gérard dans l'état où j'étais ce matin, et à me contraindre assez pour ne lui rien laisser soupçonner, tout simple qu'il est, c'était impossible, tu le sais bien... Fais attention, tu me coiffes de travers.

JENNY. — Moi, je lui aurais tout dit. Qui sait si votre franchise ne l'eût pas rendu encore plus amoureux qu'il ne l'est!

DIANE. — Amoureux, lui! Charmé, flatté d'être mon serviteur en titre, c'est possible; mais pour aimer, Jenny, il faut avoir de l'esprit, et il n'en a pas.

JENNY. — Vous vous trompez, madame. Ou il a de l'esprit, puisqu'il vous aime, ou vous ne vous souciez pas d'être aimée, et vous voulez qu'on vous amuse par-dessus le marché.

DIANE. — C'est peut-être vrai, ce que tu dis là; mais d'où sais-tu qu'il m'aime réellement? Est-ce que tu l'as vu aujourd'hui? Est-ce que tu lui as parlé? Mon Dieu! pourvu que tu ne lui aies pas tout raconté! Tu es si simple, si confiante! Tu ne doutes de rien, toi!... Jure-moi que tu ne lui as rien dit!

JENNY. — Je vous jure qu'il ne sait rien et qu'il vous croit jalouse de Myrto.

DIANE. — Jalouse!... C'est égal, tu as bien fait de dire comme cela. Il se gardera peut-être de la voir.

JENNY. — Oh! je l'en défie bien!

DIANE. — Comment ça? Où est-il donc?

JENNY. — Il est enfermé dans le pavillon de Florence, et j'ai la clef dans ma poche.

DIANE, éclatant de rire. — Jenny! voilà qui est sublime! Qu'est-ce qui disait donc que tu étais niaise! Tu as plus d'esprit que toutes les Dorines du théâtre! Comment, tu as réussi à me mettre sous clef! Quelle bonne figure il doit faire dans sa cage! Je parie qu'il n'a pas trouvé d'autre moyen de se distraire et de se consoler que de faire un bon somme!

JENNY. — Pourquoi pas? Vous voulez qu'on soit cavalier intrépide, chasseur infatigable, et vous trouvez singulier qu'on ait un rude appétit et un franc sommeil? Cela n'empêche pas d'aimer! Allons, n'avez-vous pas pitié de lui? Ne voulez-vous pas qu'il dine?

DIANE. — Non, je ne veux pas le voir encore. L'idée de me trouver, dans le danger où je suis, en présence de cet homme si calme et si confiant, me fait frémir et ramène toutes mes anxiétés, toute ma souffrance. J'aimerais mieux pouvoir analyser ma situation morale avec quelqu'un de plus fort et de désintéressé dans la question. Si le curé... mais non! il a peur de devenir amoureux de moi!

JENNY. — Eh bien, dinez avec monsieur Jacques; vous m'aviez chargée de l'inviter ce matin. Je n'y ai plus pensé, ni vous non plus; mais voulez-vous que j'aille le chercher?

DIANE. — Comme cela, tout d'un coup? comme on fait venir le curé ou le médecin?

JENNY. — Oh! il est meilleur prêtre et meilleur médecin peut-être que bien d'autres!

DIANE. — Oui, mais quand on appelle ces gens-là, il faut confesser sa faute ou son mal; et il me semble que c'est bien assez d'avoir Florence dans nos secrets. C'est trop peut-être!

JENNY. — Madame, il n'y a que la foi qui sauve. Appelez monsieur Jacques en consultation sur une peine quelconque, sur votre ennui ordinaire; vous ne lui direz que ce que vous voudrez, et puis vous verrez que la confiance vous viendra, que vous lui direz tout, et qu'il vous donnera un bon conseil.

DIANE. — Tu me persuades, va! qu'il vienne tout de suite, et tu porteras une partie de notre diner à ce pauvre Gérard, comme si cela venait de toi.

JENNY. — Vous trouvez-vous bien arrangée?

DIANE. —Attends, donne-moi un peu de rouge.

JENNY. — Non, monsieur Jacques vous trouvera mieux, pâle comme vous êtes.

DIANE. — Ah çà! tu veux donc que je plaise à monsieur Jacques? Eh! ce n'est peut-être pas si facile! un vieux philosophe! — Oui, décidément, j'ai l'air plus intéressant comme je suis.

SCÈNE XIII

En bateau

MAURICE, DAMIEN, EUGÈNE.

MAURICE. — *Felix qui potuit rerum...*

EUGÈNE. — Est-il embêtant, mon capitaine, quand il parle latin! (A Damien.) Chante-lui une barcarolle, toi qui en sais tant!

DAMIEN, chantant. — *Allons enfants de la patrie!...*

MAURICE. — *Cognoscere causas.*

EUGÈNE. — Est-ce que tu l'as trouvé bon, toi, le vin de la lorette?

DAMIEN. — A présent qu'il est bu, il faut bien dire qu'il se laisse boire, mais c'est de la tisane à vingt sous la bouteille.

MAURICE. — Bah! c'est ce qu'elle a pu trouver de mieux dans le village; et comme nous avons corrigé cette liquoreuse boisson par l'apparition opportune du vieux rhum de notre cave, nous pouvons dire que, somme toute, si nous sommes légèrement gris, c'est avec la décence et la bonne tenue qui caractérise le pompier français!

EUGÈNE. — Gris? hélas! Est-ce que nous le sommes?

DAMIEN. — Un peu plus, et je l'étais trop. A présent, je ne le suis plus assez. Et toi, Maurice?

MAURICE. — Moi, je me sens grave et philosophe.

DAMIEN. — Alors, regrise-nous par le charme enivrant et l'originalité chatoyante de ta conversation.

MAURICE. — Je veux bien : *Felix qui potuit...*

EUGÈNE. — Comme tu voudras ! Interroge-moi, n'importe sur quelle cause, et tu verras si je ne te réponds pas.

MAURICE. — Voyons ! quelle est la cause de l'influence d'une femme légère sur la disposition accidentelle de nos esprits ?

DAMIEN. — Quelle influence d'abord ?

MAURICE. — Une influence égayante, étourdissante au premier abord, et puis excitante, et puis énervante, et enfin affadissante, écœurante et abrutissante, à mesure que la réflexion chasse les premières fumées du cerveau.

EUGÈNE. — Tu parles du champagne ? Oui, c'est un pleutre vin, et voilà l'effet qu'il me fait.

DAMIEN. — Ce jeune homme n'est point à la conversation.

MAURICE. — Au contraire ! il compare ! Il tranche la question ! La femme légère est un vin frelaté.

EUGÈNE. — Parlez-moi d'un bon verre de cognac ! Pas trop n'en faut, mais il en faut un peu.

DAMIEN. — Il parle par métaphore !

EUGÈNE. — Une franche boisson, qui ne fait pas sauter le bouchon, mais qui vous remplit le cœur d'un feu plein et soutenu.

MAURICE. — Oui, une bonne et franche nature, sans caprice, sans artifice et sans malice surtout. Une femme forte et simple...

EUGÈNE. — De cent sept ans ?

DAMIEN. — Merci ! parle de ton cognac et laisse-nous tranquilles.

EUGÈNE. — Vous faites de la philosophie ? J'en suis. Je dis que la cause du petillement du champagne, c'est la fermentation.

MAURICE. — Fermentation artificielle, provoquée par diverses drogues mêlées au sang de la vigne.

EUGÈNE. — Oui ! La vanité, l'avidité, la curiosité, la gourmandise et la fainéantise.

DAMIEN. — Tu changes de guitare à chaque instant.

EUGÈNE. — Non pas, je suis votre raisonnement, et je poursuis le mien.

MAURICE. — Mais oui ! il va bien ! Bonne tenue dans le vin comme sous les armes. Pompier, vous aurez une médaille !

EUGÈNE. — Interrogez-moi encore, vous verrez si je ne vous réponds pas comme il faut.

DAMIEN. — Voyons, sergent, quelle est la cause de l'aversion immodérée des femmes vertueuses pour celles qui ne le sont pas ?

EUGÈNE. — Regarde le Mayeux ! quelle est la cause de l'aversion immodérée de son allure pour la ligne droite ?

DAMIEN. — C'est qu'il est bossu et bancal.

EUGÈNE. — Eh bien, toutes les femmes vertueuses sont bancales ou bossues ; cela les rend jalouses des prêtresses de la beauté, et, comme elles sont hypocrites, elles ont horreur de la ligne droite et cachent leur jalousie sous une feinte indignation.

MAURICE. — Tudieu ! quel sceptique après boire !

EUGÈNE. — Distinguons ! comme dit le curé de Noirac. De quelles femmes vertueuses parlez-vous ? De celles qui le sont, ou de celles qui ne le sont pas ?

DAMIEN. — De celles qui le sont.

EUGÈNE. — Alors regardez, ô entomologistes de mon cœur, cet aimable agrillon ou cette diaphane libellule azurée qui voltige autour de ma rame ; je ne sais pas son nom, peu importe ! j'appelle ça, en latin, une demoiselle.

MAURICE. — Eh bien ?

EUGÈNE. — Suivez ses mouvements. Chaque coup que la rame frappe sur l'eau y creuse un petit abîme où cette délicate créature trouverait la mort ; elle se préserve bien d'y tomber, et d'une aile sûre et légère elle plane au-dessus, sans frayeur et sans grimace.

DAMIEN. — Est-ce à dire que la vertu est brave et calme ? C'est un peu tiré par les cheveux !

EUGÈNE. — Eh bien ! suivez-la de l'œil dans sa course gracieuse et folâtre, la demoiselle de mes rêves !

DAMIEN. — Fi ! la voilà qui flaire un rat mort !

EUGÈNE. — Non pas ! Elle le regarde, elle verse quelques larmes sur le cadavre de l'infortuné, et puis elle va chercher une fleur pour s'y balancer aux zéphyrs du soir. Elle a vu l'immondice, elle ne l'a ni insultée, ni maudite. Elle plaint le rat qui se noie ; seulement elle ne se pose pas dessus. Telle est la véritable innocence !

MAURICE. — Passons ! passons !

EUGÈNE. — Comment, passons ! Cette comparaison-là ne vaut rien, peut-être ?

MAURICE. — Si fait ! si fait ! C'est l'objet de ta comparaison qui pue la rage.

EUGÈNE. — En effet, je sens l'infection du vice. O rats insensés ! vous folâtrez au bord de l'onde trompeuse, et puis vous y tombez ! et vous répandez la pestilence sur les rivages embaumés de notre jeunesse ! Tel est le sort...

DAMIEN. — Assez de comparaisons ! rame plus vite !

UNE POULE, au bord de l'eau, avec UNE BANDE DE CANETONS.

LA POULE. — Enfants ! enfants ! où courez-vous ? N'allez pas si près du rivage. La rivière gronde et court. Elle mouille, elle entraîne, elle noie. Enfants, ne me quittez pas, soyez toujours près de mon sein, près de mon aile. Des enfants sages ne doivent pas courir comme des fous, sans écouter ce qu'on leur dit. Enfants, enfants, m'entendez-vous ? N'allez pas si près du rivage !

LES PETITS CANARDS. — De l'eau ! de l'eau ! voyons, voyons ! oh ! comme elle brille ! oh ! qu'elle est belle ! Mère, viens-tu ? Dans l'eau ! dans l'eau ! Va donc, toi, frère ! passe le premier... j'ai peur, j'ai envie... Ah ! je n'y tiens plus, je me risque. Nous y voilà, voguons, voguons ! Ah ! quel plaisir ! de l'eau, de l'eau !

LA POULE, éperdue, sur le rivage. — Enfants, enfants ! méchants enfants ! voulez-vous donc me rendre folle ? Perdus, perdus ! ils vont mourir ! Petits, pauvres petits que j'ai couvés, vous n'aimez donc pas votre mère ? Revenez, revenez à moi ! la rivière est votre ennemie. Hélas ! hélas ! mes chers enfants, revenez bien vite au rivage !

LES PETITS CANARDS. — De l'eau, de l'eau ! Ah ! que c'est bon ! Vois, mère, comme nous voguons bien, comme nous allons vite ! L'eau court, et nous courons avec elle. N'aie donc pas peur, viens avec nous. L'eau ne mouille pas, l'eau ne tue pas. L'eau, c'est notre élément, notre vie ! Ah ! que c'est bon ! de l'eau, de l'eau !

LA POULE. — Oui, je vous suis ; mourons ensemble, méchants enfants ! Je sais bien que vous êtes perdus, je sais bien que l'eau fait mourir ! Allons, mourons ! adieu pour toujours le rivage ! Mais non, vous revenez, vous m'entendez enfin ! Venez vite vous sécher dans mes plumes. Ah ! que vous avez froid, pauvrets ! Vous n'y retournerez jamais, n'est-ce pas ! vous n'approcherez plus du rivage !

LES PETITS CANARDS, rêvassant et babillant sous le ventre de la poule. — De l'eau, de l'eau, encore de l'eau ! Ah ! que c'est bon ! ah ! que c'est beau !

QUATRIÈME PARTIE

SCÈNE PREMIÈRE

Samedi soir, dans le parc de Noirac

MONSIEUR et MADAME CHARCASSEAU, EULALIE, POLYTE CHOPART, MADAME PATURON, MONSIEUR MALASSY.

MONSIEUR CHARCASSEAU. — En voilà bien assez, de promenade autour de cette barrière. C'est fermé partout et vous ne verrez rien ! Si nous retournions voir les citrouilles !

MADAME PATURON. — Dites donc, père Charcasseau, il y a un proverbe qui dit : Qui se ressemble se rassemble. Nous ne sommes pas curieuses des citrouilles !

MADAME CHARCASSEAU. — Ah ! la belle levrette ! toute blanche ! C'est comme une biche blanche !

POLYTE. — Je veux l'attraper, pour voir si je peux courir aussi vite qu'elle.

MADAME CHARCASSEAU. — Ah ! oui, plus souvent ! Elle en ferait courir dix comme lui.

MONSIEUR MALASSY. — Voilà un mot que j'entends souvent dire et que je ne trouve point juste. Il me semble que dix personnes qui courraient toutes de la même manière n'iraient pas plus vite qu'une seule.

MADAME CHARCASSEAU. — C'est vrai, mais ça se dit comme ça.

EULALIE. — Tiens, regarde donc, maman !

MADAME CHARCASSEAU, vivement. — Quoi ? quoi ? qu'est-ce qu'il y a ?

EULALIE. — La levrette qui gratte là-bas à la porte du pavillon !

MADAME CHARCASSEAU. — Eh bien, qu'est-ce que ça me fait ? Est-elle sotte, celle-là ! Je croyais qu'elle avait vu quelque chose !

EULALIE. — Allons donc regarder ce qu'il y a dans ce pavillon !

MONSIEUR CHARCASSEAU. — Ça ? c'est le logement du jardinier ! Qu'est-ce que vous voulez trouver là d'intéressant ?

MADAME PATURON. — C'est tout de même drôle, comme cette levrette pleure et gratte à la porte !

MONSIEUR CHARCASSEAU. — C'est probablement la chienne d'un des jardiniers de la maison.

MONSIEUR MALASSY. — Non. Je connais cette bête. C'est la levrette de monsieur Gérard, le marquis de Mireville, vous savez bien ?

MADAME CHARCASSEAU.. — Ah ! c'est donc vrai qu'il vient ici tous les jours ! (A madame Paturon et baissant la voix pour qu'Eulalie n'entende pas.) Savez-vous, ma petite, qu'on dit que c'est l'amant de la dame de Noirac ?

EULALIE, qui a entendu. Ah !... Je voudrais bien les rencontrer ensemble, pour voir quelles mines ils se font !

MADAME CHARCASSEAU. — Eulalie, allez donc plus loin quand je ne parle pas pour vous. (A monsieur Charcasseau.) Si ta fille continue, elle aura le diable au corps.

POLYTE. — Venez donc voir ! venez donc voir la levrette qui ronge la porte !

MONSIEUR CHARCASSEAU. — Ah ! cette pauvre petite bête ! Ça fait de la peine ! Il faut lui ouvrir.

POLYTE. — J'ai bien essayé, mais c'est fermé en dedans !

MADAME CHARCASSEAU. — Voyons si c'est bien fermé. Tiens, comme c'est barricadé ! Il paraît qu'ils ont des secrets partout, ici !

MADAME PATURON. — Dites donc ! vous savez à qui est la chienne ?

MADAME CHARCASSEAU. — Eh bien ?

MADAME PATURON. — Eh bien, il faut que son maître soit caché là dedans, puisqu'elle veut entrer ?

POLYTE. — Son maître, qui donc ?

MADAME CHARCASSEAU. — Chut ! Le marquis ! monsieur Gérard ! Ah ! voilà qui prouve bien...

MONSIEUR MALASSY. — C'est invraisemblable ce que vous dites là. Il n'a pas besoin de se cacher pour voir cette dame, puisqu'on dit qu'il l'épouse.

MADAME PATURON. — Lui, il l'épouse ? Ah ! il n'est pas bête ! Ça remettra du bouillon dans sa soupe, qui doit être bien maigre depuis qu'il a vendu trois de ses métairies. Eh bien, qu'est-ce que tu fais donc là, Polyte ?

EULALIE. — Il monte sur le treillage pour regarder là-haut, à travers le volet, s'il y a quelqu'un de caché là-dedans.

MADAME PATURON... Prends garde ! Ne va pas de ce côté-là. Si tu tombais, tu te noierais dans la rivière.

POLYTE. — N'ayez pas peur, c'est solide ! Bon, ça y est. J'ai tourné le mur.

MADAME CHARCASSEAU. — Est-on heureux de pouvoir grimper comme ça !

MONSIEUR CHARCASSEAU. — Ma chère, c'est indécent de farfouiller comme ça dans les secrets du monde, devant ta fille.

MADAME CHARCASSEAU. — C'est vrai. Allons-nous-en, Ulalie !

EULALIE. — Oh ! pourquoi donc, maman ?

MADAME CHARCASSEAU. — Ça ne vous regarde pas, mademoiselle. Fi ! que vous êtes curieuse ! Il y a des choses où une jeune personne ne doit pas fourrer son nez. (Se retournant vers madame Paturon.) Est-ce qu'il voit quelque chose ?

MADAME PATURON. — Dis donc, Polyte, où es-tu ? Est-ce que tu vois quelque chose ?

POLYTE, de derrière le pavillon. — Ah dame ! ça n'est pas commode ! Ne faites donc pas de bruit. J'écoute.

MADAME CHARCASSEAU. — Tiens, est-ce qu'on entend quelque chose là-dedans ? (Elle colle son oreille à la porte.) Ne soufflez donc pas comme ça, monsieur Malassy, vous m'empêchez d'entendre. Tiens ! j'entends ronfler...

(Jenny paraît, portant un panier couvert.)

MADAME CHARCASSEAU, à quelque distance, parlant à son mari. — Bon ! voilà madame Paturon qui va être prise à espionner. Ah ! c'est bien fait ! Ça m'amuse.

JENNY, à madame Paturon que monsieur Malassy essaye en vain d'arracher à la porte. — Eh bien, madame, qu'est-ce que vous faites donc là ?

MADAME PATURON. — Rien, rien... je...

JENNY. — Non, rien ; vous écoutez aux portes... Et on prétend qu'il n'y a que les domestiques qui fassent de ces choses-là ?

MONSIEUR MALASSY. — Ma foi, je vous le disais bien que c'était ridicule, et cette demoiselle vous donne votre paquet ; vous ne l'avez pas volé !

(Madame Paturon, tout interdite, prend le bras de Malassy et s'en va rejoindre madame Charcasseau.)

JENNY, à la porte du pavillon, et parlant haut exprès. — Florence, êtes-vous là ? Je vous apporte votre dîner. (Élevant la voix en voyant que les bourgeoises l'écoutent.) Pourquoi laissez-vous les étrangers se promener dans le parc après le coucher du soleil ? Vous savez bien que madame me l'a défendu. Allons, prenez vos clefs et reconduisez ces personnes-là, bien vite.

MADAME CHARCASSEAU. — Ah ! ma chère, sauvons-nous

On va nous faire un affront, nous mettre à la porte. Ces laquais, c'est si insolent !

MONSIEUR CHARCASSEAU. — Oui, oui, dépêchons-nous.

MADAME PATURON. — Et Polyte ? Polyte qui est resté je ne sais où, grimpé après le mur. On va le voir...

MONSIEUR CHARCASSEAU. — Bah, bah ! tant pis pour lui. Pourquoi fait-il des bêtises ?

MADAME CHARCASSEAU. Il est bien élevé, votre jeune homme ! Aussi, vous lui donnez l'exemple !

MADAME PATURON. — Bah ! vous êtes encore drôle, vous ! Mais on va fermer les portes, et Polyte, comment sortira-t-il ? Il faut l'attendre.

MADAME CHARCASSEAU. Tant pis ! Il jouera des jambes, et s'il passe la nuit dans le parc, ça lui apprendra à être curieux et à nous attirer du désagrément.

(Ils partent.)

SCÈNE II

Sur la rivière.

En bateau.

MAURICE, DAMIEN, EUGÈNE, approchant du pavillon.

EUGÈNE. — Tournons le long du parc, et nous reprendrons le sentier du pré pour rentrer chez nous ; à moins que nous n'allions faire une visite par eau à monsieur Jacques.

DAMIEN. — Le *Mayeux* ne passera pas jusque-là.

MAURICE. — Il passera, ou il dira pourquoi.

DAMIEN. — Mais qu'est-ce qui grimpe donc là au pavillon de Florence ? Est-ce qu'il est revenu tailler sa vigne, au lieu d'achever la conquête de Myrto ?

MAURICE. — Oh ! ce n'est pas lui... Attendez donc, c'est quelqu'un qui paraît fort en peine.

EUGÈNE. — Un voleur ?

MAURICE. — Ça en a tout l'air. Il voulait entrer par la fenêtre, et à présent il nous voit. Il paraît bien penaud.

EUGÈNE. — Donnons-lui la chasse, ça nous divertira.

MAURICE. — Eh non ! attends. Je connais cet imbécile-là ! C'est un petit bourgeois de Sainte-Aigue.

EUGÈNE. — Tiens, pardi ! monsieur Hippolyte Chopart ! Qu'est-ce que vous faites donc là, monsieur Hippolyte Chopart ?

POLYTE. — Ah ! c'est vous ! Bien le bonsoir, messieurs ! Vous arrivez à propos, je suis bien en peine... Je me promenais dans le parc.

MAURICE. — Quelle nouvelle manière de vous promener avez-vous inventée là ? Vous mangez les raisins de notre ami le jardinier du château ?

POLYTE. — Oh non ! par exemple... Je n'en ai guère envie Je vous dirai ça tout à l'heure. Amenez donc votre bateau par là, que je descende.

MAURICE. — Pourquoi ? Puisque vous êtes monté par la treille, descendez par la treille et tournez l'angle du pavillon.

POLYTE. — Eh ! sacredié, pas possible ! J'ai cassé le treillage, voyez ! Je ne peux plus mettre les pieds dessus, et je ne me tiens plus que par les mains à la barre de la croisée. Dépêchez-vous, que diable ! je vais tomber.

MAURICE. — Bah ! vous savez bien nager ?

POLYTE. — Sapristi, non. Est-ce qu'elle est profonde par là, la rivière ?

EUGÈNE. — Non, une trentaine de pieds, pas davantage.

POLYTE. — Excusez ! Venez donc vite.

MAURICE. — On y va, on y va. Mais d'abord vous direz ce que vous faisiez là, ou bien, serviteur, vous boirez un coup.

POLYTE. — Eh bien, dites donc, farceurs, dépêchez-vous !

MAURICE. — Dépêchez-vous vous-même. Confessez-vous !

POLYTE. — Eh pardié ! c'est ma tante qui m'a fait monter là pour voir s'il y avait quelqu'un de caché là-dedans. Un peu de curiosité, voilà tout.

MAURICE. — Ah oui-dà ! (Bas à Eugène.) Trois pieds de vase et un pied d'eau ; c'est assez pour le rafraîchir, et il faut donner cette petite leçon aux curieux de la ville.

EUGÈNE. — Ça y est ! (A Polyte.) Y êtes-vous ? (Bas à Damien.) Un bon coup de pied contre le mur !

DAMIEN. — J'y suis.

MAURICE. — Donne-moi la perche. Allons, monsieur Chose, sautez !

POLYTE. — Par où ? Comment ? Je ne vous vois pas, sous les feuilles.

EUGÈNE. — A droite. (A Damien.) Demi-tour à gauche. Le *Mayeux* ne tourne qu'à gauche. C'est fait ! Le *Mayeux* ne demandait que ça.

POLYTE, dans l'eau, barbottant. — Au secours ! au secours ! je vais me noyer. Ah ! j'ai pied. Sacristi ! j'ai manqué mon coup ; me voilà propre !

DAMIEN. — Dame ! on vous dit de sauter à gauche. C'est comme ça que vous perdez la tête, vous ? Heureusement que nous sommes là. Sans nous vous périssiez, jeune homme !

POLYTE. — Allons, donnez-moi la main et passez-moi l'eau, que j'aille retrouver ma tante !

MAURICE. — Eh bien, voilà une tante qui va retrouver un joli neveu ! Allons, entrez dans le *Mayeux*, mon gentilhomme ! Vous pouvez bien dire que vous devez la vie à ce beau navire.

SCÈNE III

Chez Jacques.

JACQUES, RALPH, JENNY.

JACQUES. — Présentez mon respect à madame de Noirac, dites-lui qu'un autre jour, demain, si elle veut, j'irai dîner avec elle ; mais aujourd'hui, impossible. J'ai invité Florence, et je ne veux pas lui faire une impolitesse.

JENNY. — Mais est-ce que monsieur Florence n'a pas songé à vous faire dire qu'il ne pouvait pas dîner avec vous ?

JACQUES. — Non.

JENNY. — C'est singulier. Il aurait dû songer à cela, du moins !

JACQUES. Il est donc retenu par quelque occupation inattendue ?

JENNY. — Oui, je crois... Après cela, je ne sais pas ; il compte peut-être revenir à six heures... et voilà justement que six heures sonnent à l'horloge du village. Ah ! tenez, le voilà, je parie ! on entre dans votre jardin.

RALPH, allant ouvrir. — Non. Ce sont nos jeunes artistes.

MAURICE, qui entre avec Eugène et Damien. — Ah ! philosophe ! je vous trouve en bonne compagnie, et je vous fais mon compliment.

JACQUES. — Je le reçois comme un père que vous féliciteriez de la présence de sa fille.

MAURICE. — Je l'entends bien comme ça. Vous vous portez bien, mademoiselle Jenny ? Tenez, nous sommes un peu gris ; mais devant vous, *motus* ; nous redevenons tout de suite parfaits gentilshommes. Voulez-vous savoir une histoire qui concerne Florence ?

JENNY, troublée. — Non, monsieur... cela ne me regarde pas.

MAURICE. — Bah ! ça regarde toute la maison de Noirac. Dites à votre maîtresse de ne pas recevoir tous ces curieux de la ville qui escaladent les murailles pour voir par les fenêtres, quand ils trouvent les portes fermées. Nous venons de faire baigner un joli garçon qui grimpait au pavillon de Florence.

JENNY. — Vraiment? vous me conterez ça. Mais ma maîtresse m'attend.

DAMIEN. — Ah ! à propos de votre maîtresse, demandez-lui donc si elle veut aller quelquefois au spectacle. Elle ne se doute pas qu'elle peut aller au spectacle dans le village de Noirac.

JENNY. — Vos marionnettes? On les vante beaucoup. Je lui en parlerai, et je suis sûre que cela l'amusera.

EUGÈNE — Et vous, ça vous amusera-t-il ?

JENNY. — Si ma maîtresse y va...

MAURICE. — Il faut qu'elle y vienne ! Croyez-vous qu'elle nous recevrait agréablement si nous lui portions notre invitation nous-mêmes?

JENNY. — Mais je suis sûre que votre visite lui ferait plaisir.

MAURICE. — Oh ! une visite sérieuse, non, mais une apparition de bateleurs, en costumes de la foire, avec tambours et trompettes.

JENNY, bas. — Ah ! monsieur, puisque vous savez tout, vous savez bien qu'elle n'est pas en train de rire aujourd'hui.

MAURICE. — Bah ! elle rira ce soir ou demain, car Florence réussira, je vous en réponds. La Myrto paraissait coiffée de lui tantôt. Est-ce que votre maîtresse sait que nous avons été mis, malgré nous, dans la confidence ?

JENNY. — Oh non ! Je ne le lui ai pas dit. Elle a bien assez de tourment.

MAURICE. — Ne le lui dites jamais, c'est inutile. Nous serons muets comme des souches.

JENNY. — Ah ! si tout le monde était comme vous, les méchantes langues n'auraient pas si beau jeu ! Mais dites-moi donc... est-ce qu'il ne revient pas? Madame est bien inquiète !

DAMIEN. — Florence ? Non certes! Je viens de le voir dans la prairie, donnant le bras à Myrto et soupirant avec elle, à la brise du soir.

JENNY, s'efforçant de rire. — Ah ! vraiment? dans la prairie ?

DAMIEN. — Ça me fait penser à dire à monsieur Jacques qu'il ne viendra pas dîner avec lui.

JENNY, bas à Jacques. — Ah ! monsieur Jacques, vous n'aurez pas Florence... Il ne peut venir. En ce cas, vous venez tout de suite au château ?

JACQUES, de même. — Mon Dieu, est-ce que c'est absolument nécessaire aujourd'hui ? J'avais à causer avec mon ami Ralph.

JENNY, bas à Jacques. — Vous aimeriez mieux cela, je le sais bien, mais je vous en prie.

JACQUES. — Vraiment? Qu'y a-t-il donc, mon enfant, et pourquoi cette insistance ?

JENNY. — Je vous le dirai en chemin ; venez, monsieur Jacques. Vous pouvez lui faire beaucoup de bien. Elle souffre !

JACQUES. — Allons! vous me croyez donc médecin ? Eh bien, mon cher Ralph, je suis forcé de vous quitter. On réclame de moi un petit service, mais consolez-moi du regret de vous laisser seul en gardant nos jeunes voisins avec vous à dîner.

RALPH. — Ah ! certes, faites-moi ce plaisir, messieurs.

EUGÈNE. — Dîner ? nous avons déjeuné jusqu'à trois heures de l'après-midi !

MAURICE. — Raison de plus, nous causerons sans avoir la bouche pleine, et monsieur Ralph, qui mangera pendant ce temps-là, ne pourra pas placer un mot. Nous aurons toujours raison!

JACQUES. — C'est convenu ? Je vous remercie, et je compte vous retrouver ici ce soir.

DAMIEN. — Certes ! je ferai une partie d'échecs avec monsieur Ralph. J'ai une passion pour les échecs.

EUGÈNE. — Une passion malheureuse.

JACQUES. — Maurice, si vous voulez voir mes coléoptères, vous savez où ils sont, et vous prendrez, sans vous gêner, tout ce qui manque à votre collection. Au revoir !

SCÈNE IV

Dans la prairie

MYRTO, FLORENCE.

FLORENCE. — Si vous le prenez ainsi, si vous devenez sérieuse, si vous faites appel à mon honneur et à la vérité, il faut que je vous détrompe. J'ai été riche, il est vrai, mais je suis ruiné.

MYRTO. — Ah !... Tout à fait, tout à fait?

FLORENCE. — Tout à fait. Je ne suis donc pas l'amant de madame de Noirac, mais très-réellement son jardinier.

MYRTO. — C'est là que vous mentez.

FLORENCE. — Mademoiselle, jusqu'ici j'ai plaisanté, parce que vous l'avez voulu. Je ne plaisante plus, parce que vous m'avez demandé ma parole d'honneur. Si vous n'y croyez pas, il est inutile de continuer la conversation. Je vais vous reconduire chez vous.

MYRTO. — Ah ! comme vous êtes susceptible !

FLORENCE. — Pas du tout quand on rit avec moi ; extrêmement, quand on ne rit plus.

MYRTO. — Voyons, restons amis, et ne nous quittons pas comme ça ! Vous avez beau être ruiné, qu'est-ce que ça me fait ? Vous n'en êtes pas moins charmant quand vous voulez, et ça plaît d'autant plus que vous ne l'êtes pas toujours. Si je vous avais connu aimable et spirituel comme ça, dans le temps, je vous aurais bien préféré à Guérineau !

FLORENCE. — C'est très-flatteur pour moi, mais les temps sont changés. D'ouvrier j'étais alors devenu seigneur, et depuis, le seigneur est redevenu prolétaire. Ce n'est pas à des gens comme nous que s'adressent vos sourires. Ainsi...

MYRTO. — Vous nous croyez donc bien intéressées?

FLORENCE. — Oui, en général.

MYRTO. — Mais il y a des exceptions.

FLORENCE. — Je sais que vous n'en êtes pas une.

MYRTO. — Voilà une parole bien dure.

FLORENCE. — Pourquoi serais-je flatteur avec vous? C'est à ceux qui vous désirent de fermer les yeux sur vos défauts. Moi qui n'ai rien à vous demander, j'ai le droit d'être meilleur pour vous que les autres, et de vous dire la vérité.

MYRTO. — Ainsi, c'est par amitié?

FLORENCE. — Si vous voulez.

MYRTO. — Et si je ne veux pas?

3

FLORENCE. — Ce sera par humanité.

MYRTO. — Ah! oui, par pitié! Vous êtes bien cruel, vous, avec votre air insouciant. Voyons, croyez-vous donc bien me connaître?

FLORENCE. — Oui.

MYRTO. — Vous aviez donc fait attention à moi chez Guérineau? Vous m'examiniez donc? Cela ne paraissait pas.

FLORENCE. — Une jolie femme est toujours une jolie femme pour un homme de vingt-cinq ans, et je ne me piquais pas d'une vertu farouche pour mon compte particulier; mais l'amitié m'est sacrée. Guérineau était un digne jeune homme, plein de dévouement pour moi et de confiance en moi.

MYRTO. — Ç'est vrai qu'il parlait de vous comme de quelque chose de supérieur à tout le monde! Et ça m'ennuyait de ne pas pouvoir vous entendre causer sérieusement. Alors c'est par amitié pour Guérineau, c'est par principe d'honneur que vous n'avez pas voulu me faire la cour?

FLORENCE. — Peut-être! Cependant, au cas où vous eussiez été libre, il n'est pas encore certain que j'eusse cédé au désir de vous plaire.

MYRTO. — C'est que je ne vous plaisais pas?

FLORENCE. — Je vous demande pardon. Vous étiez ravissante de fraîcheur et de beauté, et, de plus, votre figure m'était sympathique.

MYRTO. — Ah! et à présent?

FLORENCE. — A présent, vous êtes toujours très-jolie; mais votre figure a pris une expression qui me plaît moins.

MYRTO. — Quelle expression?

FLORENCE. — Vous aviez déjà l'air très-hardi, il y a trois ans; mais il y avait de l'irréflexion, de la spontanéité dans cette manière d'être. C'était encore de la jeunesse, par conséquent une sorte d'innocence. Aujourd'hui votre hardiesse est fébrile, maladive, volontaire; c'est du parti pris et, par conséquent, de l'audace.

MYRTO. — Excusez! comme il vous dit ça! N'importe, on ne trouve pas tous les jours l'occasion d'entendre la vérité et je veux l'attraper au vol. Voyons, dites tout. Puisqu'il y a trois ans je vous plaisais, pourquoi, en supposant que vous n'eussiez pas été l'ami vertueux de Guérineau, ne m'auriez-vous pas aimée?

FLORENCE. — Oh! dans ce cas-là, si j'avais été bien sûr de ne pas vous aimer, il est fort possible que je vous eusse fait la cour; mais j'étais et je suis ainsi fait, que je ne sais guère posséder l'intimité d'un être de mon espèce sans m'attacher à lui, sans être porté à me dévouer sincèrement à lui et sans éprouver du regret quand je m'en sépare. Je vous aurais donc aimée malgré moi et j'en aurais bientôt souffert, bientôt rougi probablement.

MYRTO. — Rougi!... Pourquoi, quand on est un philosophe, un homme d'esprit, dire de ces mots-là?

FLORENCE. — Mon intention n'y met rien d'insultant pour vous: J'eusse rougi de moi-même, de ma faiblesse de ma souffrance, de ma déraison, de mon injustice peut-être.

MYRTO. — Mais pourquoi ça? Pourquoi ne vous aurais-je pas rendu heureux?

FLORENCE. — Il eût fallu m'aimer, m'aimer fidèlement, exclusivement; être toute flamme, tout abandon avec moi, toute réserve, toute pudeur avec les autres. Autrement...

MYRTO. — Autrement, vous auriez été jaloux, terrible?

FLORENCE. — Non, j'aurais été malheureux.

MYRTO. — Et vous n'auriez pas eu la force de me quitter?

FLORENCE. — Pardonnez-moi. J'aurais eu la force de vous quitter sans colère et sans outrage; mais j'aurais fait, une fois de plus, la triste expérience d'une tentative impossible.

MYRTO. — Quelle tentative? Allons, dites donc?

FLORENCE. — Celle de vouloir ranimer le feu sacré où il n'y a plus qu'une étincelle.

MYRTO. — Tant qu'il y a une étincelle, celui qui a le cœur dans la poitrine peut, en soufflant dessus...

FLORENCE. — Pour cela, il faut être plus qu'un homme, il faut être un ange.

MYRTO. — Eh bien, vous en êtes un, peut-être?

FLORENCE. — Non, je ne suis qu'un enfant de mon siècle.

MYRTO. — Mais si l'étincelle cherche d'elle-même à se ranimer?

FLORENCE. — La corruption du monde est là qui l'étouffe. Que peut faire un individu isolé contre le poids immense de la société, de ses mœurs vicieuses et de l'effroyable fatalité que ces mœurs créent aux individus?

MYRTO. — Florence! Marigny!... Comment vous appelez-vous, décidément?

FLORENCE. — Comme vous avez dit, Florence Marigny.

MYRTO. — Eh bien, Florence Marigny... prenez-le comme vous voudrez, je vous aime!

SCÈNE V

Dans la salle à manger du château de Noirac

DIANE, JACQUES.

DIANE. — C'est bien étrange, n'est-ce pas, de vous avoir invité comme cela en tête-à-tête, moi qui ne vous connais pas et qui n'ai aucun titre à votre intérêt! Que voulez-vous? je suis une enfant; malgré toute ma science du monde, je ne sais pas résister à la souffrance, et aujourd'hui je souffrais tant que, par moments, j'avais envie de me jeter par la fenêtre. Vous ne savez pas pourquoi? Jenny ne vous l'a pas dit?

JACQUES. — Non, Jenny prétend que c'est l'ennui qui vous exaspère à ce point, et je ne conçois guère que vous ayez compté sur moi pour le dissiper.

DIANE. — Ah! maintenant vous me croyez plus enfant que je ne suis, il n'y a pas que la gaieté qui m'amuse. Je suis capable de goûter les plaisirs sérieux et de comprendre un langage élevé, exprimant des idées d'un ordre supérieur à celles dont malheureusement je suis forcée de me nourrir à l'habitude. Voyons, monsieur Jacques, vous êtes bien poli, vous avez l'air bien bon, mais vous n'êtes pas expansif avec moi, et il semble que vous ne vouliez rien approfondir.

JACQUES. — Ai-je donc à vous dire quelque chose que vous ne sachiez pas ou que vous n'ayez pas pensé et senti comme moi?

DIANE. — Mais certainement. Je suis jeune, je n'ai pas beaucoup réfléchi encore, mon instruction n'est pas bien profonde, et vous avez sur moi ces trois supériorités de l'âge, de l'expérience et du savoir.

JACQUES. — Et avec tout cela, je ne vois pas ce que j'ai à dire à une femme du monde catholique et légitimiste.

DIANE. — Ah! voilà donc le motif de votre répugnance? Vous me croyez incurable dans ce que vous appelez mes préjugés?

JACQUES. — Je n'en sais rien; mais je ne suis pas venu vous voir pour discuter et argumenter. Le prosélytisme est une vertu, mais ce peut être aussi un ridicule. C'est vertu quand cela sert à détruire des erreurs; c'est ridicule quand cela ne sert qu'à se faire écouter; et malheureusement, dans le temps où nous vivons, le faux, le sot prosélytisme philosophique et politique est une maladie bien répandue et bien incommode.

DIANE. — Oh! vous n'en êtes pas atteint, je le vois! et vous n'avez pas à craindre d'ennuyer avec cela.

JACQUES. — Pardonnez-moi, j'ennuie mes amis, tout comme un autre; mais c'est parce qu'ils veulent bien le supporter.

DIANE. — J'entends, vous n'accordez la faveur de vos épanchements qu'à vos amis, et je n'en suis pas digne. Eh bien, je veux le devenir, et je sais ce qu'il faut faire pour cela.

JACQUES. — Vraiment? Quoi, donc madame?

DIANE. — Il faut ouvrir son cœur franchement, vous prouver qu'on en a un, et qu'il vaut la peine qu'on s'y intéresse.

JACQUES. — Prenez garde, madame; les confidences ne soulagent pas toujours. Êtes-vous sûre que je vous comprendrai?

DIANE. — Oui! je le vois dans vos yeux qui sont purs comme ceux d'un enfant, et sur votre front qui est ferme et viril sous vos beaux cheveux blancs. Ah! vous souriez. Vous me croyez coquette?

JACQUES. — Je sais que vous l'êtes beaucoup; mais je vous permets de l'être avec moi, je ne vous en ferai pas repentir.

DIANE. — Repentir!... Voilà un mot qui me bouleverse! Vous ne savez pas le mal qu'il me fait! Tenez, je veux me confesser à vous, comme dit Jenny. Passons au salon; Jenny nous y portera le café, et elle seule entrera. Je n'ai rien de caché pour cette honnête et bonne créature; je me sentirai plus à l'aise qu'ici, où les allées et venues de mes domestiques m'impatientent.

SCÈNE VI

Sur un chemin.

ÉMILE, LE CURÉ DE SAINT-ABDON.

LE CURÉ. — C'est vous, Émile? Où allez-vous donc comme ça, à la nuit tombée?

ÉMILE. — Au prieuré, chez Maurice. J'y vas coucher tous les samedis pour y passer le dimanche.

LE CURÉ. — Diable! vous avez un bon bout de chemin d'ici à Noirac, et le brouillard menace de s'épaissir. Je puis vous conduire jusqu'à la descente de la Crottée. Ça sera ça de moins à user vos pattes. Montez dans ma carriole, si vous n'avez pas horreur d'un curé, vous! Oh là! oh! bellement, Cocote.

ÉMILE. — M'y voilà, et grand merci, monsieur le curé! Pourquoi dites-vous que j'ai horreur de vous autres?

LE CURÉ. — Oh! parce que... Allez donc, Cocote! Cette satanée bête s'arrête bien, mais c'est le tout de repartir. Ah! ça n'est pas malheureux! Je dis que c'est un genre que vous vous donnez, de crier toujours et à tout propos : *Plus de prêtres! à bas les calotins!*

ÉMILE. — Ceux qui disent cela sont des imbéciles.

LE CURÉ. — Bah! vous le direz pourtant quand sonnera la cloche du branle-bas.

ÉMILE. — Et d'abord, sonnera-t-elle?

LE CURÉ. — Oui, un jour ou l'autre. Que j'y sois ou que je n'y sois plus, peu m'importe. Je ne suis pas poltron, et je ferais peut-être au besoin comme un de mes confrères qui, aux jours de la Révolution, alla dire sa messe avec deux pistolets chargés sur l'autel.

ÉMILE. — Oui, je le connais. C'est brave, mais ce n'est pas chrétien. Vous ne l'imiterez pas, j'en suis sûr, et quant à moi, je regretterais fort d'être de ceux qui vous mettraient dans l'alternative d'être martyr ou meurtrier. Que vous soyez attaché à votre foi, cela me paraît légitime; que ceux qui la partagent aillent à votre sermon, c'est leur droit et le vôtre, et pourvu que...

LE CURÉ. — Je sais ce que vous allez dire. Oui, nous avons des torts. Le clergé veut trop empiéter sur le temporel, et cela sert de prétexte à nos ennemis.

ÉMILE. — Vos ennemis! Et c'est vous, prêtre, qui dites un mot comme celui-là? Où avez-vous trouvé des ennemis en février?

LE CURÉ. — Je sais que vous avez été très-gentils avec nous; mais à présent vous dites : « C'est le tort que nous avons eu. »

ÉMILE. — Si des hommes irrités disent ça, à qui la faute?

LE CURÉ. — La faute en est au diable, qui brouille toujours les cartes et qui joue sa partie au milieu de toutes nos agitations.

ÉMILE. — Si vous croyez au diable, moi je vous déclare que je n'y crois pas.

LE CURÉ. — Bah! appelez-le comme vous voudrez. Le mal est dans l'homme, et l'enfer est souvent dans notre cœur!

ÉMILE. — Pour ma part, s'il y est, il ne me brûle pas assez pour que ma volonté n'y puisse jeter de l'eau.

LE CURÉ. — De l'eau qui n'est pas bénite, mon gars!

ÉMILE. — Qu'importe? Je me sens plus fort par l'instinct du mal. Croyez-vous, par exemple, que je veuille vous nuire, moi qui cause en ce moment de bonne amitié avec vous?

LE CURÉ. — Ah! que oui, mon garçon! Que si vous pouviez nous retirer casuel et allocation, vous le feriez de bon cœur!

ÉMILE. — Je ne dis pas non, mais vous empêcher d'être entretenu par vos coreligionnaires, vous menacer, vous inquiéter, vous contraindre, ce serait une attente à la liberté de conscience, que je veux souveraine et absolue.

LE CURÉ. — Puissiez-vous dire toujours de même! Ah! nous vivons dans un temps maudit! Quand on pense que nous voilà côte à côte, dans la même brouette, traînés par la même rosse, devisant sans fiel sur des matières où nous ne nous entendons pas, mais où nous nous accordons l'un à l'autre le droit de tout dire; que demain vous viendrez peut-être tranquillement à ma messe comme j'allais hier à votre club; que je suis pour vous le gros curé de Saint-Abdon, un bon garçon, au bout du compte; que vous êtes pour moi le petit Émile, un honnête garçon aussi; que tous les jours nous pouvons nous rencontrer à la même table, buvant le même vin, faisant les mêmes réflexions et riant des mêmes histoires... que si nous vivions dans ce moment-ci, nous nous porterions secours comme deux frères; et que, dans un an peut-être!... Où serons-nous? Ah! que le changement est donc une mauvaise chose! Et pourquoi les sociétés ne s'arrangent-elles pas, une fois pour toutes, pour être ce qu'elles seront toujours!

ÉMILE. — Vous en parlez à votre aise, mon cher curé. Mais ceux qui ne boivent pas de vin, qui ne vont qu'à pied dans la boue et dans la neige, qui ne rient jamais, qui ne s'amusent point, qui ne fraternisent avec personne parce qu'ils sont trop tristes, trop pauvres ou trop stupides, ne serait-il pas bon qu'ils pussent être au moins aussi à leur aise et aussi sociables que nous le sommes en ce moment-ci, tous les deux?

LE CURÉ. — Voilà un brouillard enragé, et si ça continue, nous ne verrons plus à nous conduire.

ÉMILE. — Ah! oui, quand on vous met au pied de ce mur-là, vous invoquez le brouillard qui empêche d'y voir clair.

LE CURÉ. — Mon Dieu, c'est malheureux, mais puisque les sociétés ne peuvent subsister sans l'inégalité des jouissances !

ÉMILE. — C'est Jésus-Christ qui vous a dit cela ?

LE CURÉ. — Jésus-Christ n'a pas parlé de cela comme vous l'entendez. Il a dit : « Heureux ceux qui souffrent et pleurent ici-bas, ils seront consolés dans le ciel. »

ÉMILE. — Il faut l'espérer ; mais, selon vous, plus on souffre ici, plus on est digne d'aller là-haut !

LE CURÉ. — Certes !

ÉMILE. — Alors pourquoi n'allez-vous pas pieds nus, pourquoi ne vivez-vous pas de pain bis et ne buvez-vous pas de l'eau claire ?

LE CURÉ. — Ah ! voilà votre lieu-commun, à vous autres ! Serait-ce là un bon régime pour un curé de campagne dont le métier est si rude ? Nous n'y résisterions pas !

ÉMILE. — Ainsi, pour répandre l'assistance de l'aumône et de la parole, il faut être bien portant, manger de la viande et boire du vin ? Et si la misère vous avait tenu, dès l'enfance, dans une ignorance presque absolue du bien et du mal, quelles consolations intelligentes pourriez-vous donner ? de quel dévouement seriez-vous capable ? L'extrême misère abrutit et dégrade, pouvez-vous le nier ?

LE CURÉ. — Si chacun faisait son devoir, il n'y aurait pas d'extrême misère.

ÉMILE. — Et que dites-vous d'une société où chacun est non-seulement libre de ne pas faire son devoir, mais encore rebuté de faire le bien, et sollicité par la force des choses à devenir égoïste ?

LE CURÉ. — Vous voulez la liberté absolue, et vous ôtez à l'homme la liberté d'être bon ou méchant ?

ÉMILE. — Non ; mais je voudrais le mettre dans des conditions où il lui serait facile et profitable de faire le bien, difficile et nuisible de faire le mal. Dites-moi, monsieur le curé, l'Église qui encourage cette liberté dans la loi civile, la tolère-t-elle dans la loi religieuse ?

LE CURÉ. — Non certes ; nous ordonnons le bien au nom du ciel, nous proscrivons le mal au nom de l'enfer ; et nous avons raison, car il n'y a que l'espoir et la crainte qui agissent sur l'homme.

ÉMILE. — Vous êtes donc très-absolus, et vous n'admettez pas que l'homme ait le droit de manquer à sa conscience ?

LE CURÉ. — Je vous entends : vous voulez faire une société absolue comme l'Église !

ÉMILE. — Non ; mais je dis que si la perfection est un précepte religieux, une chose à part de la contrainte civile, vous ne devriez jamais entrer dans la pratique de la vie politique, vous, les prêtres d'un idéal qui ne peut pas transiger. Mais, pour tout de bon, le brouillard s'épaissit, et je ne sais plus où nous sommes.

LE CURÉ. — Ni moi non plus. Je ne vois plus les oreilles de mon cheval. — Mais faites donc, vous, une société où tout ce que vous voulez de bon soit possible !

ÉMILE. — Au moins, ne dites pas vous, que nous voulons tout bouleverser et tout détruire à notre profit !

LE CURÉ. — Au diable nos raisonnements ! Je crois que nous nous sommes egures !

DEUX GROS SCARABÉES, sur le tronc d'un arbre pourri.

LE PREMIER. — Qui va là ? Qui êtes-vous ? que voulez-vous ?

LE SECOND. — Qui êtes-vous-même, et pourquoi me fourrez-vous votre corne dans l'œil ? Vous ne pouvez donc pas regarder devant vous ?

LE PREMIER. — Eh bien, et vous ? Êtes-vous devenu aveugle, et cette rainure de l'écorce est-elle un chemin trop étroit

pour deux ? Bientôt il vous faudra l'arbre entier à vous tout seul. Vous êtes si brutal !

LE SECOND. — Et vous si vorace ! Je ne connais rien de pire qu'un voisin comme vous !

LE PREMIER. — Vorace vous-même ! Pourquoi voulez-vous descendre quand je monte ?

LE SECOND. — Et pourquoi montez-vous quand je veux descendre ?

LE PREMIER. — J'ai cru qu'il faisait jour, et je voulais aller là-haut regarder l'horizon.

LE SECOND. — Vous êtes fou. Il ne fait pas jour, et c'est au contraire le moment de creuser au plus profond de l'arbre. Ne voyez-vous pas que c'est le brouillard, un temps excellent pour travailler, parce que le bois s'imprègne d'humidité et s'amollit à souhait ?

LE PREMIER. — Ah ! c'est le brouillard ? Comme c'est blanc et d'une fraîcheur réjouissante ! Je retourne à mon trou et à mon ouvrage.

LE SECOND. — Non, venez avec moi. A nous deux, nous minerons beaucoup plus vite.

LE PREMIER. — Merci ! Quand j'aurai bien travaillé, vous me mettrez dehors.

LE SECOND. — C'est mon droit, je suis plus fort que vous.

LE PREMIER. — C'est pour cela que je vais de mon côté !

LE SECOND. — Aïe ! prenez garde ! La chouette s'éveille ! Si elle nous voit, nous sommes perdus !

LE PREMIER. — Où fuir ? Ce brouillard cache tout ; je ne sais plus où nous sommes !

LE SECOND. — Entrons dans la première fente venue, vite, vite ! La nuit est blanche, l'air est sonore, et la chouette a des yeux terribles !

LE PREMIER. — J'ai peur ! Serre-toi contre moi, mon frère. Oh ! la chouette ! l'horrible chouette !...

LA CHOUETTE. — Voilà d'excellents scarabées ! Ils ont un goût de champignon des plus agréables !

LE MARI DE LA CHOUETTE. — Quel goût dépravé vous avez ce soir, de manger cette vermine !

LA CHOUETTE. — Que voulez-vous ? faute de gibier ! Par un temps de brouillard, on s'arrange de ce qu'on trouve.

SCÈNE VII

A la maison blanche

FLORENCE, MYRTO.

MYRTO. — N'essayez pas de rentrer chez vous par ce brouillard. Il y a de quoi se tuer, rien que pour faire deux pas.

FLORENCE. — Je resterai jusqu'à ce qu'il s'éclaircisse un peu ; mais n'essayez pas de me tromper davantage. Ceci est une raillerie, et une raillerie méchante.

MYRTO. — Pourquoi méchante ? Quand je vous dis que je vous aime ; vous qui n'êtes plus rien, vous qui n'avez plus rien, quel intérêt puis-je avoir à vous tromper ?

FLORENCE. — Vous trouveriez divertissant... voyons, excitant, intéressant, de troubler la raison d'un homme sage, parce que vous avez vu qu'il y avait en lui un cœur aimant ? Vous croyez que l'amour s'éveillerait en lui dans le délire, et qu'au milieu du plaisir vous entendriez enfin un cri de l'âme qui vous donnerait une jouissance nouvelle ?

MYRTO. — Ah ! si je l'avais entendu une seule fois, ce cri de l'âme, ce mot du cœur, je ne serais pas ce que je suis !

FLORENCE. — Vous mentez, Myrto, vous l'avez entendu plus d'une fois. Plus d'une fois on a essayé de vous aimer. Il n'est pas une de vous qui n'ait inspiré une passion vive à quelque enfant naïf et pur, trompé par l'ardeur de la jeunesse et le besoin d'aimer. L'ami dont nous parlions tantôt vous a aimée follement et sincèrement, je le sais. A cette époque de votre vie, il vous eût encore été possible de sentir le prix d'une affection vraie, et vous l'avez quitté pourtant pour un homme plus riche ! Ne jouez donc pas avec ce mot sacré que vous avez foulé aux pieds, l'amour ! Il peut vous inspirer encore des moments de curiosité, parce que ce n'est pas sur la passion vraie que vous êtes blasée; mais il ne dépend plus de vous d'embrasser ce beau rêve, et vous devez le laisser à celles qui ne l'ont pas profané.

MYRTO. — Florence, je vois que c'est un parti pris de me faire souffrir. Ah ! vous me tuez ! Je ne sais pas si tout cela est vrai; je ne sais pas si mon cœur est mort, mais il se brise en vous écoutant. Votre regard, votre voix me fascinent; il me semble que je vais me mettre à vos genoux pour vous supplier, non pas comme vous le croyez, de me donner du délire, mais de m'accorder un peu de consolation et de pitié. Voyons, que faut-il donc faire pour vous prouver que j'ai du repentir et du chagrin ?

FLORENCE. — Je vous l'ai dit. Il faut d'abord renoncer à une mauvaise action, étouffer en vous un instinct de méchanceté détestable.

MYRTO. — Il faut vous rendre les lettres ? Eh bien, après, m'aimerez-vous ?

FLORENCE. — D'amitié, oui ! d'une amitié compatissante et toujours prête à vous tendre la main, si cette première bonne action vous donne le goût d'une suite de bonnes actions.

MYRTO. — D'amitié d'amitié, seulement ! Ah ! quel supplice, si vous en aimez une autre et si le sacrifice de ma vengeance est un triomphe pour elle ! Oui ! vous aimez madame de Noirac ! Les preuves de sa coquetterie ne vous en empêcheront pas. Je vois comme vous êtes, vous ! Vous êtes capable de pardonner à ce que les hommes du monde ne pardonnent jamais. Cette femme-là vous a fait croire à son repentir, à sa conversion, et vous voulez sauver sa réputation à tout prix ! Ah ! comme vous m'avez menti ! Comme vous êtes amoureux d'elle ! Vous lui passez tout, à elle, et à moi, rien ! Et cependant quelle est la plus coupable ? N'est-ce pas celle qui a été élevée dans un couvent sous l'œil d'une mère tendre ; qui a eu un mari avant de songer à s'ennuyer d'être fille ? Celle qui n'a jamais rien eu à désirer, qui a connu tous les triomphes, tout le luxe, tous les plaisirs que nous convoitons en vain, nous, pauvres enfants de la misère ? Pourquoi font-elles le mal, celles qui n'ont pas besoin d'être coupables pour être heureuses ? Pourquoi leur pardonne-t-on à celles qui mentent et qui trompent cent fois plus que nous ? Notre vertu n'en impose à personne, et la leur, quelle hypocrisie !...

FLORENCE. — Avez-vous tout dit ? Je vous jure que je ne suis pas amoureux de madame de Noirac, et que je ne m'intéresse à elle qu'indirectement.

MYRTO. — Eh bien, alors, est-ce à moi que vous vous intéressez ?

FLORENCE. — Attendez ! Oui, je peux vous dire cela sans vous tromper. En ce moment où je vous connais plus qu'elle, où je vois en vous des accès de douleur que je ne verrai probablement jamais chez elle, et où vous me paraissez plus à plaindre qu'elle dans l'avenir ; enfin, dans ce moment où je me rappelle que vous êtes comme moi un enfant du peuple et ma sœur, par conséquent, plus que cette patricienne, je peux dire que je m'intéresse personnellement à vous plus qu'à elle. C'est donc pour vous plus que pour elle que je redemande ses lettres.

MYRTO. — Ah ! tu vas les avoir; merci ! sois béni ! Dis-moi que tu m'aimes, et ma vengeance tombe à tes pieds !

FLORENCE. — Te dire que je t'aime, pauvre fille ! Comme tu l'entends, non ! Abuser de ce mot-là avec toi, ce serait faire déborder la coupe de ton châtiment.

MYRTO. — Eh bien, vous ne les aurez pas, les lettres ! Non, non, allez-vous-en ! Je pars et je les emporte !

FLORENCE. — Adieu donc, Myrto ! Mais je vous avertis qu'après cette vengeance-là vous êtes perdue, vous n'êtes plus digne de pitié ; vous n'êtes plus seulement débauchée, vous êtes méchante, et c'est encore qu'il y a de plus effrayant et de plus répulsif chez une femme !

SCÈNE VIII

Chez Jacques

RALPH, DAMIEN, EUGÈNE, MAURICE, LE CURÉ DE NOIRAC.

RALPH. — Sur ce chapitre-là, mes enfants, puisque vous voulez absolument que je parle, moi qui aime beaucoup à me taire et qui me laisse volontiers intimider par un auditoire de quatre personnes, j'aurai pourtant le courage de m'expliquer et de vous dire que je suis plus compétent que vous tous.

EUGÈNE. — J'en étais sûr ! Il n'est rien de tel que l'eau qui dort ! Vous l'ai-je dit, que l'Anglais était un homme très-passionné, et qu'il avait plus de noms de femmes inscrits sur l'ongle de son petit doigt qu'il n'en tiendrait dans toutes nos archives ?

MAURICE. — Un instant ! nous parlons science, théorie, nous philosophons sur l'amour; nous ne racontons pas, nous n'interrogeons pas, surtout. Monsieur Ralph, ne vous laissez pas distraire par les plaisanteries hors de saison de ce jeune homme frivole. Il est encore gris de ce matin !

RALPH. — Non ! je ne me laisse pas distraire. Je suis très-fort sur mon sujet, parce que j'ai une certitude.

MAURICE. — Voyons ! laquelle ! Eh bien, voilà monsieur le curé qui se lève ! Il aime mieux se faire étouffer par le brouillard et risquer d'aller coucher dans la mare verte que d'entendre prononcer un jugement sur les femmes ? Ah ! pasteur, voilà qui est mal. Si monsieur Ralph soutient une hérésie, personne ici n'est assez orthodoxe pour la culbuter, et vous nous abandonnez dans le péril le plus grand où des âmes chrétiennes se soient peut-être jamais trouvées !

LE CURÉ. — Mes enfants, vous êtes trop gais pour moi sur ce sujet-là. J'ai toute confiance dans la moralité de monsieur Ralph, et je vous laisse entre ses mains.

DAMIEN. — Non, je m'y oppose. Je vous ôte votre chapeau des mains et je me l'adjuge ! Tiens, je suis sûr que ça ne me va pas mal. Curé de mon cœur, vous ne vous en allez pas comme cela, ou nous fermons la discussion. Vous nous feriez croire que nous avons été inconvenants et que nous avons blessé vos chastes oreilles par quelque sot propos ! Pour mon compte, je ne crois pas...

LE CURÉ. — Non, non, mes enfants, vous n'avez rien dit, vous ne voudriez rien dire devant moi dont je dusse me scandaliser; mais il se fait tard.

MAURICE. — Eh non, il n'est que neuf heures ! Attendez que le brouillard tombe. Vous êtes donc bien savant sur ce chapitre-là, que vous ne voulez plus rien entendre ? Après ça, peut-être... Oui, oui, le curé en sait plus long que nous tous et que monsieur Ralph lui-même; il reçoit la confession des femmes, et il connaît tous les secrets petits et gros de sa paroisse.

RALPH. — Monsieur le curé ne sait rien, et, comme il est rigide et pur, il ne saura jamais rien de la femme ni de l'amour.

LE CURÉ. — Ah! permettez cependant...

EUGÈNE. — Écoutez, écoutez, monsieur le curé réclame!

LE CURÉ. — Je connais le péché dans l'âme des autres, et c'est une triste connaissance.

RALPH. — Mais qui parle de péché ici! L'amour est-il le péché, la femme est-elle serpent?

LE CURÉ, souriant. — Elle est au moins sa cousine, et le péché est fils de la femme.

RALPH. — Non, curé; la femme doit écraser la tête du serpent, et la prédiction des temps doit être accomplie.

MAURICE. — Voyons, voyons, monsieur Ralph! Êtes-vous saint-simonien, êtes-vous fouriériste, êtes-vous manichéen, essénien, talapoin? Êtes-vous pour le paradis de Mahomet? pour...

RALPH. — Je suis chrétien, si vous voulez. Mais je ne me pique que d'être homme, et je dis que l'homme (non pas l'homme sauvage, que je ne considère pas comme un type complet, puisqu'il n'a pas subi la loi essentiellement constitutive de l'homme, la loi du progrès), l'homme vrai, l'homme civilisé, moral, intelligent, ne doit avoir qu'une femme, et que la fidélité est l'idéal, par conséquent la vraie loi de l'amour.

EUGÈNE. — Écoutons! Ce don Juan m'intéresse!

RALPH. — Oh! je ne parlerai pas longtemps; ce n'est pas mon habitude, et surtout je ne discuterai pas; je ne discute jamais, c'est qu'on peut dire contre la pratique de mon idéal dans le temps de désordre et de corruption où nous vivons. Je parle d'un idéal, et du moment qu'un homme sincère et raisonnable a pu le saisir et le savourer, un temps doit venir où tous les hommes cueilleront enfin le fruit de la vérité à l'arbre de la science.

MAURICE. — Vous avez saisi votre idéal, vous? Ah! diable!

RALPH. — Oui, et ici se terminera ma démonstration. Dans toute ma vie, j'ai aimé une seule femme. J'étais un enfant quand j'ai commencé à l'aimer, j'ai soixante-cinq ans...

EUGÈNE, étonné. — Vous avez soixante-cinq ans?

RALPH. — Oui, j'ai soixante-cinq ans, et je l'aime toujours! Et je suis aujourd'hui encore plus heureux de son amour et du mien que je ne l'ai été depuis trente-cinq ans qu'elle est ma femme.

DAMIEN, ôtant le chapeau du curé de dessus sa propre tête. — Alors, respect, hommage et silence!

(Un silence.)

RALPH. — Eh bien, nous ne parlons pas d'autre chose? *Un ange a passé sur nos têtes*, comme disent les Slaves quand la conversation tombe.

EUGÈNE. — Ce qui m'étonne, c'est votre âge. Vous pourriez cacher vingt ans au moins.

RALPH. — C'est que je suis une âme tranquille.

LE CURÉ. — Et que vous avez connu le bonheur!

MAURICE. — Que diriez-vous, l'abbé, du mariage des prêtres?

LE CURÉ. — C'est une hérésie que ma foi repousse!

MAURICE. — Bah, bah! Un concile a fait le célibat des prêtres, un concile peut le défaire... Est-ce que ça vous fâcherait?

LE CURÉ, avec une gaieté forcée. — Mon cher ami, il est assez difficile de faire son salut, sans venir encore le compliquer de la peine de s'accorder avec une femme!

DAMIEN. — Taisez-vous, curé! J'entendais chanter les anges sur ma tête, et voilà que vous nous flanquez une fausse note! Mais qui donc frappe si fort?

EUGÈNE, allant regarder. — *La Marseillaise*, mes amis! voilà Florence!

MAURICE. — Ah diable! ça devient intéressant. Laissons partir le curé!

SCÈNE IX

Dans le village de Noiras

GERMAIN, PIERRE, à la porte de leur maison.

GERMAIN, effrayé. — C'est-il toi, Pierre?

PIERRE. — C'est donc vous, mon père?

GERMAIN. — M'as-tu fais peur!

PIERRE. — Ah dame, et vous à moi!

GERMAIN. — J'en étais malade. Depuis un quart d'heure d'horloge que je te voyais venir à six pas derrière moi, et que je n'osais point te parler!

PIERRE. — Et moi! depuis l'écluse de la rivière que je vous voyais toujours dans mon chemin, et que je me disais : « Si c'était un chrétien, ça me parlerait, mais ça ne me dit rien, je ne veux rien lui dire. » J'en ai le mal de ventre!

GERMAIN. — Je voyais une chose toute noire sur le brouillard tout blanc, une chose grande comme moi, faite comme moi, avec un chapeau fait comme le mien... Je pensais, « Voilà mon double, » et quand on voit ça, c'est signe de mort! La tête m'en chavire!

PIERRE. — Ah! c'est des bêtises d'avoir peur comme ça! Disons nos prières et couchons-nous. Voilà une nuit bien mauvaise! Y aura des malheurs cette nuit sur la terre!

SCÈNE X

Dans le salon du château de Noira

DIANE, JACQUES.

DIANE. — Eh bien, voilà mon péché! Je suis coquette, j'ai soif de plaire : est-ce un grand mal?

JACQUES. — Attendez, ma pénitente! Avez-vous soif de charmer ou d'éblouir? Plaire est un mot vague. Il est beau de vouloir plaire à ce qu'on aime. C'est une jouissance du cœur; mais vouloir l'étonner, l'étourdir, le dominer, c'est préméditer sa servitude. N'est-ce pas ainsi que vous prétendez être aimée de Gérard? Telle que je vous vois et tel que je le connais, je crains fort que vous ne soyez pas occupée de le charmer pour le rendre heureux, mais de le fasciner pour le rendre esclave.

DIANE. — C'est discutable, cela. Il y a des gens qui ne sont heureux que dans la dépendance, et à qui l'on rend un vrai service en leur enlevant leur libre arbitre.

JACQUES. — Je ne suis pas de cet avis. C'est une maxime de tyran, et je vois que vous l'êtes. Je plains vos sujets, mais je vous plains encore davantage.

DIANE. — Vraiment! Pourquoi?

JACQUES. — L'esclave volontaire (et vous n'avez que de ceux-là, parce que les lois qui nous régissent aujourd'hui ne vous permettent pas d'en avoir d'autres), l'esclave volontaire est misérable et avili; mais en amour, il se console et se relève par la conscience de son dévouement. Par là, il est vraiment plus grand devant Dieu que celui qui l'opprime. Le tyran volontaire est le plus infortuné des êtres ; il est seul ; rien ne lui sert d'être aimé ; il n'aime pas. Il ne croit à rien, il n'estime personne. Il aspire à s'adorer lui-même, mais il se fait peur, comme l'homme qui voit son propre spectre.

DIANE. — C'est effrayant, ce que vous me dites-là ! Vous me montrez, dans l'isolement de mon cœur, le châtiment de mon despotisme ! Mais je ne vois pas en quoi ce châtiment est mérité, puisque le despotisme me paraît de droit divin.

JACQUES. — Ah ! madame ! je vous disais bien que nous causerions inutilement, et je regrette le temps que je vous fais perdre. Il faudrait vous reprendre et vous changer depuis A jusqu'à Z, pour vous amener à me comprendre. Oui, je vous le disais, je ne puis convaincre une personne catholique et légitimiste !

DIANE. — Voyons, monsieur Jacques, vous me prenez pour une vieille douairière encroûtée. Je ne suis catholique que par raison et légitimiste que par convenance. L'Église orthodoxe et la royauté absolue sont les clefs de voûte indispensables de mon édifice philosophique. Mon cœur n'y tient pas, mon esprit en voit les injustices et les ridicules ; mais je ne trouve pas dans le passé quelque chose de mieux pour étayer ma croyance à l'inégalité nécessaire des conditions ; et dans le présent (dans le présent qui m'attire pourtant par le piquant de la nouveauté, et dont je suis, malgré moi, par l'attrait de la jeunesse), vous ne voulez pas admettre, vous, philosophe, ce que je réclame avant tout : ma part de royauté et mes esclaves.

JACQUES. — Non ! nous ne vous accorderons cela ni dans la religion, ni dans le mariage, ni dans l'amour. L'amour, c'est l'idéal de l'égalité, puisque c'est la fusion, l'identification de deux êtres qui s'admirent et s'adorent l'un l'autre. Celui qui n'adore plus n'aime déjà plus, et celui qui n'a jamais admiré que lui-même n'a jamais aimé.

DIANE. — Hélas ! c'est vrai ! je n'ai jamais aimé.

JACQUES. — Et si vous ne renversez en vous le culte de vous-même, vous n'aimerez jamais.

DIANE. — N'aimant pas, j'espérais du moins être heureuse par l'amour que j'inspirais.

JACQUES. — Et vous ne l'étiez pas. Pour celui qui ne suit pas donner, il n'y a pas de plaisir à recevoir. Je défierais Dieu lui-même de suffire à sa propre félicité, s'il n'existait pas un échange, une réciprocité d'amour et d'intelligence entre lui et les œuvres sorties de son sein.

DIANE. — Il me semble que je vous comprends et que je sens ce que vous dites ; mais si je ne peux pas me corriger, si le bronze de mon cœur ne se fond pas, si l'amour m'est impossible !

JACQUES. — Faites-vous religieuse, vous qui êtes catholique, et tâchez d'aimer Jésus-Christ.

DIANE. — Je l'admire beaucoup, mais je ne saurais être amoureuse d'un mort.

JACQUES. — Eh bien, vivez seule, et punissez-vous vous-même. Lisez, instruisez-vous, réfléchissez, ennuyez-vous beaucoup ; ce sera du moins vous abstenir de faire le mal et d'inspirer de l'amour aux autres pour leur tourment et leur humiliation.

DIANE. — Vous m'écrasez. Je suis donc perdue sans ressource ? Il n'est pas de bonheur pour moi ? Je suis un être odieux, un monstre, une femme sans cœur et sans entrailles ? Je mourrai comme cela, sans avoir vécu ? Ah ! monsieur Jacques, que vous m'avez fait du mal !

(Elle fond en larmes. Jacques la laisse pleurer sans rien dire. Jenny entre.)

JENNY. — Ah ! mon Dieu ! vous pleurez, ma maîtresse ! Monsieur Jacques, vous la laissez pleurer ?... Madame, madame, écoutez-moi ! (Elle se met à genoux devant elle, le dos tourné à Jacques, et met un paquet sur ses genoux. (Bas.) Voyez donc, madame, et consolez-vous !

(Jacques s'éloigne d'elles.)

DIANE, de même. Quoi ?... qu'est-ce que c'est, Jenny ?... Les lettres !

JENNY. — Il n'en manque pas une seule.

(Diane fait un grand cri, se renverse sur sa chaise, puis tend les bras à Jenny et la presse contre son cœur en sanglotant.)

JENNY, pleurant et lui embrassant les mains. — Ma chère maîtresse ! ah ! que je suis contente !

DIANE. — Florence ! où est Florence ?

JENNY. — Il m'a remis cela sans rien dire, et il s'est retiré dans son pavillon.

DIANE. — Je veux le voir, aussitôt que je serai seule. Va, cours lui dire que je veux le remercier. Qu'il ne se couche pas. Il dormira demain. Je ne veux plus qu'il travaille... que pour son plaisir, pas du tout si bon lui semble ! je veux qu'il soit mon hôte, mon ami. Va !

(Jenny sort.)

DIANE. — Vous prenez votre chapeau, vous partez, monsieur Jacques ? Non ! pas encore, je vous prie ! Laissez-moi vous dire... vous remercier d'abord d'avoir bien voulu vous ennuyer deux heures avec moi, et puis vous promettre que je ferai mon possible pour me corriger. Tenez, tout à l'heure, j'étais aigrie, j'étais amère, j'étais malheureuse, je haïssais le genre humain. J'aurais voulu l'écraser sous mes pieds ! Mais Jenny vient de m'apporter une bonne nouvelle, quelque chose d'inespéré qui me sauve, et je me sens renaître. Et puis, vos duretés m'ont pénétrée d'effroi et de douleur. Je me sens toute petite auprès de vous ; j'en souffre ; je vois que je ne fais pas d'effet sur vous ! Vous voyez comme je me confesse ! Mais votre sévérité est paternelle, je le sens, et je veux qu'elle me soit salutaire. Venez me gronder souvent, ne m'épargnez pas. Tenez, je n'ai presque pas connu mon père ; soyez le mien ! Vous m'apprendrez la piété filiale, et, après cela, mon cœur s'ouvrira peut-être pour l'amour. Alors, vous me guiderez, vous me conseillerez, vous choisirez pour moi, vous me marierez !

JACQUES. — Ma chère madame, je vois que vous avez la tête vive. Tout à l'heure vous pleuriez, et j'ai remarqué que vous êtes fort nerveuse. Tout cela n'est ni de l'enthousiasme, ni de la sensibilité. Cependant, ce n'est pas de la sécheresse, ni de l'indifférence... Eh bien, voulez-vous, avant que je vous quitte, car il me semble que vous désirez être seule, que je vous dise tout à fait vos vérités.

DIANE. — Oui, oui, dites. Je ne suis pas pressée de vous voir partir.

JACQUES. — Vous ne vous fâcherez pas ? vous ne vous chagrinerez pas ? Mais vous essayerez de traiter votre maladie, car vous m'avez appelé en consultation, et vous m'avez tourmenté, supplié et taquiné tant que j'ai refusé de faire le pédagogue ?

DIANE. — Oui, cher pédagogue, parlez, je veux être sauvée par vous.

JACQUES. — Eh bien, écoutez ! Je vous connais, à présent, et vous ne vous connaissez pas du tout. — Savez-vous ce que vous êtes ? Vous vous prenez pour une impératrice, pour un tyran, pour une tête froide, orgueilleuse et forte. Rien de tout cela... Vous n'êtes qu'une enfant !

DIANE, abattue. — Une enfant ? Eh bien, cela vaut mieux peut-être.

JACQUES. — Sans aucun doute, et telle que je vous comprends maintenant, je vous aime beaucoup mieux que tout à l'heure. Vous posez, voilà votre travers ; et vous, qui raillez tant la faiblesse et le ridicule dans la société et dans l'humanité, vous ne vous doutez pas que vous avez un ridicule bien conditionné, celui d'affecter un caractère bien trempé et bien logique, qui n'est pas le vôtre. Vous êtes coquette beaucoup plus innocemment que vous ne pensez, car vous devez vous prendre un jour dans vos propres filets, et je serais bien étonné si cela ne vous était pas déjà arrivé... plus d'une fois peut-être !

DIANE. — Ah ! monsieur Jacques, que me dites-vous là ? vous voulez que je me confesse à ce point ?

JACQUES. — Non pas ! c'est inutile ; je crois que je devine votre passé. Vous avez dû être légère quelquefois, et puis vous en repentir beaucoup, car vous avez des instincts de dignité qui se révoltent lorsque vous vous sentez glisser sur la pente où vous cherchiez à vous élever. Vous éprouvez le besoin d'aimer et vous êtes capable d'aimer ; donc vous avez déjà aimé ! Vous ne vous en souvenez plus, parce que l'aversion, le mépris peut-être sont venus à la suite. Mais rentrez en vous-même ; faites la guerre à l'estime exagérée que vous avez de votre force ; reconnaissez que vous êtes dupe de votre illusion et que votre miroir vous trompe. Préservez vous, au contraire, de votre principale infirmité, qui est la faiblesse. Tâchez de rendre votre cœur fort. Il faut être très-fort pour aimer et pour se dévouer. Quand vous en serez là, vous saurez choisir sans l'aide de personne, et Dieu vous conseillera beaucoup mieux que moi. Adieu, madame.

DIANE. — Merci, monsieur Jacques, merci ! J'accepte tout cela. J'y réfléchirai, et vous verrez, vous verrez que j'aurai la force de devenir forte ! Je ne vous dis pas adieu. Bonsoir ! Je veux vous voir souvent !

JACQUES. — Bonsoir donc, et puissé-je vous être bon à quelque chose !

Jenny entre.)

DIANE. — Eh bien, Jenny, est-ce lui ?

JENNY. — Non, madame. Ce sont des êtres singuliers... des masques, je crois, qui demandent à vous voir.

DIANE, effrayée. — Ah ! ciel ! qu'est-ce que c'est ? monsieur Jacques, ne me quittez pas, je vous en prie. J'ai peur des masques ! Jenny, je ne veux pas qu'ils entrent !

JACQUES. — Ne craignez rien, madame ; je crois que je les connais. Je vais m'en assurer.

(Il sort.)

JENNY. — Eh ! madame, soyez tranquille. Ce sont nos voisins, les artistes, monsieur Maurice Arnaud et ses amis. Ils viennent vous inviter à la comédie, et j'ai pris sur moi de leur dire d'attendre. Ce sont de braves jeunes gens ; tout le monde ici les estime, et on dit qu'ils sont très-amusants. Puisque vous voilà tranquille, soyez donc gaie, et prenez cette distraction.

DIANE. — Ah ! certes, je veux bien ; à la bonne heure ! J'ai eu une peur affreuse. J'ai cru que cette fille m'envoyait des gens à elle pour me reprendre mes lettres. Je suis folle !... Mais serre-les donc, ces maudites lettres, jusqu'à ce que j'aie le temps de les brûler. Je ne sais où les mettre, ici !

JENNY. — Donnez-les-moi. J'ai de grandes poches, et soyez tranquille : on me tuerait plutôt que de me les ôter. Mais ne craignez rien de ces gens-là, au moins ! et faites-vous-en des amis. Ils vous désennuieront de temps en temps. Monsieur Gérard les connaît, et ils sont amis de monsieur Jacques.

DIANE. — Fais-les entrer, et allume toutes les bougies, que je les voie.

JENNY. — Les voilà, monsieur Jacques les amène.

(Jacques entre avec Maurice, Émile, Damien et Eugène. Florence reste près de la porte. Maurice en pierrot, la figure enfarinée, commande par signes un roulement de tambour à Damien, qui est affublé en pitre. Puis il salue Diane et lui fait un assez long compliment en pantomime.)

FLORENCE, qui est sur le seuil de la porte du salon avec Jenny. — Eh bien, mademoiselle Jenny, êtes-vous un peu consolée ?

JENNY. — Oui, puisque madame est contente et que vous l'avez sauvée d'un grand chagrin. Elle vous le dira, monsieur Florence, et vous serez bien récompensé de ce que vous avez fait pour elle, par l'amitié qu'elle veut vous témoigner.

FLORENCE. — L'amitié, c'est beaucoup dire ! N'importe... Et vous, mademoiselle Jenny, est-ce que cela vous fait vraiment plaisir, le succès de mon entreprise ?

JENNY. — Moi je vous remercie du fond du cœur, car le résultat, c'est une bonne action, et la joie de ma maîtresse, c'est la mienne.

FLORENCE. — Pourquoi donc paraissez-vous encore triste ?

JENNY. — Triste, moi ? Mais non, je suis contente, je ris ? Regardez donc comme il est amusant, monsieur Maurice !

(Maurice, après son compliment muet, commande un roulement, après lequel Eugène, en berger, danse un pas comique.)

DIANE, à Jacques. — Mais c'est ravissant, tout cela ! Sans rien dire, ils ont beaucoup d'esprit. Ce pierrot a mimé avec tant de clarté et de gentillesse que j'ai compris son invitation, et maintenant je comprends très-bien aussi la pantomine de ce berger. Quels costumes divertissants ! Comment peut-on s'arranger si bien avec des chiffons pris au hasard ! C'est risible, et pourtant cela a une physionomie tout à fait Watteau.

JACQUES. — J'en suis aussi étonné que vous, et je vois que l'esprit et le goût savent tout créer avec presque rien.

(Eugène ayant fini son pas, Damien fait un troisième roulement de tambour, et Eugène joue une fantaisie sur le mirliton.)

DIANE, battant des mains. — C'est charmant, c'est l'imitation d'un violon prétentieux, et c'est dit avec une grâce tout à fait aimable et comique. Grand merci, messieurs, je comprends très-bien. Vous m'avez invitée à aller vous voir demain, dimanche... (A Maurice, qui recommence ses gestes.) Oui, dans vingt-quatre heures, en regardant la pendule... et quand le soleil aura fait le tour de l'horizon... C'est très-clair ! une représentation de marionnettes... chez vous... de l'autre côté de la rivière. Vos marionnettes sont fort bien élevées. Oui : votre mouchoir noué dans vos doigts levés en l'air exprime leurs petits gestes, et votre physionomie me dit qu'elles n'abusent pas de leur droit de tout dire. Ah ! voici un dialogue entre la marionnette et vous ! Vous lui faites la leçon, elle me salue... Quoi ! vous la grondez ? Aurait-elle dit une impertinence ? Elle se permet de me trouver à son goût... Elle m'a envoyé un baiser ? Oh ! c'est un peu fort, en effet ! (Maurice, qui a mimé tout le temps, donne un coup de pied à sa main qui, jouant dans un mouchoir, figure la marionnette.) Ah ! ne la châtiez pas si cruellement ; je lui pardonne, à condition qu'elle ne recommencera plus ! Et à présent que vous avez mimé, et joué ce que votre aimable harangue, ne l'entendrai-je pas en vers ou en prose ?

(Maurice fait le signal du roulement, après quoi lui, Eugène et Damien se groupent et figurent le serment des Horaces.)

DIANE. — Je n'y suis plus. Je ne sais ce que cela veut dire.

JACQUES. — Cela veut dire qu'ils ont fait ou qu'ils font un serment. Ah ! tenez, le pierrot vous l'exprime. C'est d'être muets... (A Eugène, qui fait le mort par terre, pendant que Damien figure une croix au-dessus avec ses bras.) Oui !... Comme la mort, comme la tombe ! Est-ce cela ?

(Maurice fait signe que oui.)

DIANE, troublée. — Muets comme la tombe ! A propos de quoi ? Je vous assure que je ne comprends plus du tout.

ÉMILE, en femme, avec une grande barbe postiche, s'approche et prend la parole. — Je suis la sibylle de Cumes, et je suis chargée de dire à la châtelaine de Noirac que les acteurs sont des personnages muets. Leur engagement leur défend de jamais ouvrir la bouche quand ils sont dans le costume de leurs rôles.

DIANE, inquiète et souriant. — Mais quand ils le quittent, ils s'en dédommagent, et avec beaucoup d'esprit, j'en suis sûre ?

(Maurice, Eugène et Damien prennent la pose des trois Suisses au Rutly).

DIANE, très-inquiète. — Voyons, respectable sibylle, rendez vos oracles !

ÉMILE, à qui Damien souffle la réponse. — Ce nouveau serment est mystérieux comme le Dieu qui m'inspire. Voici la lettre sacrée de l'oracle incompréhensible : *En tout temps, la beauté trouvera le pompier français sur le chemin de l'honneur.*

DIANE. — Je me contente de cette réponse, et voici la mienne : J'irai demain applaudir les marionnettes, et après le spectacle, les quatre personnes qui me rendent cet honneur, ainsi que monsieur Jacques et son ami, absent d'ici ce soir, à mon grand regret, viendront souper chez Florence avec moi ; c'est-à-dire que nous souperons tous dans la serre du château de Noirac, dont Florence a déjà fait un paradis.

MAURICE. — Alors, en avant la musique !

(Ils saluent avec toutes sortes de grâces comiques ; Damien reprend son tambour, Eugène son mirliton, Maurice une guimbarde, Émile sa flûte, et ils sortent en faisant un charivari après lequel Marquis s'élance en aboyant ; Jacques les suit, et Florence les accompagne pour ouvrir et fermer les portes. Jenny reste seule avec Diane.)

DIANE. — Florence va revenir, n'est-ce pas ? Tu lui as dit que je l'attendais ?

JENNY. — Oui, madame ; mais auparavant ne voulez-vous pas voir monsieur Gérard ?

DIANE. — Gérard ?... Non ! pas encore. Je suis calme, je suis gaie, je suis heureuse... Laisse-moi au moins cette soirée sans nuages !

JENNY — Mon Dieu, vous ne l'aimez donc pas du tout, ce pauvre jeune homme ?

DIANE. — Je ne sais pas ! Jenny, je ne sais plus rien ! J'ai la tête je ne sais comment... Mais je ne me trouverais pas à l'aise avec Gérard... Je sens à présent que je l'ai trompé, et c'est le tromper encore...

JENNY. — Eh bien, madame...

DIANE. — Non, non ! à demain. Rends-lui sa liberté ; dis-lui qu'il vienne demain matin. Nous monterons à cheval, s'il fait beau. Ce soir, je suis malade ; je vais dans mon appartement. Envoie-moi Florence et fais partir Gérard, vite ! Il a dîné ?

JENNY. — Oui, madame.

DIANE. — Et dormi, je parie !

JENNY. — Qu'est-ce que ça fait ?

DIANE. — Oh ! cela m'est bien égal !

SCÈNE XI

Sur la place du village de Noirac

Près d'une des portes du château

MANICHE, MARGUERITE.

MARGUERITE. — Allons, voilà que ça s'éclaircit un peu, et tu retrouveras bien ton chemin à c'te heure ?

MANICHE. — Tu viendras bien me conduire jusqu'après le cimetière ? Je n'aime point à passer par là le soir.

MARGUERITE. — Comment, une grande fille comme toi, si forte, si courageuse, tu as peur d'être seule ?

MANICHE. — Excusez, je n'ai pas peur du monde qui est vivant, mais de celui qui est mort.

MARGUERITE. — J'irais bien, mais après ça, faudrait m'en revenir seule, et je n'aime guère à y passer non plus.

MANICHE. — Hélas ! mon Dieu, faut-il ! Qu'est-ce que c'est que ça qui vient là avec une grande chandelle ?

MARGUERITE. — Ça vient sur nous ! Ah ! je me sauve.

MANICHE. — Non ! ça s'en va de l'autre côté ! Il y a un grand homme tout blanc, et puis une grande femme avec de la barbe... Ah ! c'est-il laid ! C'est des carnavals !

MARGUERITE. — Attends donc... Ça rit, ça cause, ça chante ! C'est du monde humain !

EUGÈNE, à Maurice. — Palsambleu, messeigneurs, la comtesse Diane est une agréable créature !

MAURICE. — Je ne la croyais pas si bonne enfant. Elle pose un peu, mais elle n'est pas sotte ; elle a goûté notre pantomime.

DAMIEN. — As-tu vu le père Jacques, comme il riait de bon cœur ? Il est décidément très-gentil, ce philosophe !

EUGÈNE. — Avec tout cela, vous riez, et notre ami le jardinier est tombé dans les pièges de Satan.

MAURICE. — Eh bien, tant mieux pour lui !

DAMIEN. — Croyez-vous qu'en effet, la Myrto l'ait pris jusqu'au bout pour un capitaliste ?

EUGÈNE. — Dame ! il a reconquis les lettres !

DAMIEN. — Heureux coquin ! Palsambleu, messeigneurs, il me vient une idée !... Si nous allions inviter aussi la lorette à notre représentation ?

MAURICE. — C'eût été un joli tour à faire à la lionne, si elle nous eût mal reçus ; mais elle a été charmante, et nous avons juré sur le Rutly ! Et puis j'ai diablement froid en pierrot !

EUGÈNE. — Et moi en berger. N'importe ! nous sommes beaux dans le brouillard ! Je voudrais bien voir passer. Nous n'allons pas frapper à la maison blanche, pour voir ce qui s'y passe ?

DAMIEN. — M'est avis, mon bon, que nous y serions de trop. Crois-tu que Florence va trier et étiqueter de la graine de réséda, ce soir ? Il pense bien à autre chose !

(Ils passent.)

MANICHE, à Marguerite. — Les voilà qui s'en vont du côté de la rivière. Je gage que c'est monsieur Maurice avec ces autres badins ?

MARGUERITE. — Oui, v'là ce que c'est ! Étions-nous sottes d'avoir une frayeur comme ça ! Tiens, vois ! Ils passent au long du cimetière. Ça ne leur fait rien, à eux !

MANICHE. — Je vas m'en aller derrière eux. Tant que je les entendrai rire, je n'aurai point peur. Bonsoir, ma vieille !

(Elle s'en va.)

MARGUERITE. — A demain, ma mignonne. (Marguerite fait quelques pas seule et s'arrête.) Allons ! qu'est-ce que c'est que ça, encore !

MYRTO. — C'est moi, ma bonne femme. Avez-vous fait ce que je vous ai dit ?

MARGUERITE. — Votre paquet ? Oh ! il n'est pas gros, et il sera d'abord prêt.

MYRTO. — Apprêtez-le, rangez tout, et puis allez vous coucher. Je n'ai plus besoin de vous. Ah ! tenez, voilà pour le propriétaire de la maison, et puis pour vous.

MARGUERITE. — Vous partez donc cette nuit, comme ça, toute seule ?

MYRTO. — On viendra me chercher. Allons ! vous n'êtes pas trop curieuse, vous, j'ai vu cela ; vous devez être contente de moi. Ne vous occupez pas de moi davantage, si vous voulez me faire plaisir.

MARGUERITE. — A votre volonté, et en vous remerciant,

mam'selle. (A elle-même, en s'en allant.) Elle a un drôle d'air! Et qu'est-ce qu'elle fait là toute seule autour du château? Si elle avait une idée de se périr! Elle a ri ce matin, elle a pleuré ce soir, et m'est avis qu'elle est quasiment folle. Je ne me coucherai.point que je ne l'aie entendue rentrer... Pauvre jeunesse! Ça a pris le mauvais chemin, c'est à plaindre!

SCÈNE XII

A la porte de la cour du château

GÉRARD, JENNY, MYRTO.

JENNY. — Oui, sortez par cette petite porte, et sans faire de bruit. Il est inutile qu'on vous entende dans le village, car vous ne sortez jamais aussi tard du château. Il est bien onze heures... Emmenez votre cheval au pas jusqu'au grand chemin, et ne vous affligez plus; vous trouverez madame tranquille et bonne demain matin.

GÉRARD. — Ah! Jenny, dites-lui que je l'aime, et dites-lui... hélas! oui... dites-lui que je suis ruiné!

JENNY. — C'est bon! c'est bon! nous penserons à cela demain. Vous parlez trop haut ici. La voix résonne par ce brouillard, comme si on était dans une chambre! Tenez! il me semble qu'il y a quelqu'un par là, sous les grands arbres.

GÉRARD, montant à cheval. — Eh! qu'importe, Jenny? accueilli ou repoussé par elle, je dirais à l'univers que je l'aime!

MYRTO, allant droit à lui et prenant la bride. — S'il en est ainsi, Gérard... Non, non, vous m'entendrez! Ne crains rien, Jenny; laisse-moi dire, et rapporte mes paroles à qui tu voudras.

JENNY. — Mon Dieu, tais-toi, Céline! écoute...

MYRTO. — Qu'as-tu donc, toi? On dirait que tu crains ce que je peux dire!

GÉRARD. — Mademoiselle, laissez-moi, je ne veux pas vous entendre.

MYRTO. — Vous m'entendrez! Oh! vous levez votre fouet? Vous perdez la tête! Frappez donc Myrto, si vous l'osez, ou que votre cheval la foule aux pieds, elle parlera!

JENNY. — Ah! monsieur Gérard! la frapper! Madame ne vous le pardonnerait jamais!

MYRTO. — Je crois que madame le commanderait, au contraire! N'importe! je ne me soucie pas d'elle, pas plus que je ne me soucie de vous, Gérard! Que vous l'aimiez ou non, cela m'est fort indifférent; je ne me vengerai pas, j'ai pardonné à cette femme. J'ai beaucoup à me faire pardonner à moi-même et je suis lasse du vice. Ah! ça vous étonne? Ça en étonnera bien d'autres! mais c'est comme cela. Je ne vous demande ni pardon, ni amitié, à vous, monsieur de Mireville; je n'ai plus besoin de vous, je ne vous aime plus. Aussi je ne veux rien vous devoir. J'ai reçu vos dons tant que vous m'avez aimée. Il me répugnerait que c'était mon droit; mais il me répugnerait de les conserver. J'ai dissipé votre fortune, mais je puis vous la rendre; je suis assez riche pour cela. Je n'ai ni terres, ni châteaux, ni maisons, moi! mais j'ai des meubles, des chevaux, des diamants. Tout cela sera réalisé dans quelques jours et vous en recevrez le prix. Il égalera, j'espère, les pertes que je vous ai causées, et vous serez à même d'épouser madame de Noirac, sinon avec une fortune égale à la sienne, du moins avec une aisance qui vous rendra indépendant et vous permettra de ne pas lui devoir le nécessaire.

JENNY. — Ah! Myrto! si tu dis ce que tu penses... c'est bien cela! et je te retrouve!

GÉRARD. — C'est peut-être un bon mouvement, c'est peut-être aussi une perfidie. Je la sais également capable de l'un et de l'autre; mais moi, cette idée fût-elle sérieuse, je la repousse avec horreur. Êtes-vous folle, mademoiselle, de croire que j'accepterai ce qu'il vous plairait d'appeler une restitution? Vous avez mangé le reste de ma fortune, je ne m'en plains pas, je ne m'en repens pas; je l'ai voulu ainsi. Et après avoir tout dissipé, vous êtes riche encore, dites-vous? Je le crois sans peine. D'autres amants vous avaient enrichie de leur côté; et c'est avec le produit de leurs présents que vous prétendez me mettre à même... Tenez! le dégoût l'emporte sur la colère, et je n'ai pas un mot de plus à vous dire!

(Il lance son cheval et disparaît.)

MYRTO. — Tu le vois, Jenny! quand nous voulons réparer nos fautes, on nous crache à la figure!

JENNY. — Non, Céline, non! Ceux qui agissent ainsi ont tort, ce me semble; mais je comprends bien ce qu'il a dit. Ce que tu veux lui rendre n'est plus à lui, puisque cela n'est pas même à toi. N'y pense plus. Ta fierté, dont je ne veux pas douter, moi, est un commencement de repentir. Tu redeviendras sage et bonne, j'en suis sûre... et tu renonceras à ta vengeance.

MYRTO. — Est-ce que je ne l'ai pas fait? Est-ce que Florence Marigny n'a pas rendu les lettres à ta maîtresse! Mon Dieu! s'il voulait s'en servir contre elle, me venger en se vengeant lui-même!... Mais non!... il est vertueux, lui, et il l'aime!

JENNY. — Il l'aime? Que dis-tu là? Tu rêves donc, ma pauvre Céline?...

JENNY. — Et où est-il maintenant?

JENNY. — Il est auprès de madame, il lui parle de toi, sans doute; et vois-tu, tout cela te justifie et te relève à ses yeux, aux miens... aux tiens propres, Céline, j'en suis sûre.

MYRTO. — Aux miens! que m'importe? Ce n'est pas cela, Jenny. Pourvu que... Dis-moi, dis-moi comment il t'a raconté cela.

JENNY. — Quoi donc? la manière dont tu lui as rendu les lettres? Je ne sais pas... Il ne m'a rien expliqué... je ne lui ai rien demandé. Il m'a dit : Les voilà, et c'est tout. Je ne veux pas, je ne dois pas en savoir davantage.

MYRTO. — Comment? il ne t'a pas dit que cela m'avait coûté et que j'avais cédé à des reproches, à des menaces... à des prières aussi! Ah! bien belles, bien grandes!... Ah! Jenny, quel homme que ce Marigny et que ta maîtresse est heureuse!

JENNY. — En vérité, tu me fais perdre la tête! Est-ce que tu as le délire?

MYRTO. — Oui, peut-être! Ah! je peux te dire cela, à toi qui es bonne et qui as aimé!... Ce Marigny, je l'aime, je l'aime de passion, et ce n'est pas d'hier! Je l'avais aimé déjà, il y a longtemps. Il ne le savait pas, il n'avait pas voulu le savoir.

JENNY. — Ah! vous vous connaissiez? Tu l'aimais? Est-ce bien lui? ne te trompes-tu pas?

MYRTO. — Quelle folle question!

JENNY. — Il n'est donc pas ce qu'il doit être?

MYRTO. — Si fait; il est pauvre, mais il a été riche; il a reçu une belle éducation, et, riche ou pauvre, il a toujours été un homme supérieur. Ah! si je l'avais entendu, il m'a brisée! Il s'est emparé de moi comme d'un enfant. Je ne vois plus que par ses yeux et je me hais moi-même, je me méprise depuis ce matin. Oui, je me haïrai jusqu'à ce qu'il m'aime, et il m'aimera, vois-tu ! Je le veux fortement. Je ferai tout pour l'obtenir, si je ne peux pas le mériter. Je quitterai tout : le monde, le plaisir, le luxe ; je me cacherai dans une mansarde ou je me retirerai dans une ferme ; je me ferai ouvrière ou servante ; tout ce qu'il voudra, pourvu qu'il m'aime !... Quoi ! il ne t'a rien dit de moi ? Est-ce qu'il va causer longtemps avec ta maîtresse ? Et pourquoi les laisses-tu seuls ensemble ? Pourquoi tarde-t-il, quand je l'attends ?

JENNY. — Tu l'attends ?

MYRTO. — Oui, là, à la porte, et j'y passerai la nuit s'il le faut ; et si le jour vient sans qu'il ait tenu sa promesse, on me trouvera morte au pied de cette tour.

JENNY. — Ah ! Céline, il t'a promis...

MYRTO. — Oui, de revenir à minuit. Encore une heure, un siècle à l'attendre !

JENNY. — Tu l'aimes à ce point ?... et tu serais capable de te tuer ?... Mon Dieu, tu me fais peur !

MYRTO. — N'aie pas peur, il viendra, il l'a dit ! Oh ! un homme qui ne ment pas, qui vous parle sérieusement, avec un grand cœur et un grand esprit, sans vous railler, sans vouloir vous acheter ! avec le seul désir de vous rendre digne de lui pour vous aimer un jour !...

JENNY. — S'il en est ainsi, sois tranquille, il viendra. Te voilà donc sauvée, convertie, réhabilitée ? Allons, c'est une double bonne œuvre qu'il a faite là, monsieur Florence, et je dois prier Dieu pour toi.

MYRTO. — Oui, prie Dieu pour que je sois aimée. S'il me trompait, s'il ne venait pas... oui, c'est bien vrai, je crois que je mourrais de douleur et de rage cette nuit... Ou bien, vois-tu ! je ne sais pas, mais il me semble que je me vouerais au diable et que rien ne m'arrêterait plus dans le chemin du mal.

SCÈNE XIII

Dans le boudoir de Diane

DIANE, FLORENCE.

DIANE. — Et vous l'accepterez de ma main.

FLORENCE. — Une bague ? c'est bien flatteur, certainement, madame ! Mais permettez, c'est un diamant. Je ne m'y connais pas, je suis fort peu minéralogiste... et ces objets-là sont sans valeur scientifique pour moi. Permettez-moi de le remettre dans cette coupe, où il me fait autant de plaisir à voir que s'il était à mon doigt... C'est très-joli, en effet, un diamant ! C'est un emblème ; c'est pur, c'est brillant, c'est inaltérable ! mais le soleil est encore plus beau !

DIANE. — Mais je ne peux pas vous le donner.

FLORENCE. — Non, car il est à moi plus qu'à vous ; je le vois lever tous les matins et coucher tous les soirs ; et à toutes les heures de la journée je le contemple et je le consulte pour mes fleurs, qui sont ses filles, et pour lesquelles je suis, moi, le prêtre du Dieu qui leur donne la santé, la couleur, le parfum et la vie.

DIANE. — Voilà bien de belles choses sous lesquelles cependant la moquerie et une fierté excessive percent toujours. Vous me refusez avec beaucoup d'esprit ; mais ce n'en est pas moins un refus et une sorte d'outrage.

FLORENCE. — Je croyais que l'outrage, si outrage il y a, était ici pour moi, madame la comtesse, et j'étais décidé à ne pas m'en apercevoir... Pourquoi exigez-vous ?...

DIANE. — Allons, j'ai tort ! pardonnez-moi.

FLORENCE. — Comment dites-vous, madame ?

DIANE. — J'ai dit : Pardonnez-moi, vous avez bien entendu. Vous ne voulez aucun gage de ma reconnaissance, alors, que voulez-vous donc ?

FLORENCE. — Vous avoir fait plaisir, voilà tout.

DIANE. — Vous ne voulez pas même de ma reconnaissance pure et simple, sans preuves, sans témoignages aucuns ? Oui, c'est cela, je le vois. Eh bien, je souffre beaucoup de cette situation... et je vous le disais bien hier, je sens en vous je ne sais quelle méfiance... une sorte d'antipathie ! On dirait que vous voulez m'humilier et me dire avec une certaine satisfaction hautaine : Vous resterez éternellement mon obligée.

FLORENCE. — Ah ! que tout cela est froid et amer, madame la comtesse ! Voyez donc combien est vrai ce que je vous disais tout à l'heure, qu'un abîme de préjugés et de mauvais sentiments, de sentiments faussés par l'orgueil, séparait en nous deux êtres qui pourtant se valaient peut-être l'un l'autre ! Si j'étais un de ceux que vous regardez comme vos égaux, vous ne me diriez pas tout cela ; vous me prendriez la main en me disant : Vicomte ou marquis, vous serez à jamais mon ami. J'ai foi en votre loyauté, et je dors tranquille en vous sachant maître de mes secrets.. Et vous dormiriez tranquille effectivement. L'honneur d'un patricien vous paraîtrait une chose si naturelle !

DIANE. — Florence, vous êtes un raisonneur amer ! Ah ! qu'ils sont froids et vindicatifs, ces républicains ! Vous moquez-vous de moi quand vous me dites que l'honneur d'un patricien me paraîtrait sacré, à moi qui viens d'être si lâchement trahie ! Ah ! les hommes du monde ! je les hais maintenant, je les méprise ! et vous croyez que je n'oserais pas vous tendre la main et vous dire : Florence, soyez mon ami ?

FLORENCE. — Non madame, ne le faites pas, car cela ne peut pas être.

DIANE. — Pourquoi donc ?

FLORENCE. — Je vais vous le dire : l'amitié ne s'improvise pas comme l'amour.

DIANE. — Ah ! je vous arrête, car voilà un mensonge, un blasphème ! Tous les beaux sentiments s'improvisent. L'admiration, la reconnaissance ne sont-elles donc pas imprévues, spontanées ? Supposez que vous, mon jardinier depuis deux jours, vous ayez tiré de la rivière un enfant à moi, croyez-vous que je ne vous bénirais pas, je ne vous chérirais pas avec transport ? J'attendrais pour cela le temps et l'expérience de votre caractère ! Allons donc !

FLORENCE. — Bien, madame, et dans ce cas-là j'accepterais votre amitié. Elle serait si naturelle, si légitime, que tout le monde la comprendrait. Mais le service que je viens de vous rendre est bien moins important, bien moins méritoire. Il ne m'a coûté que le sacrifice d'une journée de travail ; c'est quelque chose, car j'aime beaucoup le travail ; mais le plaisir d'être utile est une compensation suffisante. Vous ne me devez donc rien, et la satisfaction que vous éprouvez n'augmente en rien mes mérites. Si j'étais galant, je dirais même qu'elle les efface entièrement ; mais il ne m'appartient pas de vous dire de ces choses-là, et je ne vous les dirai pas, soyez tranquille, madame la comtesse.

DIANE. — Ah ! si vous les pensiez, vous ne seriez peut-être pas si timide pour les dire ou si orgueilleux pour les supprimer.

FLORENCE. — Je ne suis ni orgueilleux, ni timide, madame, et je vois les choses comme elles sont. Vous ne pouvez dire à personne la cause de la reconnaissance et de l'amitié que vous prétendez me devoir. Vous devez en faire un mystère, et le mystère est incompatible avec l'amitié.

DIANE. — Eh bien, pourquoi cela ? Vous n'êtes guère romanesque, si vous ne sentez pas que le mystère est un charme, un attrait de plus dans les sentiments nobles et purs.

FLORENCE. — Non, madame, je ne suis pas romanesque, je l'avoue. Votre intendant, en m'engageant à votre service, n'a point exigé cela de moi.

DIANE. — Mais après ce qui s'est passé aujourd'hui, j'aurais cru qu'un philosophe, un poëte, car vous êtes l'un et l'autre, s'élèverait tout naturellement au-dessus de certaines misères réelles; qu'il verrait sans humeur et sans dépit certaines limites apparentes gêner l'expansion de mes sentiments; mais qu'il comprendrait que mon cœur est exempt de préjugés, et que je puis nourrir en secret, pour lui, une amitié douce, chaste et profonde, comme le dévouement qui l'a fait naître. Moi, j'appelle illusion, chimère et mensonge, cette vie positive, cette vie de convenances et d'hypocrisie que je subis et que je déteste. J'appelle vérité tout ce que Dieu inspire et approuve, et le roman me paraît la vie comme elle n'est pas, mais comme elle doit être. Donc, être romanesque, c'est être dans la vérité absolue. Un disciple de l'idéal, comme vous devez l'être, peut-il ici me contredire?

FLORENCE. — Non certes, madame; votre théorie me paraît vraie, puisqu'elle est la mienne; mais ici la pratique ne pourrait pas la justifier. Ce serait trop grave entre nous, un pareil contrat, puisque ce serait une contravention secrète, très-dangereuse pour votre réputation, aux lois du monde où vous vivez. Ne me tentez donc pas davantage, ou permettez-moi de quitter votre service; car, de deux choses l'une : ou je puis accepter le titre de votre ami, en prenant la résolution de ne jamais vous revoir; ou je puis rester chez vous, en ne me considérant que comme votre jardinier.

DIANE. — En vérité, je ne vous comprends pas. Pourquoi ne seriez-vous pas mon ami, puisque c'est mon désir, et mon jardinier, puisque c'est votre goût?

FLORENCE. — Parce que, malgré vous, vous seriez inquiète de ma conduite ultérieure, de mon attitude même auprès de vous, et cela m'humilierait et me ferait souffrir. Or je ne veux pas m'exposer à être soupçonné, ce qui serait pour moi la dernière des humiliations.

DIANE. — Ah! Florence, je ne sais plus que vous dire, et vous m'affligez. J'allais à vous le cœur plein et la main ouverte, toute disposée à oublier... qui sait! à braver peut-être le préjugé des convenances; toute prête à vous appeler *mon frère*, et voilà que, parce que j'ai eu le malheur de vous blesser en vous offrant un souvenir où vous avez voulu voir un présent, vous me rappelez que nous sommes nés dans deux camps ennemis, irréconciliables, selon votre impitoyable logique! Ah! c'est triste, cela, et je vois bien qu'il faut vivre dans la solitude du cœur! D'un côté, ce vieux monde, que je déteste; de l'autre, cette race nouvelle, que je veux aborder et qui me repousse!

FLORENCE. — Hélas! oui, madame; c'est ainsi de nos jours! On est forcé de rompre avec le passé ou avec l'avenir!

DIANE. — Et dans le présent, il faut se haïr.

FLORENCE. — Ma conduite d'aujourd'hui vous prouve-t-elle de la haine, madame?

DIANE. — Oh! non certes! mais de la pitié, et voilà tout.

FLORENCE. — Si c'était de la pitié, qu'aurait-elle donc d'humiliant pour vous, si vous êtes sans préjugés? L'homme offense-t-il son semblable en le plaignant dans sa douleur et dans sa faiblesse? Autrefois vos soubrettes et vos Frontins servaient le vice avec le mépris dans l'âme et le sourire sur les lèvres. Aujourd'hui vous pouvez rencontrer, parmi vos serviteurs, des gens assez fiers et assez sages pour vous sauver sans vous condamner. C'est que tous les hommes tendent à devenir des hommes, et que toutes les femmes...

DIANE. — Eh bien, toutes les femmes?

FLORENCE. — Ne sont pas des marquises de la Régence qu'on se dégraderait à servir. Il en est de bonnes et d'excusables, qu'on peut respecter encore après les avoir assistées dans leurs secrets embarras, et je crois, madame, vous l'avoir humblement prouvé dans ce long entretien. Mais il est minuit; je vous demande la permission de me retirer.

(Diane, immobile et muette, le regarde sortir.)

SCÈNE XIV

Dans l'escalier du château de Noirac

JENNY, FLORENCE.

FLORENCE, tressaillant. — Quoi! c'est vous, mademoiselle Jenny? Je vous prenais pour une statue. Que faisiez-vous donc là, appuyée contre la rampe?

JENNY, troublée. — Mon Dieu, je pensais je ne sais à quoi. Je ne vous ai pas entendu venir. Madame me demande, sans doute!

FLORENCE. — Madame est fort préoccupée aussi. Que craignez-vous donc encore toutes les deux? Dites, Jenny, que puis-je faire maintenant pour que vous soyez contente de moi, vous?

JENNY. — Moi? rien! je suis contente, et je vous remercie.

FLORENCE. — C'est moi qui vous remercie d'être contente, Jenny! Allons... voilà minuit qui sonne!...

JENNY, tressaillant. — Ah! oui, minuit! Adieu, Florence!

FLORENCE. — C'est bonsoir que vous voulez dire?

JENNY. — N'est-ce pas la même chose?

FLORENCE. — Non, vous m'avez dit cet adieu-là comme si nous ne devions pas nous revoir avec plaisir demain matin.

JENNY. — Allons, monsieur Florence, on vous attend, vous le savez bien.

FLORENCE. — Ah! et comment savez-vous?

JENNY. — Parce que je viens de la voir. Mais je crois que madame sonne! Adieu!

FLORENCE. — Encore adieu? (Jenny s'éloigne.) Qu'a-t-elle donc contre moi?

SCÈNE XV

Chez Jacques

UN GRILLON, dans la cheminée. — Vite, vite, la plaque est chaude, l'âtre brille! viens, ma chère amie, regarder comme c'est beau et comme la flamme danse avec grâce. Entends-tu ma chanson des jours de fête? Le feu! le feu! le feu! c'est l'amour, c'est la vie!

Heureux, bruyants, éveillés toute la nuit, à l'abri de tout danger, dans ce petit trou couvert de suie, nous passerons ici tout l'hiver, toute la vie.

Feu! feu! vive le feu! Aimons-nous, ma chère amie!

Regarde la braise, comme elle est rouge! C'est notre soleil, à nous! Aux champs, il fait froid. Ici, point de neige, point de brouillards, et quand la terre se couvre d'un drap mortuaire, le foyer s'allume, et notre été commence.

Dans le feu, on voit des choses superbes, des bois, des

rochers, des herbes, des villes, des châteaux, des cascades. Tous les êtres redoutent le feu; ils l'adorent et le craignent. C'est à distance qu'ils le saluent; le feu ne les aime pas assez pour leur permettre de se jouer si près de lui. Nous autres, nous sommes ses enfants; nous vivons presque dans son sein, nous effleurons légèrement, sans les abattre, les belles montagnes de cendre brûlante ; nous traversons la fumée noire, et nos yeux ravis ne se lassent jamais de regarder la fournaise.

Le feu ! le feu ! vive le feu ! Aimons-nous, réjouissons-nous, ma chère amie !

CINQUIÈME PARTIE

SCÈNE PREMIÈRE

Dimanche, la nuit, chez Jacques

RALPH, JACQUES auprès du feu.

(Ils gardent le silence. Le grillon chante. Minuit sonne.)

JACQUES, mélancolique. — Un jour qui finit, un jour qui commence ! Ne vous semble-t-il pas qu'aussitôt qu'on s'est dit, en entendant le timbre d'une horloge, *nous voici à dimanche*, on compte déjà ce dimanche comme si c'était un jour révolu ? L'idée qu'on se fait du temps est illusoire, et on passe sa vie à croire qu'il est trop tard ou trop tôt pour toutes choses.

RALPH, tranquille. — Ce premier feu de l'automne est agréable ! Entendez-vous comme il réjouit le cœur de votre petit utin du foyer ?

JACQUES. — Oui, ce grillon-là chante dans l'âtre tout l'hiver, comme son cousin le grillon des champs crie tout l'été dans la prairie. Tous deux adorent l'esprit du feu, mais sous une autre apparence. Les uns ont le culte du soleil, comme les Péruviens ; les autres, celui de la flamme sur l'autel, comme les mages. Croyez-vous qu'ils se damnent et se persécutent les uns les autres ?

RALPH, gravement. — Je ne le pense pas.

JACQUES. — Mais vous ne prétendez pas pour cela, comme certains philosophes du XVIIIᵉ siècle, que les animaux sont supérieurs à l'homme, et que la société humaine doit prendre exemple sur celle des bêtes ?

RALPH. — Non certes. Les bêtes sont privilégiées d'un certain côté. Toujours soumises aux mêmes lois pendant des périodes de siècles inconnues à l'homme, elles peuvent toutes dire et chanter sans cesse, sur un mode invariable, que le jour où elles vivent est le jour de l'âge d'or. C'est la divine compensation accordée à leur impuissance en fait de perfectionnement. Mais l'homme, condamné à toujours désirer et chercher le mieux dans le travail et la douleur, se croit toujours dans l'âge de fer, sans songer que, par rapport au passé, chaque période de son existence sur la terre est un âge d'or relatif.

JACQUES. — Quoi, optimiste ! même les jours incertains et douloureux que nous traversons, vous les croyez filés d'or et de soie, au prix de ceux qu'ont traversés nos pères ? Hélas ! tout ce que je puis vous accorder, c'est que nous avons, de plus en plus, la conscience de souffrir pour accomplir l'œu-

vre de Dieu sur la terre !... Allons, mon cher Ralph, il se fait tard, il faut nous reposer. Nous n'avons plus d'objections à nous faire sur ce grand chapitre de l'amour et de la famille qui nous a occupés jusqu'à présent et qui m'a fort attristé, je l'avoue. Nous disons que l'égalité rendra possible, et même facile, l'amour fidèle et la famille indissoluble.

RALPH. — Et que jusque-là le désespoir ou l'hypocrisie régneront sur le monde... Attendez que je couvre le feu... Mais qui donc frappe encore, à cette heure ?

JACQUES. — C'est pour quelque malade, probablement. On vient me chercher ainsi fort souvent au milieu de la nuit.

RALPH. — N'importe, je vais voir avec vous. Vous faites donc concurrence au médecin du village ?

(Ils vont ouvrir.)

JACQUES. — Bien malgré moi ; mais on préfère mes soins, parce qu'ils sont gratuits.

RALPH. — Votre jeune médecin est pourtant fort charitable !

SCÈNE II

JACQUES, traversant la cour avec Ralph. — Oui, certes ; mais il faut bien qu'il vive de sa profession. Il est pauvre ! Ah ! est-ce que l'État ne devrait pas assurer l'existence de ces hommes dévoués ? Est-ce que la médecine et l'instruction devaient être vendues en détail aux consommateurs ? (Il ouvre la porte de sa cour.) Ah ! c'est vous, Florence ! qu'y a-t-il donc ?

FLORENCE. — Une chose bizarre, comique en apparence, sérieuse au fond. Prêtez-moi votre carriole couverte et votre petit cheval.

JACQUES. — Mon domestique est couché ; mais venez, je vais vous aider à atteler.

FLORENCE. — Oh ! ce n'est pas tout ! Je vous demande de venir avec moi et de passer la nuit en route ; rien que la nuit. Vous pourrez être ici au point du jour.

JACQUES. — Fort bien. Ralph, prêtez-moi votre imperméable. (Souriant à Florence.) Je suis un vieux, moi !

RALPH. — Je vais le chercher.

(Florence et Jacques entrent dans l'écurie.)

FLORENCE. — Ah ! monsieur Jacques ! que vous êtes bon, et que je me reprocherais de vous occasionner ce dérangement et cette fatigue, s'il ne s'agissait que de moi !

JACQUES. — De vous ! Ce serait bien assez pour me récompenser d'un si petit désagrément... Tenez, préparez le collier du cheval, pendant que je vais lui donner une poignée d'avoine. — De quoi s'agit-il ?

FLORENCE. — Il s'agit de moi indirectement. Il s'agit, avant tout, de ce grand *devoir* dont nous sommes tous les compagnons.

JACQUES. — Oui, le *devoir de Dieu*, n'est-ce pas ? — Allons, Coco, ne t'amuse pas à flairer. Mange ton avoine, mon garçon ; nous sommes pressés !

FLORENCE. — Je vais vous dire cela en deux mots.

JACQUES. — Bien, dites vite. Je lui passe son harnais, et je vous écoute.

SCÈNE III

Dans le boudoir de Diane

DIANE, JENNY.

JENNY. — Eh bien, madame, à quoi pensez-vous ? Vous êtes là comme une statue !

DIANE. — Ah ! c'est toi, Jenny ? Est-ce qu'il est parti, lui ?

JENNY. — Il vous a donc dit qu'il partait ?

DIANE. — Non! Je voulais dire, est-ce qu'il s'est retiré ? Qu'est-ce que tu dis donc, qu'il part ?

JENNY. — Mais oui, il s'en va avec elle.

DIANE. — Avec qui ? avec cette fille ?

JENNY. — Céline, oui ! Elle l'attend pour partir.

DIANE. — Partir avec elle ?... Ah ! c'est pour l'emmener, sans doute pour lui faire quitter le pays et m'en débarrasser tout à fait ? C'est bien à lui, cela ! Vois ! que de dévouement, que de prudence dans ce garçon-là !... Il va revenir tout de suite, demain, sans doute ?

JENNY. — Je ne le crois pas, madame.

DIANE. — Il s'absenterait ainsi, sans m'en prévenir ? C'est impossible. Je ne le veux pas. Cours après lui !

JENNY. — Mais vous ne pouvez pas l'en empêcher, madame.

DIANE. — Si fait ! il ne peut pas me quitter sans ma permission.

JENNY. — Mais s'il vous quitte tout à fait ?

DIANE. — Mon Dieu ! il te l'a dit ?

JENNY. — Non ; mais celle qui l'emmène espère le retenir.

DIANE. — Il ne faut pas souffrir cela. Qu'un homme comme lui soit le jouet, la proie d'une fille ? Je m'y oppose. Il ne doit pas quitter ma maison sans que j'aie pourvu à son remplacement. Il me doit au moins huit jours, c'est l'usage; et dans huit jours il aura oublié cette Myrto, si tant est qu'il soit sa dupe aujourd'hui. Va donc, Jenny, dépêche-toi ! Faudra-t-il que j'y coure moi-même ?

JENNY. — Ah ! pour cela, madame, oui, je vous y laisserais courir plutôt que de m'en charger. Cela me répugne !

DIANE. — Pourquoi donc? C'est pour son bien. C'est pour ma sécurité aussi !

JENNY. — Vous avez les lettres, vous ne craignez plus rien. Si Myrto parle, peu importe, elle n'a plus de preuves. D'ailleurs elle ne parlera pas; elle est bien changée, allez ! Elle est bonne au fond, elle se repent, elle veut redevenir honnête; elle aime Florence, et Florence la sauvera d'elle-même.

DIANE. — Il l'aime donc, lui? C'est donc sérieux ? Il la connaissait déjà, peut-être?

JENNY. — Oui, madame, ils se connaissaient depuis longtemps.

DIANE. — Ah ! je comprends l'influence qu'il a eue sur elle. Comme c'est heureux pour moi, tout cela !

JENNY. — Alors tranquillisez-vous et ne trouvez pas mauvais qu'ils partent ensemble.

DIANE. — Qu'ils partent ensemble! Non, je ne le veux pas. Cette idée-là m'est insupportable, odieuse !

JENNY. — Mais, mon Dieu, madame, qu'est-ce que cela vous fait donc, après tout ?

DIANE. — Cela ne te fait rien, à toi ? Ah ! que tu es heureuse d'être si calme et d'avoir dans le cœur un souvenir qui te rend invulnérable à toutes les émotions.

JENNY. — Madame, madame ! est-ce que vous pensez à ce que vous dites ?

DIANE. — Qu'est-ce que j'ai dit ? Je ne sais pas. Je ne m'entends pas. Jenny, je crois que je suis folle !

JENNY. — Vous vous exaltez beaucoup, madame, à propos de tout.

DIANE. — Cela te scandalise, toi ?

JENNY. — Non, mais cela vous fait du mal.

DIANE. — Du mal, oui ! et du bien aussi ! J'ai besoin de ces agitations. Ah ! Jenny, je suis toujours sur le point d'aimer, moi ! J'espère toujours que mon cœur va se fondre. Jacques me l'a dit, je ne suis pas froide, je ne suis pas forte. Il a raison ! Si je rencontrais un être qui sût et qui voulût se faire aimer de moi !

JENNY. — Mais à propos de quoi toutes ces idées-là ?

DIANE. — Eh bien, quoi! à propos de Florence ! Est-ce que je ne te le dis pas ?

JENNY. — Florence saurait se faire aimer de vous !

DIANE. — Il le saurait, oui !

JENNY. — Et il ne le veut pas ?

DIANE. — Il affecte de ne pas le vouloir; mais s'il le peut, c'est qu'il le veut, et je ne suis pas dupe de sa réserve, va! On dit que les femmes sont coquettes ! Il y a des hommes cent fois plus habiles, et qui s'emparent de nous en ayant l'air de nous fuir. C'est la meilleure, la plus sûre des tactiques.

JENNY. — Mais quand on est habile et un peu coquette soi-même... comme vous, madame, on n'est pas dupe de ce jeu-là.

DIANE. — Il n'en plaît pas moins; il est plus neuf et plus excitant que les fadeurs accoutumées.

JENNY. — Et cependant Florence part avec Céline !

DIANE. — Eh bien, qu'il parte ! Qu'est-ce que cela me fait, à moi, une fille ? Il reviendra, va! C'est une nouvelle coquetterie de sa part, à lui, une véritable impertinence envers moi ! Mais elle est de bonne guerre... et je comprends maintenant tout ce que j'aurais dû comprendre, là, pendant qu'il me parlait, debout ! Figure-toi que je n'ai jamais pu le faire asseoir. Il affectait de se tenir planté sur ses jambes comme un domestique qui attend un ordre, et malgré lui, cependant, il se posait à la cheminée ou contre la console, avec l'aisance d'un homme fort habitué au boudoir d'une femme. Il me donnait envie de rire et de me fâcher, et de pleurer aussi. Personne ne m'a jamais tant excité les nerfs !

JENNY. — Et vous aimez tout ce qui vous excite?

DIANE. — Je n'aime que cela.

JENNY. — Ah ! pauvre monsieur Gérard !

DIANE. — Gérard !... Qui te parle de Gérard ?... Je te parle de Florence.

JENNY. — J'entends bien. Vous l'aimez ?

DIANE. — Non, mais il me plaît, et un peu plus, ce serait de la passion.

JENNY. — Vous vous vantez, madame ! Vous n'aimeriez pas votre jardinier !

DIANE. — Est-ce qu'il est mon jardinier ? Quelle plaisanterie ! C'est un plébéien, j'en conviens; mais il y en a tant maintenant dans le monde qui sont remarqués, goûtés, et qui dament le pion à tous nos freluquets ! Est-ce que tous les artistes ne sont pas des fils d'artisans ? Est-ce qu'ils manquent de succès ? Il n'y a plus de passions dans le grand monde que pour ces gens-là, et ils ont beau dire, les plus démocrates d'entre eux sont vivement flattés de plaire aux plus aristocrates d'entre nous. C'est le monde renversé, disent nos grand'mères. Eh bien, il n'y a que le monde renversé qui procure des émotions et qui agite encore la pensée dans le cerveau et l'amour dans le cœur.

JENNY. — Mais il vous faudrait donc l'aimer en secret? Vous ne l'épouseriez jamais !

DIANE. — L'aimer en secret? C'est ce qu'il veut, va ! et ce serait charmant ! L'épouser un jour ! Eh bien, pourquoi pas?

JENNY. — Ah ! que vous m'étonnez, madame ! Plus je vous vois et moins je vous comprends ! Vous avez de pareilles idées, et voilà que vous riez, que vous faites des projets pendant que Myrto emmène ce jeune homme !

DIANE. — Bah ! que tu es sotte ! Entre une fille comme elle et une femme comme moi, tu crois qu'un homme de cet esprit-là va hésiter un instant ? S'il n'allait pas au rendez-vous qu'elle lui a arraché en échange de mes lettres, il serait un sot ; mais demain matin il sera ici.

JENNY. — Et il vous plaira encore demain matin ?

DIANE. — Eh bien, est-ce qu'un homme est déshonoré pour une fantaisie comme ça ?

JENNY. — Vous êtes donc bien différente de moi ! A votre place, cela me ferait l'effet d'une souillure, et il me semble que, l'eussé-je aimé aujourd'hui, je ne pourrais plus l'aimer demain !

SCÈNE IV

A la porte de la maison blanche

MYRTO, FLORENCE.

FLORENCE, tenant la bride du cheval de Jacques attelé à la carriole. — Oui, c'est moi ! Je suis en retard d'un quart d'heure, mais il fallait me procurer une voiture, et la voilà. Elle n'est pas belle, mais elle est solide, et c'est le premier point, car nous avons des chemins difficiles.

MYRTO. — Ah ! c'est toi... c'est vous, Marigny ! Que m'importe la voiture ! J'irais avec vous à pied au bout du monde ! Ah ! vous êtes venu ! Je ne vous espérais plus !

FLORENCE. — Eh bien, partons ! C'est malgré moi que je vous ai fait attendre.

MYRTO. — Oh ! je ne me plains pas ! J'ai souffert un siècle, mais qu'importe ? Vous voilà et je vous bénis. Partons !... Vous ne me donnez pas la main ?

FLORENCE. — Je tiens ce petit cheval, qui est fringant, comme vous voyez.

JACQUES, sortant à demi de la voiture. — Je vous aiderai, madame.

MYRTO, reculant. — Comment ! nous sommes trois ?

JACQUES, souriant. — Sans doute. Je vous prête ma carriole avec plaisir, et comme j'ai affaire aussi à la ville, je vais tout naturellement avec vous.

MYRTO, à Florence, qui se rapproche. — Ah ! monsieur, c'est une trahison !

FLORENCE, froidement. — Je ne vous comprends pas, mademoiselle. Vous plaît-il de monter ? Le cheval s'impatiente.

MYRTO, dans la carriole. — Et vous restez, vous ? Je comprends !

FLORENCE, montant dans la carriole et prenant les rênes. — Moi ! Ne vous ai-je pas donné ma parole d'honneur de vous conduire jusqu'à Sainte-Aigue ?

(Ils partent.)

SCÈNE V

Chez Maurice

Au prieuré.

MAURICE, DAMIEN, EUGÈNE, JEAN, domestique de Maurice.

DAMIEN. — Eh bien, est-ce qu'elle était mauvaise, mon idée ? Nous aurons au moins cinquante spectateurs demain, et je voudrais bien savoir où vous les auriez fourrés, si vous aviez dressé le théâtre dans le salon ?

MAURICE. — En fait d'idées, tu as des idées. A présent que c'est arrangé, c'est superbe pour une salle de spectacle, ce vieux réfectoire de moines.

EUGÈNE. — C'était un meurtre de consacrer ça à serrer des fagots. A présent que c'est clos et nettoyé, c'est très-vaste et c'est joli. Nous emprunterons des bancs au curé, à Jacques et à tous les voisins. Nous pourrons avoir aussi des chaises et des fauteuils pour les dames et les gens respectables. La vieille tapisserie, tendue sur les côtés du théâtre jusqu'aux murs, nous fera une séparation qui nous permettra d'agir et de circuler sans communiquer avec le public. Nous avons une profondeur superbe qui nous donnera une coulisse de plus et un éclairage excellent. Enfin, c'est réussi, c'est adopté, c'est approuvé, et il s'agit d'achever la besogne.

JEAN. — Voyons, le théâtre est-il établi solidement ?

MAURICE. — C'est bien, Jean ; merci, mon vieux. Oui, il est solide. Tous les crochets sont mis. Emporte ton échelle, et va te coucher si tu veux.

JEAN. — Je ne suis pas bien pressé de dormir, et vous aurez encore besoin de moi pour tendre la toile verte.

MAURICE. — Non. Nous commençons par habiller nos personnages. C'est le plus pressé, parce que c'est le plus long. Le reste n'est rien.

JEAN. — J'aurais voulu voir le premier décor.

DAMIEN. — C'est bien facile. Aidez-nous, et dites votre avis. Comment la trouvez-vous, mon sergent pompier, cette toile de fond ?

JEAN. — Comme ci, comme ça. Les maisons sont trop petites. Elles sont deux fois plus petites que vos bons hommes. Ils ne pourraient pas entrer dedans.

EUGÈNE. — C'est ce qu'il faut ; dans le lointain ! Est-ce qu'une maison que vous voyez à un quart de lieue ne vous paraît pas plus petite que vous ?

JEAN. — J'entends bien ça ; mais si vous comptez un quart de lieue sur votre théâtre, vous comptez rude. Il n'y a pas un mètre.

MAURICE. — Raison de plus pour faire les maisons petites. Nous créons l'éloignement par l'artifice de la perspective. Comprends-tu, sergent ?

JEAN. — Oui, mais personne n'y sera trompé. On verra toujours bien qu'il n'y a pas là un quart de lieue. Et comment le croirait-on d'ailleurs, puisque le théâtre est dans une chambre ?

EUGÈNE. — Quel sceptique, quel réaliste que ce Jean-là !

JEAN. — J'entends bien, j'entends bien ! mais si vous faites les maisons si petites, vos arbres ne devraient pas être si verts ; quand on regarde des arbres au loin, ils paraissent plutôt comme bleus ou comme gris que comme verts.

DAMIEN, à Eugène. — Mordu ! Il a raison, notre sergent ! Tes arbres sont trop verts !

EUGÈNE. — Ils paraîtront bleus quand l'éclairage y sera.

JEAN. — En attendant, vous les avez faits avec du vert. Je vous les ai vu faire !

EUGÈNE. — Pour faire du bleu en détrempe qui soit bleu à la lumière, il faut du vert, du vert Véronèse, maître Jean !

JEAN. — J'entends bien ; mais...

MAURICE, à Eugène. — Si tu ergotes avec lui, nous en aurons jusqu'à demain matin, et il faut que tout soit prêt cette nuit. Nous n'avons pas trop de la journée de demain pour faire la pièce. Allons, allons, enfants, à l'ouvrage !

JEAN. — Je vais me coucher ; mais c'est égal, les maisons sont trop petites ou les arbres sont trop verts.

(Il sort.)

DAMIEN. — Ah çà ! quelle bêtise faisons-nous là ? Nous costumons les acteurs avant de savoir quels rôles ils joueront ?

EUGÈNE. — Tiens ! d'où sors-tu, toi, aujourd'hui ? La pièce se fera d'après les costumes ; c'est la nouvelle manière.

DAMIEN. — Je le veux bien. Qu'est-ce que c'est que ça ? une femme ou un homme ?

MAURICE. — A volonté ! C'est madame Rabourdin qui fait les duègnes et, à l'occasion, les jeunes premiers.

DAMIEN. — Tiens, oui ! je reconnais son nez écrasé ! Quel monstre !

MAURICE. — Que veux-tu ? elle est aimée du public ; elle est grivoise ; mais nous avons du public superbe demain, et, en femme, la Rabourdin serait trop légère pour les oreilles de Jenny.

DAMIEN. — Et trop franche pour celles de la lionne de Noirac. Donc, on lui donne un rôle d'homme ?

EUGÈNE. — Oui, elle a de la décence dès qu'elle a de la barbe.

DAMIEN. — Un costume Louis XIII ? J'aime les costumes Louis XIII !

MAURICE. — Non, un costume moderne ; faisons une pièce d'actualité.

DAMIEN. — C'est bien scabreux ! Aujourd'hui, ce qui plaît à l'un choque l'autre, et je crois qu'il ne faut pas chercher ailleurs la difficulté de réussir au théâtre par le temps qui court.

MAURICE. — C'est vrai, ce qu'il dit là.

EUGÈNE. — Bah ! est-ce que de tout temps les hommes n'ont pas été divisés d'opinions ? J'ai ouï dire que Cicéron était un vieux *réac*, et qu'il y avait des socialistes chez les Grecs et chez les Romains.

MAURICE. — Tu vas nous citer *Rome au siècle d'Auguste* ! Tu sais, Damien ? c'est le seul livre qu'il ait lu en trois ans. — Donne-moi donc un clou, que je fasse tenir le chapeau de M. Cassandre.

EUGÈNE. — Comment ôtera-t-il son chapeau, s'il est cloué à sa tête ?

MAURICE. — Il ne l'ôtera pas. (A Eugène.) Tu dis, toi, que de tout temps les hommes ont été divisés d'opinions ? C'est probable ! mais je doute qu'en aucun temps ils l'aient été en autant de nuances que dans celui-ci. Je me disais ça l'autre jour en relisant *Tartufe*. Je ne m'étonnais pas que la pièce eût été persécutée par les bigots, et je ne m'étonnais pas non plus qu'elle eût été soutenue par les dévots sincères en même temps que par les philosophes. Cela faisait un public contre, un public pour. Mais que *Tartufe* fit sa première apparition aujourd'hui, les bigots feraient bien comme ceux d'autrefois ; mais les dévots sincères, s'il en est encore, n'auraient pas le courage de le soutenir, parce que la peur est trop grande dans ce camp-là. Quant aux philosophes, ils trouveraient la morale de la pièce trop timide. Les républicains n'applaudiraient pas au *prince ennemi de la fraude*. Les proudhonistes ne voudraient pas de l'éloge de la vraie piété ; les saint-simoniens et fouriéristes, de l'éloge du mariage et de la famille ; les littérateurs se diviseraient en dix partis pour ou contre le style et la conduite de la pièce. Bref, je crois que *Tartufe* tomberait à plat ; non pas tant à cause de la force des passions déchaînées contre lui qu'à cause de l'absence d'un parti assez nombreux pour en approuver et en soutenir l'esprit et la forme.

DAMIEN. — Alors, il n'y a plus deux publics dans une salle, il y en a quinze ou vingt.

MAURICE. — Et comment répondre au sentiment de tout cela ? Alors, on s'est mis à faire des pièces pour les yeux, des phrases pour l'oreille, avec le moins de sens possible pour l'esprit, et on a bien fait, puisque sans cela le théâtre serait mort. Il en est résulté des pièces qui occupent, qui étonnent, qui amusent, un art tout nouveau, admirable de ressources, car quel tour de force ne faut-il pas faire pour louvoyer dans son sujet, de manière à ne le rendre blessant pour personne ! Mais quand on lit ces pièces-là au

coin de son feu, qu'en reste-t-il, et quel bien vous font-elles ?

EUGÈNE. — Donc, la pièce que nous allons faire sera... quoi ?

MAURICE. — Oh ! ici, c'est bien différent ! nous avons un public homogène, des paysans, des domestiques ou des amis qui voient à peu près comme nous. Nous faisons de la bonne grosse morale avec des types éternellement comiques, comme ceux qui divertissaient nos pères. Nous copions, nous imitons le plus possible les antiques traditions, et nous les rafraîchissons *ad libitum* par la critique enjouée du présent.

DAMIEN. — Donc, nous ne sortirons pas demain de notre genre favori ? Toujours Pierrot, toujours Arlequin, Léandre, Isabelle et Colombine ? Soit ! Ce sont des types acceptés, toujours vieux, toujours jeunes, et qui peuvent tout dire aujourd'hui comme il y a trois cents ans.

MAURICE. — C'est mon opinion. Aux voix !

DAMIEN. — Boule blanche pour ! Justement, je tiens la tête du docteur Baloardo !

EUGÈNE. — Boule blanche pour !... Je ne trouve pas de calembour pour le moment.

MAURICE. — Ce sera pour une autre fois. Donc, voilà Isabelle avec son chaperon rose et ses rubans de toutes couleurs ; voilà un joli Crispin tout noir. Damien a fini le Docteur et le beau Léandre... Ah ! qu'as-tu fait ? Il fallait le costume souci et les rubans couleur de feu ! Tu lui as mis la casaque rayée du matamore !

EUGÈNE. — Et moi qui cherchais l'habit de Fracasse ! Changeons ! Et, vite, le Brighelle, le Mezzettin et le sbire ; n'oubliez pas le sbire ! six pouces de moustaches et un manteau couleur de muraille. Tu parlais de public homogène ! Sais-tu que demain, c'est-à-dire ce soir, puisque voilà une heure du matin qui sonne, nous serons pourtant dans le cas que tu signalais ? Nous avons invité toutes sortes d'opinions. Ce qui plaira à Jacques et à Florence ne plaira probablement ni à maître Pierre, ni à madame de Noirac, ni au curé de Saint-Abdon.

MAURICE. — Moquons-nous un peu de tout le monde afin de ne déplaire à personne. Donne-moi les tenailles ; voilà un clou rouillé qui me fera damner ! Et le nègre ! n'oubliez pas le nègre. Et à propos du curé de Saint-Abdon, nous l'aurons donc ?

EUGÈNE. — Probablement. Émile a voyagé ce soir avec lui. Ils se sont égarés, et le brouillard l'a décidé à revenir demander asile au curé de Noirac pour cette nuit. Émile ira demain matin l'inviter, et, après avoir été dire ses offices du dimanche dans sa paroisse, il reviendra certainement.

DAMIEN. — Il est donc couché, ce paresseux d'Émile, au lieu de nous aider !

ÉMILE, entrant. — Non ! je viens de lire les journaux dans la salle à manger. Savez-vous ce que dit *la Presse* du nouveau ministère ?

MAURICE. — Il est bien question de ça ! Montez sur l'escabeau et tenez-nous la lumière, pendant que nous accrocherons nos coulisses.

ÉMILE. — Je veux bien. Ça vous est donc bien égal, ce qui se passe ?

DAMIEN. — Dans ce moment-ci, oui ! Nous n'avons pas le temps d'y penser.

EUGÈNE. — Ne dis donc pas ça. Ça l'indigne.

ÉMILE. — Moi ? pas du tout. Quand je travaille à mon étude, je ne pense qu'à mon travail, et je n'y sauve pas la patrie plus que vous dans ce moment-ci.

MAURICE. — Il a raison. On ne peut pas sauver la pa-

tric à tous les instants du jour et de la nuit, que diable ?...
N° 10, Eugène !

EUGÈNE. — J'y suis. Un cran plus haut, c'est ça. Le premier acte se passera donc dans la campagne ?

MAURICE. — Il le faut bien, puisque nous avons mis ce décor-là. N° 3, y es-tu ?

EUGÈNE. — Le piton est tombé. Vite, un piton, Damien ! Émile, tiens donc bien ta bougie ; tu m'en jettes sur les mains, philosophe !

DAMIEN. — Il verse.

> ..... des torrents de bougie...
> Sur ses obscurs blasphémateurs

EUGÈNE. — Que le diable l'emporte ! j'en ai plein les cheveux. Ah çà, tout est prêt, je crois ? Moi, je fume une cigarette.

MAURICE. — Moi, je souperais bien. Le déjeuner de la lorette est dans mes talons. Émile, vous qui ne faites rien, allez nous chercher dans l'armoire un bon morceau de pain bis et un joli fromage.

ÉMILE. — J'y vais, j'ai faim aussi. Je me suis égosillé à bavarder avec le gros curé.

(Il sort.)

EUGÈNE. — Excellent enfant qu'Émile ! Il aime la politique et la discussion, et avec nous il est aussi gai, aussi insouciant que nous-mêmes !

MAURICE. — C'est qu'il n'est pas pédant, et qu'il sait que nous ne sommes pas égoïstes.

EUGÈNE. — D'ailleurs. — *L'homme d'esprit s'amuse de tout. L'ignorant seul critique sans discernement.*

DAMIEN. — Où recueilles-tu cette sentence ?

EUGÈNE. — D'un bateleur, sur la place du Louvre.

ÉMILE, rentrant. — Voilà le fromage demandé.

DAMIEN. — Vive Émile ! Quand la marmite sera renversée, nous l'emmènerons avec nous pour donner le spectacle des marionnettes à toute la France.

MAURICE. — Ah çà, dites donc, Émile, ça vous amusera-t-il demain, les marionnettes ?

ÉMILE. — Oui, s'il n'y a pas de politique.

DAMIEN. — Ah bah ! ce jeune homme se perd avec nous !

ÉMILE. — Non pas ! j'aime chaque chose en son lieu : la politique là où elle peut se développer, et la comédie là où elle a ses coudées franches. Les allusions directes, au théâtre, m'ont toujours semblé de mauvais goût. Ce sont des platitudes lâches ou des bravades inutiles. On va au théâtre pour s'amuser et se distraire des soucis de la réalité, et là, je n'aime pas qu'on me ramène à la réalité actuelle.

MAURICE. — Il a raison, et cependant il faut instruire en amusant : *Castigat ridendo mores !*

DAMIEN. — Je soutiens la proposition de ce jeune lettré, et pourtant j'admets aussi l'opinion de mon capitaine.

EUGÈNE. — Vil flatteur !

MAURICE. — Laisse-le s'expliquer. Il doit avoir raison, puisqu'il me donne raison.

DAMIEN. — Voilà ! je dis que le théâtre doit corriger les mœurs par des tableaux de mœurs, mais non corriger les opinions par des appels à l'opinion. Le théâtre a une mission plus fine et plus douce que la discussion ; c'est une œuvre de persuasion, d'insinuation, si vous voulez. Vous y venez chercher une fiction ; il faut que cette fiction vous saisisse, et si elle se laisse oublier, si on vous entretient de ce qui agite matériellement votre existence individuelle, vous voilà aussitôt en garde ou en guerre contre la leçon qui aurait pu vous venir, à votre insu, à travers l'émotion ou le rire. Il faut qu'une bonne moralité empoigne les spectateurs sans qu'ils sentent qu'elle s'adresse à leurs vices,

à leurs erreurs ou à leurs ridicules. Et ne craignez rien ; quand ce spectateur empoigné aura ri ou pleuré sur lui-même sans songer à lui-même, le lendemain il sera déjà meilleur ou plus sage, sans savoir comment cela lui est venu.

MAURICE. — Heu ! heu ! pas sûr ! Ces leçons-là s'effacent si vite !

ÉMILE. — Oui, mais la théorie est bonne. Appliquez-la sans vous lasser. Si chacun faisait de même, tous les soirs une bonne leçon sortirait du théâtre, et à force de bonnes leçons...

EUGÈNE. — Que vois-je, ô ciel ? ô terre ! sang et damnation ! nous avons dressé le système d'éclairage à l'envers ! Tous nos quinquets auraient la tête en bas ! C'est à déclouer et à reclouer. Avez-vous fini, Sybarites, de vous gorger de pain bis et de fromage de Brie ?

DAMIEN, chantant :

> Frappons, chantons et travaillons,
> Et narguons la nuit qui s'avance ;
> Travaillons, chantons et veillons...
> Frappons nos marteaux en cadence !...

C'est improvisé, messieurs !

MAURICE. — Oh ! tu n'as pas besoin de le dire !

SCÈNE VI

Dans la campagne

FLORENCE, JACQUES, MYRTO.

FLORENCE, à pied, conduisant le cheval par la bride, à Jacques et à Myrto, qui sont dans la carriole. — Ah ! je touche un mur, bon ! un pas de plus, et je faisais passer la roue sur la borne ! Attendez-moi ici, c'est peut-être une maison, mais je ne peux m'en assurer qu'avec les mains.

MYRTO. — Prenez garde, Marigny ! On peut se tuer par un temps pareil.

FLORENCE. — Tenez la bride du cheval, monsieur Jacques. Je veux savoir où nous sommes.

(Il s'éloigna.)

MYRTO. — Quel temps ! Vous ne trouvez pas que c'est lugubre ?

JACQUES. — Enveloppez-vous bien dans mon manteau, car ce brouillard, sans être froid, est humide et malsain.

MYRTO. — Ah ! vous êtes trop bon, monsieur Jacques ! Vous n'êtes pas jeune, vous, et vous vous dépouillez pour moi qui suis forte comme un cheval de charrette !

JACQUES. — C'est parce que vous êtes jeune que votre existence est plus précieuse que la mienne.

MYRTO. — Plus précieuse ! Est-ce que vous me raillez, monsieur Jacques ? Ce ne serait pas bien, je suis si triste !

JACQUES. — Je ne raille jamais. Vous avez encore le temps de faire beaucoup de bien, si vous voulez, et moi, en dépit de ma volonté, pour peu que les infirmités de la vieillesse arrivent bientôt, comme c'est dans l'ordre, j'ai à peu près fini ma carrière.

MYRTO. — Faire du bien, moi ! Ah ! si je le pouvais ! Mais je ne le pourrai jamais : il ne m'aime pas, lui !

JACQUES. — Qui donc ? Florence ?

MYRTO. — Vous le savez bien. S'il ne vous l'a pas dit, vous le voyez du moins à ce que je souffre. Il me parle à peine, ou il parle exprès de choses qui ne m'intéressent pas. Il vous a fait venir avec nous pour ne pas se trouver seul avec moi. Je ne me plains pas de vous, monsieur Jacques ! Vous êtes si doux, si poli ! Vous avez pour moi des égards qui devraient me flatter, moi pauvre mauvaise fille, de la part d'un homme aussi respectable que vous... Mais tenez, ce brouillard qui s'était presque dissipé et qui est revenu tomber tout à coup sur nous, ça m'irrite, ça m'étouffe : il me semble que je suis dans un linceul. Je ne suis pas peureuse. Le danger où nous sommes depuis une heure ne m'occupe pas du tout ; mais ces ténèbres blanches me donnent des idées de mort. C'est plus affreux que la nuit la plus noire. Et lui, qui ne revient pas! Ça m'inquiète. Descendons et cherchons-le. On ne doit pas se séparer dans un danger pareil !

JACQUES. — Vous avez raison... Mais tranquillisons-nous, le voilà. Eh bien, Marigny, où sommes-nous ?

FLORENCE. — Je le sais maintenant. Nous sommes au pied de la chapelle de Saint-Satur. J'y ai passé en venant de Paris.

MYRTO. — Et qu'est-ce que c'est que cet endroit-là ? Est-ce habité ?

JACQUES. — Non ; c'est une chapelle abandonnée dans une lande déserte ; mais il y a un ravin à deux pas d'ici, et il serait imprudent, nous qui l'avons évité par miracle jusqu'à présent, de nous avancer davantage.

FLORENCE. — Savez-vous ce qu'il faut faire, monsieur Jacques ? Vous avez froid, j'en suis sûr, et mademoiselle aussi. Entrez dans la chapelle, qui n'est pas très-bien close, mais où vous serez toujours mieux qu'en plein champ. Je vais dételer le cheval, le mettre dans ce préau fermé, et j'irai vous rejoindre. Il est impossible que dans une heure ce brouillard ne soit pas à peu près tombé.

JACQUES. — C'est, en effet, le seul parti raisonnable à prendre, et pour cela, mademoiselle Myrto, il ne faut qu'un peu de patience.

MYRTO. — Oh ! monsieur Jacques, je n'en ai pas besoin quand je suis avec vous... et avec lui... qui ne m'entend déjà plus !

JACQUES. — Attendez! Je vais prendre une des lanternes de la voiture pour nous éclairer dans cette espèce de ruine.

SCÈNE VII

Dans la chapelle de Saint-Satur

MYRTO, JACQUES.

JACQUES. — Ah ! ah ! le brouillard y est entré aussi, car il doit y avoir bien des brèches au vitrage, mais cependant on y voit clair à se conduire, et on y respire un air moins épais que dehors.

MYRTO. — Cela me paraît bien joli, cette vieille chapelle. Pourquoi est-ce abandonné ?

JACQUES. — Ce n'a jamais été une église paroissiale, mais seulement un point de dévotion particulière. On y vient dire une messe tous les ans. Il y a sous une voûte, quelque part, une source merveilleuse qui guérissait jadis de la lèpre ; mais il n'y a plus de lèpre, et la source ne rapporte plus rien au curé de Saint-Abdon, qui dessert cette chapelle. Attendez, n'allez pas au hasard dans ces décombres ; la source est profonde, et je ne me rappelle pas bien où elle est ; il y a longtemps que je ne suis entré ici. Tenez, voici une petite roue en bois qui sert de lustre, le jour de la messe annuelle, et qui est encore garnie de bouts de cierges moitié cire, moitié résine. Ce ne sera pas une profanation que de les allumer, et vous pourrez trouver la source et admirer la petite chapelle romane, qui est, en effet, fort jolie.

MYRTO. — Ah ! ce n'est pas vous qui pouvez profaner une église, c'est moi, monsieur Jacques ! Une église ! je n'y

entre jamais sans trembler, et celle-ci me fait un effet... Oui, elle est jolie, elle est belle, à mesure qu'elle s'éclaire! Et la source qui guérit de la lèpre ? Quand je faisais ma première communion, j'entendais parler de la *lèpre du péché*. Je ne savais ce que cela voulait dire, pauvre enfant que j'étais ! Et à présent... Ah ! si cette source pouvait en effacer la souillure jusqu'au fond de l'âme, comme je voudrais m'y plonger, monsieur Jacques !

JACQUES. — Vous êtes triste, mon enfant ? Voyons, racontez-moi vos peines. Une belle dame voulait absolument hier soir me faire deviner les siennes. J'y portais une grande répugnance, je vous assure ; mais avec vous, c'est le contraire, car je sens que vous êtes sérieuse et sincère en ce moment, et que vous ne jouez pas avec votre conscience. Parlez-moi donc ! Ne suis-je pas là pour essayer de vous calmer ?

MYRTO. — Ah ! monsieur Jacques, je ne suis pas madame de Noirac, moi ; je ne saurai pas m'expliquer comme elle. Je suis une sotte, une folle... C'est la vanité, la parure, le goût des chiffons, des meubles, des bijoux, qui m'ont perdue. Peut-on se perdre pour quelque chose de plus bête ? Et puis l'ennui du travail! Si vous saviez comme c'est desséchant, le travail d'une femme dans une grande ville ; comme la privation excite l'envie de paraître et de posséder ! Et comme le mariage entre pauvres est triste ! Mettre au monde des enfants condamnés à mourir de faim ! Ah ! la famille avec la misère, c'est l'effroi et le désespoir à envisager !...

JACQUES. — Je sais tout tout cela, mon enfant ; je l'ai souvent observé : j'y ai beaucoup réfléchi. Tout ce qui peut, non pas vous absoudre, mais vous excuser, je me le suis dit probablement plus souvent que vous.

MYRTO. — Ah ! oui, vous êtes un philosophe, vous, on me l'a dit ; un bon philosophe, pas pédant et très-humain. Je vous ai parlé comme une impertinente, hier matin, en traversant votre jardinet. Je vous en demande bien pardon. Je ne suis pas maintenant ce que j'étais il y a douze heures. J'ai bien changé, bien vieilli, allez ! Je n'ai pas encore réfléchi, je ne sais pas réfléchir, moi, mais j'ai bien souffert !

JACQUES. — Vous avez aimé, et pour la première fois peut-être ? Prenez garde à votre réponse, Myrto ; ne montez pas. Je sais les accès de lassitude, d'effroi ou d'attendrissement auxquels ne peuvent résister les femmes qui s'étourdissent trop à l'habitude ; mais je sais aussi que dans ces moments-là elles exagèrent et mentent, sans en avoir conscience, aux autres et à elles-mêmes. Leur thème favori, dont elles abusent souvent pour surprendre la bonne foi des hommes compatissants ou romanesques, c'est de dire qu'elles n'ont encore jamais aimé, et qu'un amour vrai ferait d'elles des Madeleines repentantes. Ne dites pas de ces choses-là si vous ne les sentez pas bien vraies. Là serait la profanation, là serait la lèpre du péché incurable.

MYRTO. — Eh bien, vous avez raison, monsieur Jacques ! Je ne peux rien dire, je n'ai pas le droit de me repentir et de me confesser ; je dois souffrir et me... taire... (A Florence, qui est entré.) Ah ! Dieu ! c'est vous ! Je ne vous ai pas entendu venir, et vous m'avez fait peur! Ah ! c'est que j'ai bien peur de vous, allez !

FLORENCE. — N'ayez pas peur de moi ; vous pouvez parler devant moi comme vous parliez devant monsieur Jacques. Je pense, je sens comme lui, et tous deux nous voudrions vous voir consolée, c'est-à-dire guérie de ce que vous appelez vos péchés, de ce que nous appelons vos erreurs.

MYRTO. — Ah ! vous me parlez avec amitié ; mais votre amour est à une autre ! Je sens bien que cette femme-là est plus que moi. Le vent lui a bien enlevé quelques feuilles, mais il ne l'a pas arrachée de sa tige et roulée dans la boue !

JACQUES. — Cela est vrai, Myrto ; mais vous, qui semblez avoir le souvenir d'une éducation chrétienne, rappelez-vous que le repentir sincère et profond efface tout, tandis que le repentir faux ou frivole aggrave nos torts devant Dieu.

MYRTO. — Dieu ?... Oui, j'y crois et je l'aime ; mais je l'oublie et je n'y pense jamais. J'ai une tête bien légère, et je l'ai tant laissée courir, ma pauvre tête, qu'elle est souvent comme celle d'un homme ivre. Parlez-moi de Dieu, Florence, et vous aussi, monsieur Jacques ; je vous entendrai, je vous comprendrai ici, dans cette jolie chapelle, qui paraît grande et sévère dans le demi-brouillard. Ah ! comme ils font bien, vos cierges allumés, monsieur Jacques ! Voyez comme cette lumière tremble sur les arcades !... Et la source, nous y voilà ! Qu'elle est claire et immobile, et triste ! On dirait d'une grosse larme qui ne peut ni couler ni sécher. Ah ! j'en ai une comme cela sur le cœur !

JACQUES. — Myrto, vous êtes portée à la poésie comme toutes les âmes excitées. Il faut des choses extérieures à votre imagination ! Ce n'est pas un mal si leur impression vous fait rentrer en vous-même ; mais si elles ne font que réjouir vos yeux et traverser votre cerveau sans y laisser une émotion durable, vous jouez là avec un tableau comme un enfant avec une image dont il ne comprend pas le sens. Dieu n'est pas plus dans cette église que partout ailleurs. S'il n'est pas dans votre âme, il n'est réellement pour vous nulle part.

MYRTO, montrant Florence. — Et il ne me dit rien, lui ! S'il me disait qu'il m'aime, je saurais bien où trouver Dieu ! Je l'adorerais en lui ! Mais il me plaint, et c'est tout. Je vois bien cela, Florence, et comme vous n'avez que cela à me dire, vous faites bien de vous taire.

JACQUES. — Et pourquoi voulez-vous que Florence vous aime ? De quel droit le lui demandez-vous ? et comment osez-vous le lui demander ainsi, vous qui auriez de la réserve, de la crainte, de la pudeur enfin, si vous étiez repentante comme vous prétendez l'être ?

MYRTO. — Mon Dieu ! est-ce que je rougis ? Oui, je sens un feu monter à ma figure comme quand j'avais quinze ans ! Jacques, vous me faites rougir ! Est-ce de l'amour-propre blessé ou de la honte ? Est-ce du repentir ou de la colère ? Tenez, je ne sais pas, mais je souffre bien !

JACQUES. — Souffrez, Myrto ; pourquoi ne souffririez-vous pas ? Il y a tant de consciences pures qui souffrent affreusement sans l'avoir mérité !

MYRTO. — Ah ! que vous devenez cruel pour moi, vous ! Il est meilleur, lui : il ne me dit rien.

FLORENCE. — Eh bien, répondez donc à M. Jacques, qui vous interroge ; pourquoi voulez-vous que je vous aime ?

MYRTO. — Je n'ose plus vous répondre ! J'allais vous dire que c'est parce que je vous aime, moi ; mais vous me trouvez hardie, et je sens qu'en effet une femme ne doit pas dire cela à un homme qu'elle respecte.

JACQUES. — Quand même vous auriez le droit de le dire, avez-vous celui d'exiger qu'on y croie ? A sa prière, à son exhortation, vous avez renoncé à une mauvaise action, à une détestable vengeance. Vous vouliez perdre une femme qui n'avait d'autre tort envers vous que celui d'être moins perdue que vous. C'était une pensée infâme que vous aviez là, Florence vous l'a ôtée ; remerciez-le de l'avoir voulu, de l'avoir fait, et n'exigez pas que ce soit lui qui vous récompense, quand c'est lui qui vous sauve.

MYRTO. — Vous m'écrasez, vous avez raison. Mais ce n'est pas ma faute si j'ai renoncé à faire le mal par amour et non par devoir.

JACQUES. — Et qui lui prouvera, à lui, que cet amour ne soit pas un caprice, et que, s'il le partage, vous ne le foulerez pas aux pieds dans trois jours ? Où sont les preuves de votre raison et de votre loyauté ? Quelles garanties trouverait-il dans votre caractère ?

MYRTO. — Qu'il me mette à l'épreuve ! Mais il ne le veut pas ! et alors je vois bien que tout ce que j'ai résolu de bon est inutile. Personne ne veut, personne ne peut croire en moi. Il faut donc que le chien retourne à son vomissement, comme me disait ma grand'mère en me lisant sa vieille Bible ! L'ivresse de la débauche, voilà mon lot, à moi ! Adieu donc, laissez-moi, partez ! Je n'ai pas besoin de vous. Je n'ai pas peur de la nuit et de la solitude. Il n'y a pas de danger pour moi sur les chemins. Ne suis-je pas une prostituée ? Que m'importe d'être insultée par le premier vagabond dont je ferai rencontre ? Ne suis-je pas sa proie légitime ? Laissez-moi, laissez-moi, vous dis-je ; je ne vous aime plus, je ne vous écoute plus. Je veux rester seule dans cette église pour y maudire Dieu tout à mon aise et pour y cracher sur l'image des saints !

JACQUES. — Myrto, vous êtes affreuse en ce moment, et la pitié s'envole de mon cœur ! Venez, Marigny, venez ! Qu'elle rugisse, qu'elle pleure, qu'elle souffre ! Elle l'a bien mérité, et je ne sais pas pourquoi deux consciences sans reproche serviraient de jouet au dépit d'une femme sans cœur.

MYRTO, tombant à genoux. — Florence, ne me quittez pas ainsi, vous ! Que ce vieillard me maudisse, il en a le droit ; mais vous, êtes-vous assez vertueux, avez-vous assez souffert, assez mérité dans la vie pour me repousser du pied comme un haillon ? Ne m'aviez-vous rien promis, hier, quand j'ai cédé à votre volonté ? Je sais que je n'ai pas de droit sur votre amour, je ne vous le demande plus ; je vous ai remis les lettres sans condition ; mais vous, vous m'aviez dit, pour me récompenser : « Je n'aurai plus de mépris pour vous si vous continuez ainsi, et je vous porterai une amitié chrétienne et fraternelle. » Oui, c'est comme cela que vous avez dit ; et quand j'ai tant pleuré de n'avoir pas mieux à espérer de vous, vous m'avez encore consolée en me disant : « Je reviendrai à minuit, je vous en donne ma parole d'honneur, et je vous conduirai au premier relais de votre voyage. » Alors, moi, que voulez-vous ? j'ai espéré ! Oui, j'ai espéré vous séduire, surprendre votre amour, et je crois que je serais devenue tout de suite digne de le conserver. C'était un mauvais moyen, je le reconnais ; il fallait commencer par le mériter, et cela ne se peut pas tout d'un coup ! Ce n'est pas de se donner qui rend digne d'être aimée. Hélas ! pour une femme comme moi, ce n'est pas un sacrifice ; on ne lui en sait aucun gré ! Oui, oui, j'étais folle, et on a le droit de me le faire sentir cruellement ! Mais à présent, je ne le suis plus ; je comprends, je me rends justice. Tenez, je me relève ; je sens que j'en ai le droit à mon tour, et que je peux vous tendre la main en vous disant : Florence, je serai heureuse de votre amitié ; je vous la redemande, et, cette fois, j'en sens assez le prix pour ne plus vouloir la perdre par les avances d'une folle passion.

FLORENCE. — Eh bien, Céline, voici ma main en témoignage d'estime et de respect. Je retrouve pour vous les sentiments qu'une femme doit préférer aux promesses d'une affection dont la pureté peut toujours sembler douteuse. Le respect, Céline, il ne s'est jamais effacé pour vous de mon cœur, parce que vous êtes une femme, et que ce doit être un caractère indélébile pour l'homme né de la femme. Toutes mes duretés envers vous, tous mes reproches s'adressaient à l'être factice que la corruption du siècle avait mis à votre place ; mais vos traits si nobles, en dépit de l'ivresse de votre cerveau, mais votre forme si pure, cette création de Dieu dont il ne nous appartient pas de détruire le type, mais votre rang dans la nature, ce rang sacré que vous avez toujours le droit de reprendre si vous en sentez l'importance et la dignité ; tout cela, je l'ai toujours respecté en vous et malgré vous ! Faites que ce respect n'ait plus à lutter contre vos actions et qu'il s'empare de mon âme comme un devoir facile et doux. Si vous ne le voulez pas, je garderai votre souvenir comme celui d'une sœur que la mort m'aurait enlevée ; si vous le voulez, je me réjouirai dans ce souvenir comme dans la pensée d'une sœur vivante, ressuscitée, et dont je puis encore être fier.

MYRTO. — Du respect ? du respect à moi ? Le respect d'un homme de bien pour la pauvre Myrto... pour la pauvre Céline ? Car vous m'avez appelée ainsi, et je ne veux plus porter d'autre nom que celui qui me rappelle le temps de mon innocence et l'heure de votre pardon ! Ah ! oui, je le sens, le respect vaut quelquefois mieux que l'amour, et vous me proposeriez maintenant d'échanger ce que je vous demandais contre ce que vous m'offrez, que je ne le voudrais plus ! Et vous, monsieur Jacques, vous aussi, avec vos cheveux blancs et votre parole sévère, vous auriez du respect pour moi, si je rentrais dans le chemin du devoir ?

JACQUES. — Oui, ma fille, car vous auriez droit à celui de toutes les âmes équitables. Vous en mériteriez peut-être plus que certaines femmes sans reproche, parce qu'il vous aurait été plus difficile de rentrer dans le bon chemin. Souvenez-vous qu'il y aura plus de joie dans le ciel pour la conversion d'un pécheur que pour la persévérance de cent justes.

MYRTO. — Ah ! ce n'est pas ce que disent les hommes du monde ! Ils nous disent, au contraire, que l'on ne remonte pas la pente de l'honneur, et que la souillure du vice est ineffaçable.

JACQUES. — Ils mentent !

MYRTO. — Eh bien, qu'ils mentent, que m'importe ? N'y eût-il que vous deux pour me faire aimer la vérité, cela me suffirait. Vous verrez, vous verrez, Marigny ! Je vais vous quitter dans quelques heures, et je ne vous demande pas de me revoir avant que j'aie pu vous dire que j'ai droit à votre estime ; mais dans un an, peut-être, j'aurai déjà réparé bien des fautes, et si je vous demande alors de venir vous en convaincre, me le refuserez-vous ?

FLORENCE. — Non certes ; je vous promets d'aller vous tendre une main amie, si je suis libre, si la pauvreté n'y apporte pas, de ma part, un obstacle invincible.

JACQUES. — Eh bien, Céline, commencez, dès cet instant, à mériter le respect. Partons ! Le brouillard se dissipe, car il n'y en a plus ici ; je vais vous conduire à la ville, où votre voiture vous attend, et Florence retournera à son jardin, où le retour du soleil va bientôt lui marquer l'heure de sa tâche.

MYRTO. — Quoi ! déjà ? nous quitter ici... quand il est si loin de son gîte... seul... la nuit ?

FLORENCE. — Je suis jeune, je suis fort, et vous m'avez rendu fier et content de moi. En marchant, je penserai à vous avec une douce satisfaction, et, loin d'être accablé et honteux comme je l'eusse été si nous eussions cédé l'un et l'autre à l'ivresse de la volupté, je me remettrai au travail avec un saint enthousiasme. Relevez-moi de ma promesse, Céline, et permettez-moi de vous quitter ici. Je vous laisse auprès d'un cœur paternel et trois fois saint.

Vous, laissez-moi emporter dans mon âme la douce émotion de ce moment solennel qui fait de moi votre ami et votre frère.

MYRTO. — Eh bien, oui, partez, Marigny ! Mon frère, mon ami ! Ah ! que ces mots-là sont doux ! Tenez, je suis heureuse, et je vous vois partir sans colère et sans chagrin. Je veux remercier Dieu, là, à genoux, devant cet autel nu et dévasté où les hirondelles ont abrité leur nid ! Vous n'êtes pas catholiques, vous autres ? Moi, je ne sais pas ce que je suis ; mais je me figure qu'un autel est toujours une chose sacrée, une pierre où se gravent les serments. J'embrasse celle-ci, et j'y jure à Dieu de faire mon possible pour connaître sa loi et pour l'observer. Donnez-moi votre main, Florence, et vous, monsieur Jacques, bénissez ma tête égarée qui s'incline dans la douleur et dans la prière : il me semble que cela me portera bonheur !

VOIX DE COQS, éparses autour de l'horizon

Le jour ! le jour ! Voyez cette ligne blanche à l'horizon ! Répondez ? répondez ? Est-ce que vous dormez tous ? Est-ce que vous ne songez point à saluer l'aurore ?

Le jour ! le jour ! Réveillons les chiens paresseux et les hommes qui ont tant de peine à sortir de leurs demeures ! Répondez, répondez, clairons de la nuit, hérauts de l'aube nouvelle ! Réveillons les chiens et les hommes !

Le jour ! le jour ! Volez d'une colline à l'autre, cris d'alerte et de vigilance, hymnes de lumière et de vie ! Remplissez le ciel et la terre. Le soleil va venir embraser les toits, et le voile de la nuit brumeuse, plié comme une tente, va laisser à découvert la face blanchissante de la plaine. Alerte ! alerte ! criez, appelez, répondez ! Que les portes s'ouvrent ! Il est temps d'aller saluer aux champs le retour du beau soleil qui s'approche !

SIXIÈME PARTIE

SCÈNE PREMIÈRE

Dimanche matin, au point du jour, sur un chemin

GÉRARD, FLORENCE.

GÉRARD, à cheval. — Comment, c'est vous, monsieur le jardinier... monsieur... Comment vous nommez-vous donc ?

FLORENCE, à pied. — Et vous, monsieur le marquis, je ne sais pas encore votre nom.

GÉRARD, sèchement. — Ah, oui-dà ! Vous courez de grand matin.

FLORENCE. — Et vous aussi, vraiment.

GÉRARD. — Ramassez-moi, je vous prie, ma cravache que j'ai laissée tomber.

FLORENCE. — Votre cheval est trop dangereux pour que vous puissiez descendre ?

GÉRARD. — Pourquoi ça ?

FLORENCE. — C'est qu'à moins que vous n'ayez absolument besoin que je vous rende ce petit service, je ne me baisserai pas volontiers.

GÉRARD. — Vous avez donc bien mal aux reins, mon cher ?

FLORENCE. — Oui, un manque de souplesse.

GÉRARD. — Qui peut vous faire du tort dans votre état.

FLORENCE. — Non ; le travail me remet tout à coup. Il n'y a qu'à cela que je me plie facilement. Pour le reste, je ne vaux rien du tout.

GÉRARD. — Venez donc me dire ça de plus près.

FLORENCE. — M'y voilà, monsieur.

GÉRARD. — Ah çà... il n'y a pas à dire, vous êtes Marigny !

FLORENCE. — En êtes-vous bien sûr ?

GÉRARD. — Ma foi, mon cher, je vous demande pardon. Je vous prenais pour un domestique. C'est qu'il y a, depuis deux jours, à Noirac, un jardinier qui vous ressemble. J'étais préoccupé quand je l'ai aperçu ; pourtant j'ai tout de suite pensé à vous, et voilà que, ce matin, je vous prenais pour lui.

FLORENCE, souriant. — Oui, il y a comme cela des ressemblances ? Vous voulez ramasser votre cravache vous-même à présent ? Ne descendez pas, je vais vous la donner.

GÉRARD. — Mille pardons, mon cher ami, je vous remercie. Mais qu'est-ce que vous faites donc dans ce pays-ci ? Vous voilà affublé d'une limousine comme un vrai campagnard ! Chez qui êtes-vous venu chasser ?

FLORENCE. — Je ne chasse plus. Est-ce que vous ne savez pas ce qui m'est arrivé après 48 ?

GÉRARD. — Je sais, je sais, mon cher! Vous avez perdu votre fortune, et, de ce moment-là, on ne vous a plus revu. On m'a dit que vous aviez passé en Angleterre.

FLORENCE. — On vous a trompé. Ayant scrupuleusement remboursé les créanciers de mon père, je n'avais pas de raison pour passer à l'étranger.

GÉRARD. — Je sais que vous avez été plus que galant homme! Vous avez été admirable de délicatesse. On vous en a su gré dans le monde.

FLORENCE. — Le monde est bien bon ; mais je doute qu'il se soit beaucoup occupé de moi. Je n'y avais pas fait figure bien longtemps, et j'ai toujours été assez sauvage.

GÉRARD. — Quand je dis le monde, je parle de nos connaissances communes. Le monde est partout et nulle part?

FLORENCE. — C'est que je ne sais pas bien apparemment ce que vous appelez le monde ; mais je vous retiens là, je suis à pied...

GÉRARD, mettant pied à terre. — Non, non, je suis bien aise de vous rencontrer, et je ne veux pas perdre l'occasion de causer avec vous. Il est de si bonne heure que je n'ai pas de motif pour me presser d'arriver où je vais. De quel côté allez-vous pour votre compte ?

FLORENCE. — Je vais du côté de Noirac, et nous pouvons faire un bout de chemin ensemble.

GÉRARD. — J'en serai charmé. Ah çà, vous connaissez le pays... Vous y êtes donc depuis quelque temps ?... Et vous n'êtes pas venu me voir !

FLORENCE. — Je le connais fort peu ; j'y suis depuis quelques jours, et quant à vous aller voir, je n'y ai pas songé, je vous l'avouerai. Vous parliez du monde, tout à l'heure ; je ne suis plus du monde.

GÉRARD. — Pourquoi ça ? parce que vous n'êtes plus riche ? Qu'est-ce que ça fait donc ? Quand on a été du monde, on en est toujours.

FLORENCE. — J'ai donc été du monde ? Je ne le savais pas !

GÉRARD. — Vous plaisantez, mon cher! On ne peut pas aller dans le monde sans en être ; si on n'en était pas, on n'y serait pas reçu. C'est la réunion des personnes d'un certain rang...

FLORENCE. — Ah ! vous savez très-bien que j'étais extrêmement roturier ; je ne m'en cachais pas.

GÉRARD. — En cela vous faisiez preuve d'esprit. Mais votre éducation, votre tenue, votre savoir-vivre...

FLORENCE. — Selon vous, le monde est donc la réunion des personnes bien nées ou bien élevées?

GÉRARD. — Mon Dieu, si vous voulez que nous fassions la critique du monde, je le veux bien, et j'avouerai que c'est un amalgame aujourd'hui ; car on y rencontre des gens bien nés qui sont très-mal élevés...

FLORENCE. — Et des gens mal élevés qui ne sont pas du tout bien nés. Tenez, avouez que le monde, c'est la réunion des gens qui ont le moyen d'y aller, et qu'il n'y a plus que deux classes dans la société française : celle qui a de l'argent et celle qui n'en a pas.

GÉRARD. — Eh bien, oui ; pour aller dans le monde, il faut être quelque peu riche, parce qu'il y faut une certaine apparence et une certaine libéralité. Je comprends donc que vous l'ayez quitté ; mais je dis que vous avez toujours le droit d'y reparaître et de traiter d'égal à égal avec tous ceux qui en font partie.

FLORENCE. — Pourquoi donc me traitiez-vous si cavalièrement tout à l'heure, en me demandant qui j'étais, d'où je venais, et en me priant, d'un ton très-impérieux, de vous ramasser votre cravache ?

GÉRARD. — Je vous l'ai dit : ce n'est pas à vous que je parlais. Je vous prenais pour le jardinier de Noirac. C'est un beau garçon, et qui a l'air distingué.

FLORENCE. — Eh bien, si j'étais maintenant jardinier à Noirac ?

GÉRARD. — Allons donc, mon cher, vous plaisantez !

FLORENCE. — C'est comme vous voudrez, mon cher ; mais vous ne me répondez pas.

GÉRARD. — Je ne peux pas répondre à une supposition comme celle-là !

FLORENCE. — Est-ce que vous croyez que je dérogerais, moi, fils de jardinier, si je me faisais jardinier ?

GÉRARD. — Non certes. Jardinier pour votre compte, sur une terre à vous !...

FLORENCE. — Vous voulez dire un terrain ! Et si je n'avais pas le moyen de l'acheter, ce terrain, ne serais-je pas forcé d'accepter une fonction rétribuée dans une maison particulière ?

GÉRARD. — Mais quand on est instruit comme vous l'êtes, on est journaliste, homme de lettres, spéculateur, artiste, que sais-je ? Mais on ne se fait pas jardinier, que diable !

FLORENCE. — Et si on a reconnu qu'on n'avait ni le goût ni la facilité d'écrire ; qu'on n'avait pas d'aptitude pour l'agiotage, et qu'en fait d'art, la botanique et l'horticulture étaient une vocation ?

GÉRARD. — Alors je ne vous dis plus rien, je ne sais que vous dire... Vous me troublez un peu. Je vous regarde... Je pense à l'homme d'hier, à l'homme que j'ai connu autrefois... et, ma foi, si cela ne vous fâche pas, je vous confesse que je vous crois, en effet, jardinier à Noirac.

FLORENCE, riant. — Alors, vous allez me demander d'où je viens si matin, et m'ordonner de vous tenir l'étrier pour remonter à cheval ?

GÉRARD. — Non pas, mon cher! Je puis être une bête, mais je ne suis pas un sot, et le souvenir que j'ai gardé de vous, souvenir que rien dans vos manières actuelles ne dépare, me fera toujours vous regarder comme mon égal... Bah! nous vivons dans un temps où il faut bien se dire que la vraie supériorité, c'est celle de l'esprit, et, comme vous en avez plus que moi, vous pouvez bien vous regarder comme mon supérieur. Cela ne me fâchera pas, vous voyez bien que je suis plus démocrate que vous.

FLORENCE. — Vous, démocrate, Mireville ? Vous ne le serez jamais. Avec la meilleure volonté du monde, vous ne pouvez pas l'être. Forcé d'avouer que l'intelligence est plus forte aujourd'hui que la naissance pour remuer le monde, vous passez d'une erreur à une autre. Vous croyez que l'intelligence crée, de droit, une supériorité de fait.

GÉRARD. — Ah! par exemple, si vous niez cela, si vous vous croyez l'égal de votre confrère Cottin, par exemple, ou d'Antoine, mon domestique...

FLORENCE. — Oui, je me crois, je me sens leur égal devant Dieu, et c'est pour cela que je n'ai pas de répugnance à me faire domestique...

GÉRARD. — Vous l'êtes donc, décidément ?

FLORENCE. — Je m'étonne de votre obstination à en douter.

GÉRARD. — Eh bien, passons !... Vous n'êtes pas, pour cela, l'égal des autres domestiques, car il n'y en a pas un seul qui ne soit une brute auprès de vous.

FLORENCE. — Vous vous trompez, peut-être. Est-ce que vous les connaissez vos domestiques ? Est-ce que vous les interrogez avec le respect qu'on doit à son semblable ? Est-ce qu'ils peuvent vous répondre avec confiance ? Jamais.

GÉRARD. — Ma foi, non, jamais ! Comment diable aurais-je du respect pour l'homme qui me permet à toute heure d'en manquer à son égard ? Si j'avais des domestiques comme vous, ce serait différent. Je crois bien que, du caractère dont je suis au fond, ils seraient vite mes maîtres ; mais comme cela n'est pas...

FLORENCE. — Comme cela n'est pas encore, vous ne voulez pas que cela puisse jamais être ? Et tenez, cela ne sera jamais, tant qu'on croira qu'un homme titré, riche ou intelligent (je mets dans le même sac ces trois aristocraties) a des droits matériels sur son semblable. Il n'en a pas, croyez-moi, les hommes lui en donnent, mais Dieu ne les sanctionne pas.

GÉRARD. — Oui, je sais, je connais ça. J'ai entendu soutenir cette thèse ! C'était fort beau, fort bien dit. J'ai lu aussi quelques ouvrages là-dessus. La conclusion était que l'homme le plus vertueux et le plus intelligent devait se dévouer plus que tous les autres, et ne commander à personne. Ma foi, je trouve cela un peu fort, et je n'y comprends rien.

FLORENCE. — Vous n'avez pas voulu comprendre. Commander, au nom de la vérité qu'on possède, à des hommes qui l'acceptent, c'est commander comme je l'admets, d'une façon légitime et tout à fait fraternelle ; mais, selon vous, commander c'est s'emparer, par droit de naissance, d'un pouvoir absolu qui n'a plus de contrôle, plus de frein, plus de terme. Cela, nous le repoussons de toutes nos forces, de toute notre raison, de toute notre dignité, et nous disons que l'homme le plus pauvre, le plus ignorant, le plus faible et le plus inepte a le droit de refuser sa sanction à l'autorité de celui qui n'est pas forcé, par les lois divines et humaines, de s'en servir au profit de tous, même à celui des faibles, des pauvres, des ignorants et des imbéciles ; voilà ce qu'on vous a dit et ce que vous avez lu ; mais il ne dépend pas de vous de vous y rendre. On vous a nourri, dès le jour de votre naissance, d'une idée contraire, et je ne me flatte pas de vous en faire changer. Adieu, Mireville ; nous allons tous deux à Noirac ; vous y serez dans un quart d'heure et moi dans une heure. Dans une heure, mon cher ami, vous serez toujours le marquis de Mireville, et moi toujours Marigny ; mais je ne serai plus, à vos yeux et en dépit de vous-même, que Florence le domestique. Eh bien, cela m'est égal, je ne vous en veux pas, et je vous souhaite joie et santé. Adieu !

GÉRARD. — Attendez, attendez, Marigny, encore un mot. Je vous estime, je vous aime, mon cher ! Ne me prenez pas pour un sot, cela me fait mal. Je suis moins fort que vous, mais j'ai du cœur, que diable ! Comptez toujours sur moi, entendez-vous ? Venez me voir.

FLORENCE. — A quoi bon ? Nous nous verrons tous les jours à Noirac. Je ne compte pas négliger mon jardin et ma serre !

GÉRARD. — Mais dites donc, Marigny, si vous étiez gêné, mon cher...

FLORENCE. — Gêné ? Du tout ; je travaille !

GÉRARD. — Bah ! est-ce que ça vous fâche que je vous offre ça ? Est-ce qu'autrefois vous ne l'eussiez pas accepté de moi comme moi de vous ? Vous voyez bien que je ne veux pas qu'il y ait rien de changé dans nos anciens rapports !

FLORENCE. — Merci, mon cher Mireville. Je vous sais gré de l'intention ; mais, sur l'honneur, je n'ai besoin de rien. Je ne me suis jamais trouvé plus riche que depuis que je suis pauvre.

GÉRARD. — Ah ! je comprends ça, moi ! Je suis probablement plus gêné que vous, et si je n'étais pas forcé de paraître, j'aurais pourtant si peu de besoins que je me trouverais bien libre et bien heureux !

FLORENCE. — Je sais que ce serait vous rendre service que de consommer votre ruine en la liquidant. Vous n'êtes pas le seul dans cette position !

GÉRARD. — C'est vrai, mon cher ; mais nous ne saurions pas travailler, nous autres !

FLORENCE. — Vous en auriez cependant bien la force, vous ?

GÉRARD. — Une force d'athlète, c'est vrai. Je bêcherais plus rude qu'un paysan, mais ça m'ennuierait bien ; on ne m'y a pas habitué, et malheureusement je ne serais pas bon à autre chose. Je n'aurais jamais assez de moyens pour être jardinier. Tenez, si la *démoc* arrive, comme disent vos braillards, vous serez au plus haut et je serai au plus bas de la hiérarchie des travailleurs.

FLORENCE. — Espérez que la *démoc* ne sera pas ce que vous craignez, et que vous saurez vous y faire votre place.

GÉRARD. — Ma foi, comme je ne sais s'il y en aurait une pour moi, ce jour-là...

(Il part au galop en achevant sa phrase.)

FLORENCE, le suivant des yeux. — Hélas ! que tout cela est triste ! Va ! pauvre jeune homme, élève d'une société dont tu ne comprendras jamais ni le commencement, ni la fin, ni le but, ni les vicissitudes, ni la destinée ! Va, étourdis-toi sur les périls d'une situation que ton ignorance et ton aveuglement provoquent ! Sois beau, sois bon, sois brave ! Oublie que demain est proche ; aime, espère et vole vers la dame de tes pensées, emporté par ton cheval rapide ! La jeunesse sacrifie à l'amour et cherche le bonheur au milieu des ruines d'une société qui s'écroule, comme la fleur s'épanouit et cherche les atomes fécondants au milieu de l'orage. Et vous, mon Dieu, sagesse, équité, bonté souveraines ! détournez la coupe de la colère, et faites que ce qui est bon se sauve à travers tous les cataclysmes !

SCÈNE II

Dans le jardin de Noirac

JENNY, COTTIN.

COTTIN. — Comment, déjà debout, mademoiselle Jenny ? Vous êtes matineuse ! Vous n'êtes pourtant pas obligée à ça, vous ?

JENNY. — Non, mais je ne dormais pas ; je me suis levée pour voir si ce vilain brouillard était fini.

COTTIN. — Ah ! vous voyez ! le soleil se lève bien gaillard et bien gentil.

JENNY. — Mais cela a duré presque jusqu'au jour, cette obscurité ?

COTTIN. — Vous le savez donc mieux que moi, car je dormais bien tranquille. Mais je crois que, pour de vrai, il n'y a pas longtemps que c'est fini, car il y en avait encore tout à l'heure une couche si épaisse sur mes paillis que je ne voyais pas mes artichauts.

JENNY. — C'est dangereux, n'est-ce pas, ce temps-là, pendant la nuit ?

COTTIN. — Oh ! non, ça ne fait pas de mal aux légumes.

JENNY. — Mais les gens qui sont dehors, dans les mauvais chemins, peuvent s'égarer, verser...

COTTIN. — Ah ! ça, par exemple, oui bien ? Ça me fait penser que je suis étonné de ne pas voir mon camarade.

JENNY. — Qui ? monsieur Florence, n'est-ce pas?

COTTIN. — Oui. Oh ! dame, je l'appelle mon camarade parce qu'il le veut, car il est assez savant pour être mon supérieur ; mais, voyez-vous, ce garçon-là est si humain, si gentil ! Il n'y a pas trois jours que je le connais, et il me semble qu'il y a dix ans.

JENNY. — Eh bien, vous craignez qu'il ne lui soit arrivé malheur ?

COTTIN. — Je ne dis pas ça, mais il a découché et il n'est point encore rentré. Bah ! il se sera amusé ! Le samedi soir c'est assez la coutume, jusqu'au lundi matin.

JENNY. — Vous n'avez pas entendu dire qu'il fût arrivé des accidents, aux environs, pendant cette mauvaise nuit ?

COTTIN. — Non, je n'ai encore vu personne ; mais, tenez nous en parlons, et le voilà !

JENNY. — Ah ! mon Dieu ! déjà ?

FLORENCE. — Déjà ? Vous avez dit déjà, Jenny ?

JENNY. — Ai-je dit cela ? Je ne sais pas de quoi je parlais avec monsieur Cottin.

COTTIN. — Oh ! dame, nous n'avons pas encore eu le temps de l'oublier ! Nous parlions de vous, Florence ! Elle se tourmentait de ce que vous n'étiez pas rentré. Allons, je vais visiter mes couches, faire ma tournée aux espaliers et puis, comme, grâce au bon Dieu, c'est aujourd'hui dimanche, je m'en irai un peu prendre l'air du pays dans le village. Est-ce que vous n'y viendrez pas aussi, mon camarade ? On va à la messe, on joue aux quilles sur la place, on boit chopine avec les amis. Oh ! ici, c'est tous de bons enfants. Vous viendrez, pas vrai, quand vous aurez visité vos serres.

FLORENCE. — Oui, oui, mon ancien. Je serai bien aise de faire connaissance avec les bons enfants de l'endroit.

COTTIN. — Et puis, vous savez, nous allons ce soir à la comédie des marionnettes ! C'est-il vrai que madame ira, mademoiselle Jenny ?

JENNY. — Oui, elle l'a promis.

COTTIN. — Ah ! tant pis ? ça me gênera un peu pour rire tout mon soûl.

JENNY. — Mais madame compte bien rire aussi.

COTTIN. — A la bonne heure. Au revoir, Florence. Salut, mademoiselle Jenny.

(Il s'éloigne.)

FLORENCE. — Vous vous en allez aussi, mademoiselle ? Vous ne venez pas faire avec moi le bouquet de madame ?

JENNY. — Oh ! vous y entendez mieux que moi, et je ne vous serais bonne à rien. D'ailleurs, j'ai affaire dans la maison.

FLORENCE. — J'aurais pourtant voulu vous donner des nouvelles de votre ancienne compagne, la pauvre Céline.

JENNY. — La pauvre Céline?... Oui, pauvre Céline, c'est vrai !... Est-ce que vous l'avez accompagnée jusqu'à la ville?

FLORENCE. — Non, jusqu'à mi-chemin à peu près.

JENNY. — Elle est bien partie, vous en êtes sûr ?

FLORENCE. — Vous craignez donc bien de la revoir ?

JENNY. — Pour moi, non ! Je ne m'en inquiète que pour madame.

FLORENCE. — Vous l'aimez beaucoup, madame ?

JENNY. — Oui, parce qu'elle m'a fait du bien.

FLORENCE. — Et parce que vous avez besoin d'aimer !

JENNY. — Pas plus qu'une autre, je pense.

FLORENCE. — Si fait, vous êtes aimante ? Eh bien, puisque vous acceptez si généreusement les défauts et les erreurs des autres, gardez donc un peu de votre commisération pour celle qui est vaincue dans la lutte !

JENNY. — Laquelle est-ce donc, selon vous ?

FLORENCE. — Oh ! ce n'est pas madame de Noirac ! elle a dormi tranquille cette nuit, n'est-ce pas ? Elle pourrait braver Céline, à présent, et lui jeter à la face l'accusation de calomnie, si Céline essayait de se repentir de sa générosité. Céline n'a plus de preuves, et monsieur Gérard de Mireville sera tout à l'heure aux pieds de sa maîtresse coupable et triomphante, tandis que la courtisane, délaissée et abattue, s'en va seule, essayant de se repentir et projetant de rentrer dans le bon chemin.

JENNY. — Elle est dans ces idées-là, vrai ? Je ne le croyais pas... Mais si c'est vrai, je m'en réjouis. Pourquoi voulez-vous que je la plaigne ? C'est elle alors qui est la plus victorieuse des deux, car je ne voudrais pas avoir, vis-à-vis d'un bon cœur comme monsieur Gérard, ce que ma pauvre maîtresse a sur la conscience.

FLORENCE. — A la bonne heure, Jenny. Je suis content de vous entendre juger et prononcer ainsi. Il me semblait, pardonnez-moi ma franchise, que vous étiez trop indulgente pour madame de Noirac. A présent, je ne serai plus blessé de vous voir l'aimer de tout votre cœur. Je saurai que votre conscience n'est pas dupe de votre gratitude envers elle, et qu'à l'occasion vous lui direz la vérité.

JENNY. — Je vous promets... c'est-à-dire je promets à Dieu de faire mon devoir en toute occasion.

FLORENCE. Et moi, certain de cela, je vous promets de ne jamais plus vous dire un mot contre celle que vous aimez.

JENNY. — Vous m'obligerez, je vous en remercie.

FLORENCE. — Mais vous ne me défendez pas de vous parler de Céline ?

JENNY. — Si vous y tenez, je le veux bien, car il paraît que vous n'avez plus que du bien à m'en dire ?

FLORENCE. — Je vous assure, Jenny, que Céline n'est pas une mauvaise nature, et qu'il y a en elle assez de cœur et d'intelligence pour revenir à la raison et à la droiture, si...

JENNY. — Je n'ai jamais dit le contraire.

FLORENCE. — Elle souffre beaucoup dans ce moment-ci.

JENNY. — Elle souffre ?... Ah ! oui, je sais pourquoi.

FLORENCE. — Vous savez pourquoi ?

JENNY. — C'est-à-dire, je le devine... Elle songe à sa vie passée... elle voudrait l'effacer !

FLORENCE. — Et la réparer.

JENNY. — Que Dieu l'aide ! Je prierai pour elle de tout mon cœur.

FLORENCE. — Vous qui la connaissez mieux que moi, puisque vous l'avez vue dans son temps d'innocence, pensez-vous qu'elle puisse y revenir ? Y a-t-il en elle un peu de religion véritable au fond de l'âme ?

JENNY. — Il y en avait ; pourquoi n'y en aurait-il plus ?

FLORENCE. — Ah ! le vice a passé par là, et il est si difficile de remonter du fond de l'abîme !

JENNY. — Vous me parlez de choses que je ne sais pas, monsieur Florence. Comment pourrais-je juger de ce qui vous inquiète si fort ? A vous dire vrai, tout en m'intéressant à cette pauvre Céline, je n'aime pas beaucoup à parler d'elle... Cela m'embarrasse, je ne sais trop pourquoi... Il me semble que ce n'est pas à moi, mais à une personne mûre, comme monsieur Jacques, que vous devriez demander conseil.

FLORENCE. — Est-ce que je vous ai demandé conseil, Jenny ?

JENNY. — J'ai cru que oui.

FLORENCE. — Oh ! non. Je n'ai pas de conseils à demander à propos d'elle.

JENNY. — Sans doute, vous savez ce que vous avez à faire, et c'est votre cœur seul qui doit vous diriger.

FLORENCE. — Jenny ! Céline vous a parlé de moi hier soir ; que vous a-t-elle dit ?

JENNY. — Je ne m'en souviens pas, monsieur.

FLORENCE. — C'est-à-dire que vous ne voulez pas vous en souvenir : pourquoi ?

JENNY. — Mon Dieu, monsieur Florence, je m'étonne de vos questions, ce matin. Je ne vous aurais pas jugé capable de m'en faire jamais auxquelles je ne pusse pas répondre.

FLORENCE. — Si je comprends votre réserve, Jenny, et si j'insiste cependant, que penserez-vous de moi ?

JENNY. — Je penserai qu'il y a des choses que les hommes ne comprennent pas, et je serai forcée de vous dire que ce n'est pas à moi d'être votre confidente.

FLORENCE. — Non, Jenny, je ne vous demande pas cela. Je vous demande si vous pensez qu'une pécheresse repentante puisse être jamais comparée à la vertu sans tache ?

JENNY. — Je sais que l'Évangile dit : « Que celui d'entre vous qui est sans péché lui jette la première pierre. »

FLORENCE. — Ah ! Jenny, vous dites comme Jacques. Vous êtes grande et bonne comme lui !

JENNY. — Monsieur Jacques vous a dit comme cela ! Eh bien, suivez les avis de monsieur Jacques. Ils doivent être bons.

FLORENCE. — Ainsi, vous m'approuverez, vous ne m'ôterez pas votre estime si je retourne auprès de Céline ?

JENNY. — Mais... certainement non, monsieur Florence ! De quel droit vous blâmerais-je ? Adieu, je vais faire le chocolat de ma maîtresse. Faut-il, si elle m'interroge, que je lui dise que vous nous quittez ?

FLORENCE. — Non, pas encore, Jenny. Je veux passer la soirée avec les nouveaux amis que j'ai dans le pays, avec vous, avec Jacques, Eugène et les autres. Nous allons à la comédie, vous savez ?

JENNY, riant. — Oui, ce sera très-joli, très-gai, j'en suis sûre !

(Elle étouffe un cri et tombe évanouie.)

FLORENCE, la relevant. — Qu'est-ce donc, mon Dieu ! Jenny, vous souffrez ?... Est-elle morte ? O Dieu de bonté ? non ; vous voulez qu'elle vive et que je sois heureux un jour ! Il la porte sur un banc.) Jenny, chère Jenny, revenez à vous ! ne souffrez pas... Mon Dieu, que faire ?

JENNY, revenant à elle. — Qu'est-ce donc, monsieur Florence? Comment suis-je venue ici ? J'étais là-bas tout à l'heure !

FLORENCE. — Vous êtes malade, Jenny ? Vous souffrez beaucoup ?

JENNY. — Oui, j'étouffe, je ne sais pas ce que j'ai... Je suis tout étourdie !

FLORENCE. — Êtes-vous sujette à vous évanouir.

JENNY. — Non, jamais... Ce n'est rien... C'est que je n'ai pas dormi depuis deux nuits... à cause de madame... et puis l'air du matin, je crois... J'ai froid, je vais rentrer.

FLORENCE. — Oui, vous tremblez. Laissez-moi vous donner le bras, vous vous soutenez à peine.

JENNY. Oh ! non... Ce n'est rien... je peux marcher... Merci... Adieu !

FLORENCE. — Attendez ! Tenez, voilà Marotte qui vous cherche, elle vous reconduira au château. Venez ici, mademoiselle Marotte ! Voyez, mademoiselle Jenny est malade. Ayez soin d'elle, n'est-ce pas ?

MAROTTE, accourant. — Oh ! la pauvre enfant, je le crois bien qu'elle peut être malade ! Depuis deux jours qu'elle ne boit ni ne mange ! Venez avec moi, ma petite Jenny ! Vous avez des peines, j'en suis sûre ! Eh ! mon Dieu, est-ce qu'il faut se faire du mauvais sang comme ça ! Appuyez-vous, prenez mon tartan. Vous êtes toute gelée ! Venez, mon cœur, j'aurai bien soin de vous. Pauvre colombe du bon Dieu ! (A Florence.) Ah ! oui, c'en est une, elle ! de colombe du bon Dieu !

(Elle l'emmène.)

FLORENCE, les suivant de loin. — O Jacques, que n'êtes-vous déjà de retour :

SCÈNE III.

Sur la place du village de Noirac, près du porche de l'église.

JEAN, COTTIN, PIERRE, GERMAIN, LE BORGNOT, est une douzaine d'autres paysans.

GERMAIN. — Tu dis qu'il n'est point pour le partage et qu'il est républicain ? Eh bien, moi, je dis que c'est un faux républicain comme les autres.

LE BORGNOT. — Vous voulez donc ça, vous, à présent, père chose, le partage ?

GERMAIN. — J'en veux si j'y gagne, je n'en veux point si j'y perds. Je veux un partage qui donne au paysan sans lui ôter ; et après ça, un roi ou un consul pour empêcher le dérangement de la chose, et je serai content.

JEAN. — Mais les consuls pas plus que les rois n'entendent le partage. Où diable cherchez-vous ça, vous, un roi partageux ?

GERMAIN. — Faudrait bien qu'il l'endure, un coup que la chose serait faite. Ça serait à recommencer comme dans l'ancien temps que j'ai vu, moi. Une révolution pour faire nos affaires, et puis un homme bien entendu pour nous les conserver.

PIERRE. — Comme ça, c'est donc une révolution que vous souhaiteriez, mon père ?

GERMAIN. — Non, j'en veux point ; mais s'il en vient une comme l'ancienne, et qu'on soit forcé d'y répondre, au moins faut-il qu'elle se tourne à notre idée.

LE BORGNOT. — Qu'est-ce qu'il dit de ça, lui, monsieur Jacques ?

PIERRE. — Il dit qu'un partage ruinerait tout le monde ; et je n'ai guère envie d'être ruiné, moi. Il dit que ça serait la ruine de la terre, qu'un chacun continuerait à tirer de son côté, que les gros mangeraient vitement les petits, et qu'on reverrait la grosse propriété faire sa boule et prendre sa graisse comme au jour d'aujourd'hui.

LE BORGNOT. — Comme ça, faut donc rester comme on est ?

PIERRE. — Il dit qu'il faudrait voir à s'associer tous ensemble pour cultiver nos biens, à seule fin d'amender la terre. Il appelle ça l'association.

GERMAIN. — Ah ! c'est ça ! Croyez ça, et vous verrez que tout sera mangé, pillé et volé !

PIERRE. — Si c'est nous-mêmes qui faisons valoir ensemble nos appartenances, qui donc qui viendra nous les voler ?

GERMAIN. — Tout ça, tout ça... c'est de la peine à prendre et du risque à courir ; je crois qu'il vaut encore mieux brouter à la corde qui vous tient.

LE BORGNOT. — Vous pouvez dire ça, vous qui avez de l'herbe sous la dent ; mais ceux qui n'ont que du caillou trouvent la nourriture bien sèche !

COTTIN. — Comme ça, père Germain, vous voulez donc voter avec les blancs, que vous dites qu'il faut rester comme l'on est ?

GERMAIN. — Comment je voterai, ça ne regarde personne. Dites comme vous voudrez, vous autres. Parler ne cuit pas, mais quand il s'agira de fourrer le billet dans la bouinotte... Suffit ! De la main à la poche, c'est le bon Dieu qui est le maître !

PIERRE. — Chut ! attention ! Voilà monsieur le marquis sur son grand cheval. Allons causer plus loin.

COTTIN. — Non, il ne s'arrête pas, il entre au château, et voilà monsieur Jacques qui vient par le chemin d'en bas. Diantre, il s'est promené de grand matin, qu'il rentre déjà ! Qu'est-ce qu'il y a donc dans le fond de sa carriole ! on dirait d'une femme qu'il ramène chez lui ?

JEAN. — Ça doit être la femme à l'Anglais. Je crois avoir entendu dire qu'elle devait venir le chercher un de ces jours pour la ramener à l'Ile-de-France.

PIERRE. — Dans quel endroit donc de la France qu'il y a une île ?

JEAN. — Oh ! c'est loin, loin ! dans la mer.

LE BORGNOT. — Comme ça, il y a donc deux Frances ?

JEAN. — Il y a de la France partout, mes enfants. Moi, j'ai été soldat de marine à la Martinique, et je vous dis qu'on y parle de la France tout comme si on y était, et qu'on n'y pense guère à autre chose.

GERMAIN. — Comme ça, la France est donc la plus fameuse nation de toutes les nations ?

JEAN. — Tiens ! je crois bien !

SCÈNE IV

Dans le vestibule du château de Noirac.

GÉRARD, MAROTTE.

GÉRARD. — Madame la comtesse n'est pas encore levée ?

MAROTTE. — Mais non, monsieur, il n'est pas huit heures !

GÉRARD. — C'est qu'elle m'avait fait dire hier qu'elle monterait à cheval avant la messe, s'il faisait beau temps ce matin.

MAROTTE. — Oh ! dame, monsieur, je crois bien qu'elle l'a oublié, ou qu'elle trouve la matinée trop fraîche, car elle n'a rien commandé et elle est encore dans son lit ; mais je sais qu'elle est réveillée, et je vais lui demander, de votre part, ce qu'elle veut faire. Entrez toujours au salon.

SCÈNE V

Dans la chambre à coucher de Diane.

DIANE, dans son lit ; JENNY, assise à côté d'elle.

DIANE. — Non, non, je ne veux pas me lever encore ; cela te fatiguerait de m'habiller. Comme tu es pâle, ma pauvre Jenny ! Sais-tu que tu m'inquiètes ? Tu ne te sens donc pas mieux.

JENNY. — Je suis tout à fait bien, madame, je vous assure..

DIANE. — Mais comment cela t'a-t-il pris ?

JENNY. — Je ne sais pas du tout ; j'étais tranquille, je riais, et, tout d'un coup, j'ai senti un étouffement, un vertige...

DIANE. — Et il était là, lui ? Il t'a secourue ?

JENNY. — Je crois que oui ; mais à vous dire vrai, je n'en sais rien, je me rappelle cela très-confusément.

DIANE. — C'est singulier, cela ! Depuis deux jours, je te trouve toute changée. Tu ne peux pas guérir de ton chagrin ? Oui, je vois ce que c'est. Depuis deux jours, on ne fait ici que parler d'amour, de passion, de caprice, de jalousie... Tout cela te rappelle le passé et t'excite l'imagination. Il faut pourtant bien que tu oublies ton Gustave, à la longue !

JENNY. — Je ne suis pas pressée d'oublier que l'amour rend malheureux.

DIANE. — Bah ! tu crois ça ? On est heureux quand on le veut ! Tiens, je veux me lever, voir le soleil, aller au jardin, dans la serre. Tu penseras, toi, à notre petit souper de ce soir ! Tu en seras, ça te distraira.

JENNY. — J'en serai ?... Ah ! oui, je vous servirai.

DIANE. — Non. Tout sera servi d'avance et de manière à ce que personne n'ait à se déranger. Je ne veux pas de domestiques. Nous les enverrons souper et se divertir entre eux. Toi, tu feras les honneurs de la table, et Florence fera les honneurs de la serre. Comme cela, il sera avec nous, tout naturellement. Cela ne scandalisera ni Jacques, ni les artistes qui, à ce qu'il paraît, l'invitent à dîner chez eux. Ils ont bien raison, et quand on est comme lui, on fait honneur à la meilleure compagnie. Eh bien, tu m'écoutes pas ?

JENNY. — Je vous écoute d'une oreille, et j'ai dans l'autre ce que monsieur Gérard me disait de vous, hier. Ah ! madame, il vous aime tant, lui !

DIANE. — Ah ! mon Dieu, que tu m'ennuies, avec ton Gérard ! je ne peux pas l'oublier un instant, avec toi !

MAROTTE, entrant. — Monsieur le marquis fait demander si madame la comtesse veut monter à cheval ce matin.

DIANE. — Est-ce qu'il est fou ? Il fait un froid de loup !

MAROTTE. — Mais non, madame, il fait un temps magnifique.

DIANE. — C'est égal, je ne veux pas sortir. Dis-lui qu'il attende que je sois levée. Tiens, Marotte, donne-lui les journaux, ça l'endormira.

(Marotte sort.)

JENNY. — Madame, madame ! il faudrait pourtant bien prendre un parti avec monsieur Gérard.

DIANE. — Eh bien, oui, mon parti est pris, c'est de le renvoyer. A présent, je n'y risque plus rien. Je l'aime peu ou point. Je vais lui donner son congé aujourd'hui.

JENNY. — Comme cela ? sans ménagement, sans regret, sans pitié ? il en mourra !

DIANE. — Mourir, lui ? un homme si bien portant ? Ce serait dommage ; mais, heureusement, ce n'est pas facile.

JENNY. — Vous riez ?... Eh bien, je vous dis qu'il est capable de se tuer !

DIANE. — Cela me poserait bien dans le monde ! Mais je n'aurai pas tant de gloire. Il vivra cent ans pour m'ennuyer.

JENNY. — Ne jouez pas avec cela, madame, je vous dis bien sérieusement. Quand ce ne serait que parce qu'il a la tête exaltée et faible ! Un homme toujours chargé d'armes de chasse, de couteaux... c'est si tôt fait ! et il y a des gens qui agissent avant de réfléchir !

DIANE. — Tu as raison, tu me fais peur ; il faut le

ménager, ce pauvre garçon ! Tu crois donc qu'il m'aime bien ?

JENNY. — Si vous saviez à quel point il vous aime, votre amour-propre serait satisfait et vous ne songeriez qu'à lui.

DIANE. — Eh bien oui, ça me flatterait d'être aimée passionnément ; mais je n'y crois pas. Dis donc, Jenny, j'ai envie de faire une chose. C'est de lui dire toute la vérité sur l'histoire des lettres. A présent que je les ai, je ne crains plus rien, parce que j'aurai tout le mérite d'une confession avec lui. Si cela l'indigne, il s'en ira sans avoir le droit de m'accuser de perfidie. Il n'aura, au contraire, que trop de franchise à me reprocher, et je serai délivrée de lui avec honneur. Il est trop loyal pour me diffamer ou pour se plaindre, lui ; du moment que je lui aurai donné cette preuve de ma loyauté ! Si cela le fait souffrir sans l'indigner, s'il persiste à vouloir m'épouser... eh bien, ce sera très-joli de sa part, et je crois que j'en serai touchée.

JENNY. — Ah ! madame, cette idée qui vous vient là, j'allais vous la dire, car je l'ai depuis le moment où j'ai prié Florence de ravoir les lettres. J'avais résolu, aussitôt que je vous verrais bien disposée, de me mettre à vos genoux et de vous supplier d'être sincère et courageuse avec monsieur Gérard. Si j'avais pensé que vous dussiez ne vous servir de votre victoire sur Myrto que pour tromper davantage, j'aurais, je crois, regretté ce que j'ai fait et fait faire pour vous. Cependant, écoutez, ma chère maîtresse, je n'entends pas comme vous la confession que vous voulez faire. Si c'est pour renvoyer monsieur Gérard, elle est cruelle bien inutilement. Si c'est avec l'idée seulement de l'éprouver, elle n'est pas assez vraie, pas assez bonne.

DIANE. — Tu veux que ce soit avec la résolution de l'épouser, s'il sort triomphant de l'épreuve ? Ah ! certes non ! Je verrai, je me tâterai. Si son dévouement me touche beaucoup... mais je ne sais pas encore quel effet ça me fera. Peut-être qu'il sera trop facile, trop aveuglé, et qu'il prendra ça si bêtement que ça me fera rire.

JENNY. — Mon Dieu, il y a des moments où vous êtes si ingrate pour les autres, que je me demande si vous n'êtes pas mauvaise.

DIANE. — Eh ! Jenny... tu vas trop loin, ma chère ! Je te passe cela parce que tu es malade.

JENNY. — Oh ! fâchez-vous, grondez-moi si vous voulez ; je soutiens mon dire. Si monsieur Gérard vous aime après avoir lu les lettres, vous devez l'aimer de tout votre cœur et pour toute la vie !

DIANE. — Toute la vie ! c'est récompenser bien longtemps un moment de vertu !

JENNY. — Il y a des moments de vertu qui valent bien ça. Est-ce qu'elles sont bien vilaines, vos lettres ?

DIANE. — Vilaines ? comment l'entends-tu ? Une femme qui se respecte n'écrit jamais de lettres qui blessent la chasteté. Elles sont un peu exaltées, un peu vives, un peu trop poétiques, si tu veux. J'avais la tête montée ! Mais elles ne me feraient pas rougir dans le sens que tu redoutes.

JENNY. — Eh bien, alors, pourquoi vous faisaient-elles tant de peur ?

DIANE. — Ah ! voilà ! Tu veux le savoir ? je peux te le dire ; tu es discrète, et, après tout, j'aime autant avoir ton petit jugement sur ma conduite. J'écrivais ces lettres-là, à la même époque, à deux adorateurs à la fois.

JENNY. — Ah ! c'est très-mal cela, madame !

DIANE. — Bah ! je ne mentais ni à l'un ni à l'autre ! Je les appréciais d'une manière différente : l'un pour son esprit, et mes lettres pour lui étaient brillantes ; l'autre pour son cœur, et mon style était tendre.

JENNY. — Et ils ne se savaient pas encouragés tous les deux.

DIANE. — Je m'amusais bien quelquefois à les rendre jaloux l'un de l'autre ; mais cela amenait des scènes, des menaces, et alors j'étais forcée de mentir, ou de me brouiller, ce qui eût été funeste.

JENNY. — Pourtant ce moment-là est venu ?

DIANE. — Pas par ma faute, du moins ! Ils se détestaient. J'espérais qu'ils se détesteraient toujours ; mais un beau jour ils se sont réconciliés, chez cette Myrto apparemment, et ils l'ont chargée de leur vengeance ! Quel moyen ! quelle infamie ! Ah ! Jenny ! conviens que si j'ai été coupable, la rancune de ces hommes-là n'est guère proportionnée à l'outrage.

JENNY. — Elle est affreuse ! Mais écoutez, madame : à mon idée, il y aurait bien peu d'hommes capables de croire en vous après cela.

DIANE. — Tu crois ? Bah ! tu te trompes ! Les hommes ne haïssent dans la coquetterie d'une femme que ce qui les blesse personnellement. Il se déclare beaucoup de détracteurs et d'ennemis auprès d'elle, parce que tous les hommes qui l'entourent ont eu ou allaient avoir des prétentions sur elle. Mais ceux qui ne la connaissent pas encore, en entendant raconter cela, désirent la connaître. Ils blâment aussi, c'est-à-dire qu'ils font semblant de blâmer, dans la crainte de passer pour faibles ; mais ils sont déjà épris, en imagination, de cette femme habile qu'il serait si glorieux de vaincre ou de jouer, et dans les fers de laquelle ils sont pourtant tout près de tomber à leur tour.

JENNY. — Comme la confiance vous est revenue ! Vous ne disiez pas tout cela, hier matin !

DIANE. — J'étais surprise, effrayée, j'avais perdu la tête !

JENNY. — Mais vous l'avez bien retrouvée, aujourd'hui ! Eh bien, madame, faites donc un essai. Vous dites que monsieur Florence vous plaît, et que vous êtes sûre de lui plaire ? Montrez-lui donc ces lettres !

DIANE. — Oh ! pour cela, jamais ! Je ne sais ce que Myrto a pu lui dire, mais il ne les a pas lues, et il croira toujours qu'elle a exagéré, d'autant plus qu'elle a dû exagérer, en effet. Florence est un homme très-fort, très-rigide, qui ne me passerait pas cela, et j'espère bien que tu ne lui diras jamais...

JENNY. — Non, madame, je ne dirai jamais rien à personne contre vous, vous le savez bien. Mais puisque monsieur Florence est trop sévère pour pardonner cela, il faut donc être meilleur, ou aimer davantage, si on le pardonne ?

DIANE. — Je te vois venir ! Il faut être plus fort ou plus faible. Gérard le pardonnerait par faiblesse, s'il le pardonnait !

JENNY. — Moi, je dis qu'avec cette faiblesse-là, il serait plus fort dans son amour que celui qui ne l'aurait pas. Quand on aime, vous appelez ça de la faiblesse, vous, madame ? Moi, je pense que c'est tout le contraire. Qu'est-ce que ça fait que l'esprit soit faible, si toute la force est dans le cœur ?

DIANE. — Tu as raison, Jenny, et je voudrais être persuadée par toi ; mais Gérard m'attend et Florence est revenu. Tous deux m'aiment, et si je suis portée à aimer davantage celui qui m'aime le moins, ce n'est pas ma faute.

JENNY. — Alors, madame, il ne faut pas recommencer l'histoire que vous venez de me raconter ; il faut être franche et renvoyer celui des deux que vous aimez le moins.

DIANE. — Alors, ne me dis donc pas que Gérard se tuera ; car, en vérité, je ne sais que faire !

SCÈNE VI

Dans le parc.

JACQUES, RALPH.

JACQUES. — Non, je ne suis pas fatigué, et il m'arrive bien souvent de passer la nuit auprès d'un malade sans le devenir moi-même. Eh bien, j'ai soigné une âme malade; je ne l'ai peut-être pas sauvée; je ne me flatte pas encore d'une cure si merveilleuse et si soudaine; mais je l'ai beaucoup soulagée, et, à présent, le médecin a quelque espérance.

RALPH. — J'en ai plus que vous, j'en ai tout à fait. Il y a d'après tout ce que vous m'avez raconté, un grand fond à faire sur cette nature-là. Et la vérité est si bonne, que si on en goûte un peu, on ne s'arrête pas volontairement au milieu de la coupe.

JACQUES. — Les meilleurs aliments soulèvent le cœur des malades! Ne chantons pas victoire. Attendons, et que notre zèle ne s'endorme pas. Le premier point, c'est de ne pas l'abandonner à elle-même d'ici à quelque temps. Est-ce bien sûr que votre femme vient vous rejoindre ici?

RALPH. — Sa lettre de ce matin m'annonce son arrivée pour ce soir. Si le pays lui plaît, nous sommes capables d'y passer le reste de la saison, et je crois fort qu'il en sera ainsi, car elle désire vivement vous connaître, et la douce surprise qu'elle me cause en est la preuve.

JACQUES. — Eh bien, Ralph, votre femme sera l'ange gardien qui sauvera notre pénitente?

RALPH. — Vous permettez donc à celle-ci d'habiter le village?

JACQUES. — Non pas! Elle serait trop près de Florence, et sa passion subite pour lui paraît encore assez vive pour me donner des craintes; mais comme c'est cette passion qui lui a révélé le besoin d'être estimée, je risquerais, en la brisant tout d'un coup, de détruire l'effet avec la cause. Je veux donc qu'elle ne soit ni assez près de lui pour espérer son amour, ni assez loin pour se croire indifférente et délaissée. Je l'installerai dans les conditions obscures et modestes qu'elle rêve en ce moment, dans une famille d'honnêtes gens que j'aime et qui demeurent à une lieue d'ici. Elle y payera une modique pension et y sera indépendante, mais surveillée. J'irai la voir souvent, tant que je me sentirai nécessaire, car j'ai pris beaucoup d'empire sur elle, et, en se sachant à portée de prouver à Florence et à moi que sa conversion est sérieuse, elle y persévérera peut-être.

RALPH. — Et elle est décidée à prendre ce parti?

JACQUES. — Oui, par moments, et, en d'autres moments, le chagrin, le dépit et le découragement reviennent me disputer son âme. Vous l'avez vue tout à l'heure joyeuse d'être chez moi, se décider à prendre du repos et à se tenir cachée; mais, ce soir, quand il s'agira de la faire partir, nous aurons encore une lutte, un orage peut-être, et c'est pourquoi je compte sur votre femme. Il me semble que l'intérêt et la protection d'une mère de famille comme madame Brown seront une séduction nouvelle pour cette conscience avide de réhabilitation.

RALPH. — Ma femme s'y emploiera de tout son cœur et y portera toute la fermeté, toute l'onction, toute la délicatesse dont vous êtes capable vous-même.

JACQUES. — Elle saura en mettre bien davantage! Ah! c'est par les femmes pures que les filles égarées devraient être sauvées et rendues à Dieu!

FLORENCE, accourant. — Ah! monsieur Jacques, je vous attendais avec impatience! J'ai tant de choses à vous demander et à vous dire!

JACQUES. — Venez par ici. J'aperçois madame de Noirac et son fiancé au bout de l'allée. Évitons-les, afin de n'être pas dérangés.

FLORENCE. — Allons chez vous.

JACQUES. — Non, vous ne le pouvez pas; je vais vous dire pourquoi.

(Ils s'éloignent.)

DIANE, GÉRARD.

DIANE. — Vous êtes ruiné, et vous n'aviez pas songé à me le dire? Est-ce là tout, marquis? Votre désespoir n'a pas d'autre cause?

GÉRARD. — La cause est grave. J'ai l'air de vous avoir trompée jusqu'à présent! J'étais si loin de penser que vous ignoriez l'état de mes affaires!

DIANE. — Non, Gérard, je ne crois pas que vous ayez songé à me tromper, et je ne vous attribuerai jamais des vues intéressées.

GÉRARD. — Ah! que vous êtes bonne et que vous me faites de bien! Mais cette situation à laquelle je n'avais jamais songé auprès de vous m'a tout à coup frappé! Si le soupçon a pu entrer dans l'âme des autres...

DIANE. — Ce n'est pas une raison pour qu'il entre dans la mienne. Tenez, hier, ce matin encore, je voulais rompre avec vous; mais ce que vous me dites-là m'en ôte la pensée, et si je ne vous dis pas *espérez*, je vous répète ce que je vous ai dit jusqu'à présent, *attendez*.

GÉRARD. — Ah! c'est plus de bonheur que je n'en mérite! et pourtant... ma conduite d'hier est exempte de reproche; je n'ai pas voulu entendre un seul mot de cette malheureuse, et, ce matin, je ne l'ai pas revue.

DIANE. — Vous croyez donc, marquis, que c'est à propos de cette fille que j'ai eu la pensée de rompre avec vous?

GÉRARD. — Mon Dieu, quel autre crime aurais-je donc commis?

DIANE. — Aucun. C'est moi qui suis coupable, c'est moi qui ne suis pas digne de vous.

GÉRARD. — Que dites-vous, Diane? vous me raillez impitoyablement... et avec un sérieux!... Ah! qu'ai-je donc fait pour mériter...

DIANE. — Rien vous dis-je; je ne raille pas. Écoutez-moi, Gérard, et d'abord, dites-moi pourquoi vous m'aimez?

GÉRARD. — Le sais-je, moi? Pourrai-je jamais vous le dire? Il me semble que tout le monde doit vous aimer autant que je vous aime, et que cependant je vous aime plus que tout le monde.

DIANE. — C'est bien dit, cela, Gérard, et voici la première parole naïve et juste que j'entends de vous. Pourquoi vous manièrez-vous donc avec moi, à l'habitude?

GÉRARD. — Je me manière? Eh bien, c'est possible, j'éprouve auprès de vous une insupportable timidité. Je me sens trop inférieur à vous; je voudrais vous le cacher...

DIANE. — Et vous vous faites inférieur à vous-même; vous me faites des compliments fades; je vois bien qu'ils sont sincères; mais la forme ne l'est pas...

GÉRARD. — Ah! c'est ma gaucherie, mon trouble, mon embarras, qui me font chercher l'esprit, et je trouve le contraire probablement. Dites-moi la vérité, Diane! vous-même, vous ne m'avez pas montré le fond de votre pensée, je le sens bien. Vous avez été bienveillante, un peu railleuse, mais amicale. Vous m'avez accordé le bonheur de vous servir et d'être votre esclave. C'est beaucoup, mais ce n'est pas de l'affection véritable. Pas une seule fois vous ne m'avez repris avec la sévérité qu'on a quand on s'intéresse beaucoup aux gens. Commencez donc à le faire. Blâmez-moi, grondez-moi quand je vous déplais ; mais ne me raillez pas, cela me paralyse, cela me tue... Et si vous doutez de mon amour, parce que je n'ai pas encore su vous l'exprimer agréablement, mettez-le à l'épreuve. Ne me demandez pas de l'instruction et de l'esprit, je n'en ai pas ! Mais faites-moi courir, veiller, souffrir, traverser le feu et l'eau, ne fût-ce que pour aller vous cueillir une fleur, vous verrez si je ne m'élance pas au-devant de vos désirs !

DIANE. — Je sais cela, mon ami. Je pourrais vous dire que le plaisir d'attraper un chevreuil ou un sanglier vous en ferait peut-être faire tout autant...

GÉRARD. — Vous n'aimez pas un chasseur ? J'ai crû que vous aimiez la chasse ! Ne l'aimez-vous plus ? je ne chasserai de ma vie ?

DIANE. — C'est trop d'abnégation ! Je ne voudrais pas vous retirer vos plaisirs habituels ; l'ennui vous prendrait auprès de moi. La lecture ne vous passionne guère, et la conversation vous embarrasse...

GÉRARD. — Faut-il s'instruire ? je m'instruirai, si je peux. Si ma tête est de fer, je la briserai contre les murs jusqu'à ce qu'elle s'amollisse.

DIANE. — Ah ! Gérard, que vous me faites de peine ! Tenez, je suis affreusement triste !

GÉRARD. — Mon Dieu est-ce ma faute ? Vous désespérez de moi ! je ne pourrai jamais vous plaire...

DIANE. — Je sens que vous l'auriez pu, au contraire, et votre affection est si grande, si bonne, que l'incertitude où je suis forcée de rester est une anxiété, une torture pour moi

GÉRARD. — L'incertitude ! toujours l'incertitude !

DIANE. — Eh bien, oui ! je sens depuis longtemps que je dois vous éloigner de moi ; je ne peux pas m'y décider, et ma faiblesse à remplir mon devoir a deux causes : l'estime, l'affection que j'ai pour vous, et la situation où vous êtes.

GÉRARD. — Mon désastre de fortune ? Ah ! Diane, personne n'est plus insouciant que moi à cet égard-là. J'ai des goûts si simples, des habitudes si rudes, que je me ferais braconnier sans presque m'en apercevoir. Si c'est ce genre de pitié qui vous empêche de me chasser, ne vous gênez pas. Mais non ! vous ne me faites pas cette injure de croire que, si vous ne m'aimez pas, j'aie besoin de quelque chose au monde. Vous vous faites un devoir de me renvoyer, parce que vous sentez que vous ne m'aimerez jamais... Eh bien, ne vous faites pas de scrupule avec moi. Je sais bien que vous n'êtes pas coquette.

DIANE, souriant. — Bon Gérard !

GÉRARD. — Si vous l'êtes, ce n'est pas avec moi, du moins ! Vous le voyez bien, vous n'êtes que votre conscience souffre de me faire attendre un amour qui ne vient pas, et si je veux attendre, moi ! si je veux risquer toute ma vie sur une espérance très-faible ? Que peut-il m'arriver de pire, le jour où vous me l'ôterez ? de mourir ? Ah ! ce n'est rien, je vous assure, et c'est sitôt fait que cela ne vaut pas la peine d'en parler.

DIANE. — Gérard, assez, de grâce ! Je vous aime !

GÉRARD, tombant à ses pieds. — Oh ! mon Dieu ! est-ce vous qui me dites cela ?

DIANE. — Oui, je vous aime, et cependant il faut que vous renonciez à moi. Je vous l'ai dit, je ne suis pas digne de vous. Venez, écoutez-moi ! Vous m'y forcez, je vais tout vous dire !

PIERRE, MANICHE, assis dans un pré, au bord d'une mare.

MANICHE. — Ma fine, mon Pierre, si tu as souci à cause de ça, tu me feras repentir de te l'avoir dit.

PIERRE. — Du souci, moi ? je serais bien sot ! et cependant... j'en ai encore par secouées ; mais ça ne dure guère, et ça va toujours en diminuant. Foi d'homme, encore deux ou trois jours, et je te promets que ça sera passé.

MANICHE. — A la bonne heure, mon vieux. Je patienterai, si ça te revient sur le cœur ; mais comme ta peine me peine aussi, moi, tu seras bien mignon si tu t'en défends de ton mieux.

PIERRE. — Si je ne m'en défends point, il faudra me battre. Dame ! après ça, qu'est-ce que tu me devais dans ce temps-là ? rien du tout ! Et j'aime mieux que ce soit Cottin qu'un autre, parce que c'est un gars bien comme il faut. Tu ne l'as point affiné... Tu n'as point voulu m'affiner non plus. Ça me donne la preuve que tu ne m'affineras jamais, parce que tu ne saurais point mentir.

MANICHE. — Oh ! ma fine, la menterie, c'est la plus mauvaise marchandise du monde ! Ça ne sert de rien, les choses viennent toujours à se savoir, et ce qui a été caché reste toujours taché, au lieu que ce qui a été confessé est blanchi.

PIERRE. — C'est comme si la rivière y avait passé, quoi ? Allons, allons, ma grosse, viens danser sur la place. Entends-tu la musette qui descend au village ? Allons-nous-y en ! je me sens gai comme une alouette !

MANICHE. — Tu me prends donc toute la main aujourd'hui ?

PIERRE. — Eh dame ! nos bans sont publiés d'à ce matin ; j'ai bien ce droit-là et je ne veux point le perdre. Hier, c'était seulement par le petit doigt que je pouvais te prendre ; mais nous voilà accordés ! Veux-tu mettre ton bras dans le mien ?

MANICHE. — Eh non ! ça, c'est pour après le second ban.

PIERRE. — Bah ! qu'est-ce que ça y fait ? Nous ne voulons point rompre, à c'te heure, pas vrai ?

MANICHE. — Je te donne mon bras dans le tien, en gage que non.

PIERRE. — Dis-donc, Maniche, j'ai une idée pour un cadeau que je veux te faire.

MANICHE. — Ah bah ! des cadeaux, mon vieux ! Il y en a bien assez quand on se marie. Vaut mieux ménager l'argent pour les enfants qui viendront.

PIERRE. — Je sais que tu es la fille la plus raisonnable qu'il y ait pas ! Mais ça ne coûte pas bien gros, et ça me fera plaisir de te voir porter ça.

MANICHE. — Qu'est-ce que ça sera donc ?

PIERRE. — Devine !

MANICHE. — C'est peut-être un parapluie ?

PIERRE. — Juste ! je savais bien que tu désirais ça ! Eh bien, tu l'auras ! Je veux que ma femme aille à la foire avec un parapluie sous son bras.

MANICHE. — Ma foi, c'est vrai que j'y ai souvent songé !

PIERRE. — De quelle couleur que tu le veux ? rouge ou bleu ?

MANICHE. — M'est avis que le bleu sera plus de durée.

PIERRE. — Oui, mais le rouge, c'est plus réjouissant.

MANICHE. — Eh bien oui, rouge, puisque ça te plaît mieux. Je le ménagerai un peu plus. Je ne l'ouvrirai ni au soleil ni à la pluie, quoi !

SCÈNE VIII

Dans le parc de Noirac.

FLORENCE, GÉRARD.

GÉRARD. — Ah! c'est vous, Marigny?... Écoutez, écoutez, je vous en prie!

FLORENCE. — Je vous croyais avec madame de Noirac.

GÉRARD. — Oui, elle était là, elle me parlait. J'ai été atterré... Elle me quitte blessée, elle me donne une heure pour réfléchir... et après cela...

FLORENCE. — Que me racontez-vous là, mon cher marquis? Avons-nous jamais été assez liés pour que vous me preniez ainsi pour votre confident, surtout aujourd'hui que nos relations doivent être nécessairement changées?

GÉRARD. — Pas du tout. Elles ne le seront pas par mon fait. D'ailleurs, vous savez tout; on vient de me le dire, on m'a tout raconté.

FLORENCE. — Non! Faites attention à ce que vous voulez me confier. Je ne sais pas tout, je n'ai pas voulu le savoir. Madame de Noirac vient de se confesser à vous? Elle a bien fait. Cela répare tout à mes yeux et doit tout effacer aux vôtres. Taisez-vous donc! vous n'avez pas le droit, dussiez-vous rompre avec elle, de trahir sa confession.

GÉRARD. — Oui, Marigny, vous avez raison. Vous êtes un galant homme, vous! et c'est pour cela que j'ai raison aussi de vous demander conseil. Tenez, j'ai la tête perdue, et j'ai besoin de l'appui d'un esprit plus fort que le mien. Que feriez-vous à ma place?

FLORENCE. — Je ne sais pas.

GÉRARD. — Oui, parce que vous ne connaissez pas les faits; mais supposez-les tels... qu'ils ne sont pas! Supposez-les bien mortifiants, bien irritants pour moi.

FLORENCE. — Sont-ils antérieurs à votre liaison avec madame de Noirac?

GÉRARD. — Fort peu antérieurs, presque pas! J'ai été pris comme un parapluie après l'averse.

FLORENCE. — N'importe! Vous n'avez pas été personnellement trompé, et le fussiez-vous d'ailleurs, il n'y a qu'un mot à se dire : J'aime ou je n'aime pas.

GÉRARD. — Vous voyez le désespoir où je suis. J'aime comme un fou.

FLORENCE. — Je le vois; eh bien, pardonnez.

GÉRARD. — C'est mon premier besoin; mais je crains pour mon honneur...

FLORENCE. — Où placez-vous votre honneur? dans le cerveau, dans la fantaisie d'une femme? Alors, ne vous mariez pas.

GÉRARD. — Quoi! nos femmes ne disposent-elles pas, par leur conduite, de l'opinion qu'on prend de notre caractère?

FLORENCE. — Si l'opinion n'est pas fixée d'avance sur votre caractère, vous n'en avez donc pas?

GÉRARD. — J'espère que si; mais le caractère d'un mari et celui d'un garçon, cela fait deux.

FLORENCE. — C'est vrai : le mariage nous fait revêtir un caractère plus grave et plus difficile à porter.

GÉRARD. — Eh bien, quel doit-il être, ce nouveau caractère? Trompés, nous sommes ridicules; complaisants, nous sommes vils; jaloux, nous sommes insupportables; vindicatifs, nous sommes odieux, et encore ridicules, par-dessus le marché, puisque nous publions notre mésaventure. Je ne vois pas le moyen d'être marié avec une femme légère et

capricieuse sans devenir la victime du préjugé ou la proie du désespoir.

FLORENCE. — Je ne le vois pas non plus; mais cela n'empêchera ni vous ni les autres de s'y exposer. Le mariage n'est pas susceptible d'améliorations sérieuses dans une société où règnent tant d'inégalité et tant de corruption; et cependant le mariage est nécessaire, puisque sans lui point de famille. L'homme et la femme aimeront donc mieux passer par tous les risques d'un prétendu déshonneur et d'un malheur réel, que de renoncer aux joies et aux tourments de la famille. Si vous n'épousez pas madame de Noirac aujourd'hui, vous épouserez plus tard une autre femme du monde avec qui vous vous exposerez peut-être à de plus mauvaises chances.

GÉRARD. — C'est vrai, cela, Marigny! Que faut-il donc faire pour souffrir et rougir le moins possible en subissant les lois et les mœurs d'une société qui ne peut changer?

FLORENCE. — Vous qui êtes précisément de ceux qui ne veulent rien y changer, vous devez être d'autant plus patient à supporter les maux qu'elle engendre. Eh bien, en me plaçant à votre point de vue, je ne vois que deux partis à prendre dans le mariage, en cas de jalousie fondée : ou être odieux à votre femme, et ridicule en même temps aux yeux du monde par vos fureurs; ou la quitter sans bruit, et vous préserver ainsi d'assumer sur vous la responsabilité de ses fautes.

GÉRARD. — Et si on a des enfants! Ici la loi n'a pas de lettre fixe : tantôt elle les adjuge au plus digne et tantôt au plus riche; et il faut que la loi décide des cas, moyennant des enquêtes, des récriminations scandaleuses où les deux époux sont forcés, par tous les moyens, de se déshonorer l'un l'autre. Ah! tenez, Marigny, le mariage est une impasse et la société un enfer!

FLORENCE. — C'est vous qui dites cela, Mireville?

GÉRARD. — Oui, c'est moi! Je ne l'avais pas encore compris comme en cet instant, où je me sens en train de me brûler la cervelle.

FLORENCE. — Vous aurez oublié demain tout ce qui vous frappe aujourd'hui. L'habitude et la croyance seront plus fortes que votre propre expérience, et vous ferez encore la guerre, une guerre à mort, Gérard! à ceux qui parlent de réformer cette société détestable! Vous serez un mari terrible ou débonnaire, un père désolé ou méconnu, et vous direz encore que tout est bien dans cette société. Vous le direz d'autant plus, je vous en réponds; et le mariage, tel qu'il est, vous paraîtra une arche sainte qu'il ne faut point parler de modifier.

GÉRARD. — Quelle modification, selon vous, serait donc possible? Le divorce?

FLORENCE. — Je l'ignore; car, en fait, dans nos mœurs, ce serait peut-être aujourd'hui une porte de plus ouverte à la dissolution de la famille.

GÉRARD. — Mais quoi, alors? L'abolition du mariage!

FLORENCE. — Non certes! L'amour à la loi de Dieu, la fidélité réciproque est l'idéal de l'amour, c'est-à-dire de ce qu'il y a de plus doux, de plus sacré, de plus nécessaire à l'humanité; mais comment voulez-vous l'obtenir par la force? Vous ne pourriez pas obtenir ainsi le choix de l'amour; comment obtiendriez-vous la durée de l'amour?

GÉRARD. — C'est donc par la douceur, la persuasion, le dévouement qu'on le pourrait?

FLORENCE. — Il me semble que c'est ce que vous faites depuis que vous adressez vos hommages à madame de Noirac.

GÉRARD. — Oui, je vous entends, ce que je peux faire pour l'obtenir, je dois savoir le continuer pour le conserver.

FLORENCE. — Sans doute ! Cela ne changera rien au mal général ; mais si chacun faisait comme vous, les bonnes mœurs ramèneraient la sainteté dans le mariage religieux et dégageraient vite l'institution civile de ce qu'elle a de barbare. Tenez, votre cœur est large, mais votre esprit est fermé à la théorie du progrès général. Eh bien, essayez au moins de la pratique du progrès en vous-même. Vous êtes très-loyal, très-bon, très-dévoué ; appliquez-vous à l'être tous les jours davantage. Si vous n'y parvenez pas, vous vous attribuerez peut-être le droit de dire que tous les hommes ne sont pas susceptibles de s'améliorer ; mais alors ce sera nier le christianisme ! Si, au contraire, vous réussissez à vous compléter et à vous perfectionner dans vos bons instincts, il y a cent à parier contre un que vous rendrez sage une femme étourdie, et tendre une femme roide.

GÉRARD. — C'est vrai, Marigny ! Je me suis dit vingt fois, en voyant des ménages orageux et troublés, que si l'un des deux époux était parfait, l'autre cesserait d'être détestable.

FLORENCE. — C'est une société difficile que celle où il faut être parfait pour n'être pas désespéré, vous en conviendrez ! Mais il faut que cette vertu religieuse sauve l'individu, en attendant qu'elle sauve la société.

GÉRARD. — Vous m'étonnez, Marigny ! Vous paraissez chrétien !

FLORENCE. — J'essaye de le devenir.

GÉRARD. — Ah ! alors vous cesserez d'être socialiste ?

FLORENCE, souriant. — Vous croyez ? Tenez, allez rejoindre votre maîtresse, et si vous voulez la conserver, tâchez de n'être pas trop absolutiste.

GÉRARD. — Nous ne serons jamais d'accord sur les mots, Marigny, mais nous pouvons l'être sur le fond des choses.

FLORENCE. — Cette anomalie se voit souvent dans ce temps-ci.

GÉRARD. — Quoi qu'il en soit, je vous suis obligé, mon cher ami. Vous m'avez donné un bon conseil, je le suivrai. Vous m'avez calmé, je vous en remercie.

FLORENCE. — Je ne vous ai conseillé qu'une chose, c'est d'agir dans la donnée de votre caractère et dans la tendance de vos sentiments.

GÉRARD. — Je vous dois aussi de la reconnaissance pour m'avoir délivré de cette malheureuse...

FLORENCE. — Ah ! ne parlons pas d'elle, je vous prie !

SCÈNE IX

Dans le village.

UN GROUPE D'ENFANTS DE HUIT A DIX ANS.

FANCHETTE. — Non je ne veux plus jouer à la marelle; vous faites trop de poussière, et je veux garder ma coiffe blanche pour la noce de la Maniche.

CADET. — Tu y vas donc, toi, aux noces ?

FANCHETTE. — Dame !

SYLVINET. — Et moi itout, j'y vas, parce que je sais danser.

FANCHETTE. — Ah bien, nous danserons tous deux.

PIERROT. — J'irai aussi, moi, pour manger de la galette.

FANCHETTE. — Si tu n'es pas prié ?

PIERROT. — Ça m'est bien égal, j'irai tout de même.

FANCHETTE. — Toi, tu n'iras pas seulement à la tienne, de noce ! Tu n'es pas assez sage.

PIERROT. — Si fait, je veux y aller, à ma noce !

CADET. — A quoi ça sert de se marier ? C'est des bêtises !

SYLVINET. — Eh bien, tu ne veux pas te marier, toi ? Tu veux être soldat, peut-être bien !

CADET. — Oui, je veux être pompier, comme mon parrain, mo isieur Maurice. Il m'a promis que je serais pompier.

PIERROT. — Moi, je veux me marier, ça me fait peur, la pompe. Veux-tu nous marier tous deux Fanchette ?

FANCHETTE. — Oui, si tu veux te moucher.

SYLVINET. — Ah ! le v'là qui se mouche ! Faisons la noce !

FANCHETTE. — Allons, Pierrot, mon petit homme, fais-moi danser.

PIERROT. — Puisque je ne sais pas !

CADET. — Faut apprendre.

PIERROT. — Non, ça m'ennuie.

SYLVINET. — Eh bien, Fanchette, dansons à trois.

PIERROT. — Si elle danse, je lui flanque une pierre !

FANCHETTE. — Oh ! le vilain méchant ! je me démarie d'avec toi.

PIERROT. — Je ne veux pas. Je te flanque une pierre !

CADET. — Viens-y, mon gars ! je prends mon sabot !

PIERROT. — Et moi une pierre !

FANCHETTE. — Fouaillez-moi ce malicieux, bien fort.

SYLVINET. — Non, il me ferait du mal !

CADET. — Moi, je vas le taper, Fanchette... Veux-tu te marier avec moi ?

FANCHETTE. — Oui ! Le v'là qui me jette des pierres !

CADET. — Attends ! attends !

FANCHETTE. — Le v'là qui se sauve, laisse-le, va ! Tiens, le v'là qui pleure ! Est-il bête !

SYLVINET. — Allons, Pierrot, faut pas pleurer, c'est des bêtises ; et faut pas se marier, c'est des batailles.

SCÈNE X

A la maison blanche.

MAURICE, JACQUES, RALPH.

MAURICE. — Oui, oui, monsieur Brown, tout ce qui est ici et au prieuré est à la disposition de votre famille, et si vous voulez me faire bien plaisir, vous ne me parlerez pas d'argent. Vous disposerez de ma baraque comme si elle était à vous et pour tout le temps que vous voudrez. Je suis bien fâché qu'elle ne soit pas plus belle ; mais ce n'est pas ma faute ou n'est pas millionnaire !

RALPH. — Ma femme et mes filles sont habituées à une vie simple et aux habitations modestes qu'un climat généreux autorise. Je vois que votre maison est bien close ; c'est tout ce qu'il faut dans ce pays-ci. Je ne veux pas vous parler d'argent puisque cela vous chagrine. Eh bien, si vous le permettez, je ferai arranger la maison d'une manière confortable, et ma femme, comme j'en suis presque certain, prend plaisir à s'y installer pour quelque temps, et ceux qui nous succéderont ici profiteront de ces petites améliorations.

MAURICE. — Vous ferez tout ce que vous voudrez, monsieur Brown. Ah çà ! vous avez donc des enfants ?

JACQUES. — Deux filles belles et bonnes, deux anges, à ce que j'ai ouï dire ; mais la modestie paternelle de Ralph s'oppose à ce qu'il nous les vante.

RALPH. — Mais non ! Pourquoi ? Elles ressemblent à leur mère ; elles ont été élevées par elle : c'est dire qu'elles sont parfaites à mes yeux.

MAURICE. — Il n'y a qu'une chose qui me chagrine, c'esque leur arrivée ne vous permettra peut-être pas de venir à notre comédie. J'ai laissé Émile, Eugène et Damien brochant le second acte, et ils m'attendent pour faire le troisième. Leur porterai-je ce coup de poignard, de leur dire que vous ne serez pas à notre représentation ?

RALPH. — J'espère bien que nous y serons, au contraire. Ma femme est matinale, je suis bien sûr qu'elle se sera mise en route de bonne heure, et qu'elle arrivera à temps pour dîner et aller au spectacle que vous nous préparez.

MAURICE. — Avec vos filles ? Ah ! pour le coup, il faut que les marionnettes se surpassent aujourd'hui. Je cours surveiller ça. Au revoir ! A huit heures, vous savez !

(Il sort.)

JACQUES, RALPH.

RALPH. — J'aime ce jeune homme, il est franc, et sa gaieté soutenue est l'indice certain d'une conscience tranquille.

JACQUES. — Je vous réponds de cela, quant à lui et quant à ses compagnons. Leur vie est pure au milieu d'une activité et d'un enjouement intarissables. Il n'y a chez eux ni souci d'ambition, ni vanité de parvenu chose bien rare chez les artistes de notre temps.

RALPH. — Je vous objecterai qu'ils ne sont pas encore parvenus, ceux-là.

JACQUES. — Pardonnez-moi, ils le sont relativement. Ils sont tous fils d'artisans, et comme ils ont du talent, ou sont en train d'en avoir, les voilà montés d'un cran sur cette échelle imaginaire de la noblesse des conditions. Aucun d'eux n'a eu le moyen ou l'occasion de faire ses classes. Les voyez-vous pour cela moins intelligents, moins capables de comprendre leur art et nos idées ?

RALPH. — Non certes. Il me semble, au contraire, qu'ils ont moins de défense intérieure contre les conseils de l'équité, que ceux qui ont passé sous la toise de l'éducation universitaire. Savez-vous que je suis frappé de l'existence à la fois excentrique et régulière de ces trois enfants ? A quoi attribuez-vous ce bonheur insouciant, et pourtant légitime, qu'ils savent préserver des atteintes de la vie générale extérieure ? Je ne saisis pas bien les nuances de leurs caractères, et, dans leur gaieté communicative comme dans leur adhésion sympathique à ce qui leur vient de bon de la part des autres, je trouve quelque chose comme un accord parfait en musique; j'ai encore vu peu d'artistes depuis mon retour en France. Sont-ils tous dans ces conditions?

JACQUES. — Mon ami, l'art a pour but la gloire dans les temps de gloire, et l'argent dans les siècles d'argent. Les artistes subissent vivement le contre-coup des époques qui les produisent, parce que ce sont des êtres de sentiment et d'imagination, impressionnables comme des femmes ou comme des enfants. Vous trouverez donc peu d'artistes parvenus qui ne soient pas égoïstes, et, par conséquent, plus partisans de la cour de Russie que de la France pauvre et libre. Ils craignent les révolutions par crainte pour leur bien-être, et, en cela, les plus subtils et les plus charmants de ces hommes-là offrent parfois une ressemblance singulière avec les paysans les plus lourds et les plus incapables de raisonnement. Voilà pour les artistes d'aujourd'hui, en général ; mais il y a là, comme partout, une jeune race rieuse et insouciante de caractère, enthousiaste et généreuse au fond du cœur. L'artiste et l'artisan des grandes villes, quand ils ne sont pas corrompus par le succès ou désespérés par la misère, sont encore ce qui résume le mieux l'ancien, l'impérissable caractère français. Ce sont les poètes de la tourmente, riant à bord du navire qui sombre et chantant la divinité qui les frappe. Chez eux, vous trouverez peu d'aptitude à connaître *la cause des choses*, ce *rerum cognoscere causas* dont Maurice se divertissait l'autre jour ! Leur vie est tout extérieure et sensitive ; mais quand la démonstration se fait pour eux par l'image, ils la saisissent vite et la communiquent à l'instant même par mille images saisissantes. En somme, les idées de réforme sociale qui voudraient atteindre le libre développement de l'art et des artistes seraient mortelles pour la France et pour l'humanité. Les théoriciens froids, les raisonneurs infirmes qui voudraient proscrire l'imagination et la fantaisie, loin d'être des logiciens et des hommes positifs, comme ils s'en flatteraient, seraient des aveugles qui jetteraient leur bâton pour mieux trouver le but. Le peuple est poëte, c'est-à-dire que l'idée passe de ses sens à son cœur et à son cerveau. L'idée nue et abstraite le trouve paresseux ou indifférent. Le son d'un tambour, la vue d'une image coloriée lui font comprendre la gloire. Un couplet de chanson lui révèle plus de sentiment et de pensées que les livres et les discours. Qu'on épure ses sensations, qu'on éclaire son goût, et vous verrez qu'il cessera de vous dire que les artistes ne servent à rien et feraient mieux de bêcher la terre ! Mais à quoi songez-vous, mon ami ?

RALPH. — Au passé et au présent. Je regarde d'ici le grand pignon moussu du prieuré et le filet de fumée légère qui flotte au-dessus de cette cheminée de moines, antique officine de repas pantagruéliques, dont la tradition est restée dans le pays; et je me dis qu'il est des habitations qui semblent inféodées à des existences tranquilles. Eh bien, j'aime autant la cocagne intellectuelle de nos jeunes artistes que la ripaille grossière des vieux carmes !

SCÈNE XI

Dans la serre du château de Noirac.

FLORENCE, DIANE.

DIANE. — Oui, l'arrangement est parfait, ravissant. Nous souperons littéralement sur la mousse et parmi les fleurs. Il n'est pas nécessaire d'y mettre un grand éclairage. Les masses de plantes dans une demi-obscurité prendront plus d'importance, et je ne serais pas fâchée de voir là-bas, au fond, un rayon de la lune se jouer sur ces myrtes, à travers le vitrage.

FLORENCE. — J'en suis désolé, madame, mais il n'y aura pas de lune cette nuit, et il ne dépend pas de moi de vous procurer ce complément à mon décor.

DIANE. — Eh bien, on s'en passera. Le reste serait joli ! Mon Dieu, que vous avez de goût ! Comme c'est commode et gracieux de souper auprès de cette fontaine ! Est-ce qu'elle fera toujours ce petit bruit ? C'est incommode pour causer !

FLORENCE. — Vous voulez voir le jet d'eau au reflet des lumières ; je ne peux pas vous faire jaillir de l'eau qui retombe sans bruit dans sa nappe.

DIANE. — Eh bien, on s'y accoutumera. Savez-vous que vous êtes un véritable, un grand artiste, Florence ?... Ah çà, vous ne voulez pas me dire si vous avez réfléchi sur notre conversation d'hier soir ?

FLORENCE. — J'ai réfléchi, madame, et je persiste à demeurer votre jardinier.

DIANE. — C'est-à-dire que vous ne voulez pas être mon ami ? Eh bien, vous le serez malgré vous, monsieur de Marigny !

FLORENCE. — Marigny tout court, madame. On vous a mal informée de mon nom.

DIANE. — Bah! cela est vrai comme le reste. Je jurerais que vous êtes d'une bonne famille !

FLORENCE. — Très-bonne, madame. Mon grand-père était un paysan.

DIANE. — Eh bien, qu'est-ce que ça me fait? Croyez-vous que j'y tienne? Au contraire, vous avez plus de mérite à être ce que vous êtes : un homme d'esprit, un homme de cœur, un homme du monde incomparable. Tenez, monsieur Marigny, je ne veux plus que vous puissiez souffrir de votre position actuelle vis-à-vis de moi ; je l'accepte entièrement. Je ne veux faire mystère à personne de votre mérite et du cas que j'en fais. Vous travaillerez aux fleurs le jour, et le soir vous viendrez au salon. Nous dînerons souvent ensemble, avec le curé, ou avec Gérard qui vous estime et vous aime, enfin avec tous ceux qui viendront me voir. Il faudra bien qu'on s'y habitue, ce sera une chose neuve, excentrique, progressive, comme vous dites...

FLORENCE. — Et qui vous amusera? Je suis touché de vos bonnes intentions, madame la comtesse ; mais il n'en peut être ainsi...

DIANE. — Ah! pour le coup, c'est trop fort, monsieur Florence, et cette résistance à des avances qui n'ont rien de féminin, je vous prie de le croire, ressemble à une fatuité dédaigneuse dont je ne puis accepter la pensée.

FLORENCE. — Voilà que vous vous fâchez, madame la comtesse! déjà! Vous voyez bien que ce rêve d'intimité évangélique est bien irréalisable de votre part,

DIANE. — Encore plus de la vôtre, à ce qu'il paraît!

FLORENCE. — Peut-être. Tenez, madame, je vais vous parler sans-détour, et comme peut vous parler aussi bien un jardinier qu'un homme du monde. Vous êtes jeune et belle. Je suis jeune et ne suis point aveugle. Vous savez plaire souvent, vous le voulez toujours; c'est votre droit. Je ne sais pas si, avec le cœur libre, j'aurais la force de me défendre du danger de vous entendre et de vous regarder ; mais je suis sûr de mon cœur, parce qu'il ne m'appartient plus, et que ce qui est donné je ne le reprends pas. Mon intimité auprès de vous, quelque exempte de soupçons qu'elle pût être, ferait souffrir un cœur que je veux précisément consoler, et douter un instant que j'ai résolu de convaincre. Vous voyez que je ne suis pas libre d'accepter les flatteuses distinctions que vous m'offrez, et qu'il n'y a, dans mon refus, qu'un hommage rendu à l'importance d'une telle faveur. Mais voilà monsieur de Mireville qui vient ici, madame... Je crois qu'il veut vous parler, et je me retire.

DIANE. — Non, non! Je vais au-devant de lui, et vous laisse achever vos ornements. Mais j'ai encore le temps de vous adresser une question. C'est donc la courtisane dont l'ascendant l'emporte sur celui de l'amie? Je vous prenais pour un homme sérieux, pour un philosophe, sinon austère, du moins assez relevé dans ses goûts pour ne pas mettre en balance dans son esprit deux sentiments qui ne peuvent avoir entre eux aucun terme de comparaison. Je présume que mademoiselle Myrto n'est pas réellement partie cette nuit, et que nous aurons désormais l'agrément de son voisinage...

FLORENCE. — Sans répondre aucunement à votre commentaire indulgent, madame la comtesse, je vous déclare que si la personne dont vous parlez devait vous importuner de son voisinage, ou je n'en serais pas la cause, ou je quitterais votre maison immédiatement.

DIANE. — Vous auriez tort, et vous me causeriez un regret inutile, mon cher Marigny ! Le voisinage dont nous parlons ne pourrait avoir aucun effet dont il me fût possible de m'apercevoir. Allons ! à ce soir, au moins ! Jenny, qui, moins fière ou plus libre que vous, consent à être mon amie, soupera ici avec moi et mes nouveaux amis. Vous en serez pour la première fois, c'est ma volonté, et pour la dernière, puisque c'est la vôtre.

(Elle sort de la serre.)

FLORENCE, la suivant des yeux. — Souper avec Jenny pour la première fois ! Oui, c'est un bonheur ; mais pour la dernière fois?... oh! non, certes ; ce n'est pas là ma volonté, et vous n'y pouvez rien, belle comtesse !

Dans le parterre.

DIANE, GÉRARD.

GÉRARD, sans rien dire, prend la main de Diane, la conduit à un banc ombragé, se met à ses genoux et fond en larmes.

DIANE. — Ah! vous m'aimez donc, vous ? Vous m'acceptez telle que je suis, avec mes défauts, mes travers et mes fautes? Eh bien, vous avez raison, bon cœur que vous êtes ! Et vous seul peut-être saurez me guérir et me fixer. Gérard, je ne suis pas méchante, je ne suis pas pervertie, je suis folle ! J'ai vécu dans le faux, dans l'excitant, dans le vide! Une âme droite et qui s'abandonne comme la vôtre, est ma seule planche de salut. Aimez-moi, Gérard, et, au nom du ciel, faites que je vous aime !

(Elle fond en larmes aussi, en tendant ses deux mains à Gérard, qui les couvre de baisers.)

SCÈNE XII

Au prieuré.

Dans une vieille chapelle servant d'atelier aux artistes.

EUGÈNE peint, DAMIEN grave, ÉMILE écrit, MAURICE entre.

MAURICE. — Eh bien, c'est comme ça que vous faites la pièce !

EUGÈNE. — Eh bien, et toi, qui es dehors depuis une heure?

MAURICE. — Il a bien fallu conduire l'Anglais à mon palais vénitien.

DAMIEN. — Où prends-tu ce chef-d'œuvre d'architecture ?

MAURICE. — A la maison blanche. Monsieur Brown attend sa femme, ou plutôt il ne l'attend plus, car elle vient d'arriver chez Jacques, et elle va demeurer avec ses filles dans ledit palais moresque.

EUGÈNE. — Bah? En voilà une, de nouvelle ! Elles sont jolies?

MAURICE. — Les filles de Ralph? Deux anges, deux madones, deux houris, deux...

DAMIEN. — Tu les as vues !

MAURICE. — Non, mais je m'en flatte.

EUGÈNE. — Qu'est-ce que ça te fait?

MAURICE. — C'est qu'elles viennent ce soir à notre comédie.

EUGÈNE. — Bon! Tu ne mens pas?

MAURICE. — Vous le verrez... si nous avons une comédie ! Et je commence à en désespérer, car vous voilà, permettez-moi de vous le dire, messeigneurs, en train d'en faire une, comme moi d'aller chanter vêpres !

EUGÈNE. — Elle est faite, mon général. Il n'y manque plus que le dénoûment. Tu vois bien qu'Émile est en train de mettre au net le canevas.

MAURICE. — Pas de détails, pas d'analyse, Émile ! ça embrouille! Trois mots pour chaque scène... *Le Docteur accorde la main de sa fille à Léandre. Pierrot reçoit les confidences d'Arlequin.* Il n'en faut pas davantage pour des improvisateurs qui savent leur affaire.

ÉMILE. — Soyez tranquille. Je suis au courant de la forme. Ne me parlez pas, je me dépêche.

MAURICE. — Ah çà, qu'est-ce que c'est que cette rage de travail, vous autres? Un jour rempli d'émotions comme celui-ci!

EUGÈNE. — Quelles émotions? Le public de ce soir? Attends que nous ayons vu si ces nouveaux visages en valent la peine. Jusque-là, il faut toujours piocher et se dépêcher pour l'ouverture du Salon..... qui n'ouvrira pas cette année, qui n'ouvrira plus jamais, à ce qu'on dit.

MAURICE. — Au fait, puisque vous travaillez, je vais suivre le bon exemple, ô vertueux amis! Qu'est-ce que tu grattes maintenant, Damien? Encore ton Christ! Il était fini hier.

DAMIEN. — Ah! oui, fini! Est-ce qu'une gravure est jamais finie? Et toi, qu'est-ce que tu vas brosser?

MAURICE. — Mon tableau n'est pas sec... Je vas ébaucher un groupe d'enfants que je viens de voir dans le village. C'était éclairé, mon cher!... c'était un peu joli, va!

EUGÈNE. — Avant de t'asseoir, donne donc un peu de jour. On n'y voit plus. Est-ce qu'il pleut?

MAURICE. — Non, un nuage qui passe. Gare le gris, Eugène!

EUGÈNE. — Ma foi, je n'y vois plus que du gris, en effet; je vas dessiner.

DAMIEN. — Vous n'en avez pas pour longtemps! Si ça continue comme ça, nous n'y verrons plus dans un quart d'heure.

MAURICE, dessinant. — Quelle heure est-il donc?

DAMIEN. — Je ne sais pas, mais il me semble que le jour tombe.

MAURICE. — Ah diable! et dîner! et préparer tout!

EUGÈNE. — Tout est prêt, nous nous sommes couchés assez tard pour ça, cette nuit.

MAURICE. — Eh bien, et la pièce? et le dénoûment? Y êtes-vous, Émile?

ÉMILE. — Tout à l'heure.

DAMIEN. — Écrivez gros! Pas de pattes de mouche!

MAURICE. — Mais le tenez-vous, le dénoûment, vous autres?

EUGÈNE. — Nous comptions sur toi pour l'apporter.

MAURICE. — Sans que je connaisse le second acte?

DAMIEN. — Depuis quand, esprit fécond, te préoccupes-tu d'un souci vulgaire?

MAURICE. — Il est vrai que nous avons toujours le dénoûment à toute sauce, la selle à tous chevaux, la mort du diable. Ah! tiens! je n'y pensais plus. Il est dans le caveau de Saint-Satur, et il fait des miracles!

EUGÈNE. — Abominable profanation, messeigneurs!

DAMIEN. — Pas du tout. Le curé de Saint-Abdon nous l'a très-bien dit. Ce morceau de bois n'avait jamais fait de mal à personne. Dans toutes les églises d'Italie, on vénère comme images chrétiennes des statues de dieux du paganisme.

ÉMILE. — N'importe! Il a tort, mon ami le gros curé!

MAURICE. — S'il y est forcé par le paganisme de ses chers paroissiens!

ÉMILE. — Bah! on les guérit de cela, au lieu d'y céder! Le curé de Noirac en est venu à bout.

MAURICE. — Aussi n'est-il pas en bonne odeur auprès des vieilles femmes de sa paroisse!

ÉMILE. — On les laisse crier!

DAMIEN. — Écrivez donc, vous! la pièce ne sera pas finie Il n'y aura que la pièce qui manquera à la représentation!

MAURICE. — Qu'est-ce que tu dis de ça, toi, le diable?

DAMIEN. — C'est une métaphore.

MAURICE. — Mais comment arranges-tu que les paysans, qui y croient jusqu'à l'évoquer, rient comme des bossus quand ils nous voient pendre? Et le curé lui-même, ça ne le scandalise pas de voir tuer le diable! Les gouvernements les plus catholiques n'ont jamais fait renverser par la police les barraques en pleine rue où Polichinelle, plus fort que l'ange rebelle, l'occit ni plus ni moins que le juge et le commissaire!

EUGÈNE. — Eh bien, comment expliques-tu les mystères et sotties du moyen-âge, où les saints disaient tant de gaudrioles et de coq-à-l'âne?

DAMIEN. — Et les pièces d'Aristophane, où les dieux les plus vénérés du paganisme disaient et faisaient mille ordures!

MAURICE. — Donc, c'est qu'on s'est toujours moqué de la figure, du symbole, comme dirait le père Jacques, ce qui n'empêchait pas de respecter ou de craindre l'idée cachée sous le symbole.

EUGÈNE. — Tu es fort, toi! Comme tu retiens ça!

MAURICE. — Mais voyons, sans rire, est-ce vrai que nous sommes portés au mal, et qu'il y a dans nous, ou autour de nous, une attraction mystérieuse pour ce qui nuit aux autres et à nous-mêmes!

ÉMILE. — Je le nie!

DAMIEN. — On ne vous parle pas. Écrivez donc!

MAURICE, regardant le dessin d'Eugène. — Que diable fais-tu là? Est-ce un chien ou une casquette?

EUGÈNE. — Tu vois bien que c'est une casquette, puisque ça n'a pas de pattes!

MAURICE. — Enfin, je vous le demande? sommes-nous méchants par nature, ou bien y a-t-il un principe de méchanceté répandu dans notre atmosphère, qui nous bouscule l'entendement?

EUGÈNE. — Grave question, messeigneurs! Moi, je crois au diable sous une figure palpable: une bouteille de champagne ou la belle Myrto. Voilà les principes sataniques qui flottent dans nos atmosphères!

DAMIEN. — Ce grand esprit vient d'éclairer la question! Le diable dans les êtres qui nous entourent, donc il est en nous aussi, à moins que nous soyons des anges. (A Émile.) Qu'en pensez-vous, hein, swédenborgiste?

ÉMILE. — Moi? pas du tout!

DAMIEN. — Écrivez donc! on ne vous dit rien.

MAURICE. — Bah! nous ne sommes ni anges, ni diables!

EUGÈNE. — Nous sommes donc des bêtes?

ÉMILE. — C'est mon avis pour le moment.

DAMIEN. — Ah çà! vous tairez-vous, bavard insupportable? On ne peut pas se livrer tranquillement aux douceurs de la métaphysique sans que monsieur s'en mêle?

MAURICE. — Oui, nous sommes de rudes métaphysiciens Nous ne pouvons pas seulement nous expliquer ce que c'est que le diable.

EUGÈNE. — Sais-tu pourquoi?

MAURICE. — Non.

EUGÈNE. — C'est qu'il est mort.

DAMIEN, qui s'est levé et qui regarde à la fenêtre. — Oui, pas mal! Le voilà qui passe!

MAURICE. — Où donc?

EUGÈNE. — Le curé de Saint-Abdon nous le rapporte? ne peut pas venir à bout de son éducation?

DAMIEN. — Ma foi, c'est elle, c'est bien elle!

(Maurice et Eugène courent à la fenêtre.)

MAURICE. — Qui donc, elle ?

EUGÈNE. — Ma foi oui, Myrto! la perle des favorites de Satan !

MAURICE. — Comment, elle n'est pas partie ?

ÉMILE, à la fenêtre aussi. — Ou elle est revenue !

DAMIEN. — Allez donc écrire, vous! Ça ne vous regarde pas.

EUGÈNE. — Mais enfin, qu'est-ce que ça veut dire, de la voir passer en carriole avec monsieur Ralph ?

DAMIEN. — Fi, le vilain ! au moment où sa légitime vient d'arriver!

ÉMILE — Je crois que je devine, car j'ai causé avec Jacques aujourd'hui, et dans ce qui se passe, il n'y a rien que de très-édifiant.

EUGÈNE. — C'est édifiant que l'Anglais enlève la lorette ?

ÉMILE. — Oui, s'il l'enlève au diable !

MAURICE. — Qu'est-ce que ça veut dire?

ÉMILE. — Ça veut dire que le diable est mort, messeigneurs !

EUGÈNE. — Contez-nous ça ?

ÉMILE. — Je veux bien, si vous me promettez de ne pas tourner la chose en ridicule.

MAURICE. — En ridicule, l'Anglais? et Jacques? ma foi non, c'est impossible !

ÉMILE. — Eh bien donc, hier soir...

(Cinq heures sonnent.)

EUGÈNE. — Eh bien, hier soir?

JEAN, entrant dans l'atelier avec une serviette sous le bras. — Ah çà ! venez-vous dîner, messieurs? Tout est paré !

EUGÈNE. — Oui, marin, on y va. Mais l'histoire ?

MAURICE. — En dinant!

DAMIEN. — Et le dénoûment de la comédie ?

MAURICE. — Au dessert! nous avons tout le temps !

SCÈNE XIII

Auprès de la haie

JENNY, JACQUES.

JACQUES. — Oui, ma bonne et pure enfant, il faut oublier le passé sans effroi et ne pas repousser la vie qui vous cherche.

JENNY. — Mais non, monsieur Jacques, la vie s'éloigne de moi, au contraire.

JACQUES. — Ce serait donc votre faute ?

JENNY. — Non, j'étais bien décidée à ne pas me faire un devoir de ma tristesse. Vous m'aviez si bien prouvé, en deux mots, que c'était de l'égoïsme !... Et puis, je serai franche : je sentais, par moments déjà, des bouffées d'espérance qui me venaient malgré moi, comme un air de printemps qui vous passe jusque dans le cœur. Eh bien, je ne sais d'où cela me venait, mais, bien sûr, ce n'était pas Dieu qui m'envoyait cela, car il m'a passé tout à coup comme un froid mortel, et, à présent, je me sens si malade dans mon âme et dans mon corps, qu'il me semble que je vais mourir.

JACQUES. — Jenny, ma fille, voulez-vous me promettre de ne penser à rien pendant quelques jours?

JENNY. — Si je peux, monsieur Jacques. Et je crois qu'en effet, ce ne sera pas bien difficile; je suis comme hébétée maintenant.

JACQUES. — Jenny, je vois plus clair dans votre cœur que vous-même, et je sais ce qui doit l'épanouir ou le tranquilliser. Vous n'avez donc pas besoin d'y regarder et de savoir ce qui s'y passe. Laissez-moi ce soin-là, et oubliez-vous vous-même. Tenez, vous dites que madame de Noirac vous a permis de porter des secours à cette pauvre famille qui de-

meure là, au bout du village? Allez-y, plaignez, assistez et consolez. Suivez votre pente, à vous, qui est l'abnégation de soi-même, le dévouement pour les autres. Un jour... bientôt, viendra la récompense.

JENNY. — Ah! monsieur Jacques, je ne sais comment vous faites, mais vous me savez pas dire un mot qui ne donne du repos et de la consolation.

(Elle s'en va vers le village.)

FLORENCE, accourant. — Ah ! elle vous quitte... lui avez-vous dit?...

JACQUES. — Pas encore, pas encore, mon ami. Cette personne-là est un ange ; mais votre intention est si sérieuse que vous devez mettre ce jeune cœur à l'épreuve. S'il en sort triomphant, je ne craindrai pas de vous avoir laissé disposer de votre existence avec trop de précipitation.

SCÈNE XIV

Dans le chemin qui descend à la chaumière

DEUX ROUGES-GORGES, suivant Jenny le long du buisson.

Jenny, Jenny, c'est la bonne Jenny ! Viens, ma femelle mignonne, ne crains rien de la fille aux yeux bleus ! C'est elle qui, tous les jours, nous met du pain sur sa fenêtre. C'est elle que nous voyons dans la serre, où nous entrons comme chez nous. C'est elle qui nous laisse venir jusque dans sa chambre sans vouloir nous empêcher d'en sortir. Jenny, Jenny, c'est la bonne Jenny, c'est la fille aux yeux bleus qui nous aime !

LA FEMELLE DU ROUGE-GORGE. — Jenny, Jenny! nous vois-tu ! nous entends-tu ? Tu vas là-bas porter du pain blanc aux petits enfants de la chaumière, et, au retour, tu nous donneras les miettes de ta corbeille. Moi aussi, vienne le printemps, j'aurai des petits enfants, et je les amènerai dans le jasmin de ta fenêtre, pour qu'ils te connaissent et qu'ils n'aient pas peur de toi. Jenny, Jenny, douce fille aux yeux doux, quand tu regardes, on a envie de voler vers toi, parce que ton regard fait qu'on t'aime.

LES DEUX ROUGES-GORGES, en duo. — Va, va, Jenny ! cours et reviens, nous te suivrons de branche en branche! Pour aller aussi vite que nous, il ne te manque que des ailes. Tu vas, légère et souriante, comme si tu voulais remplir d'amour, de confiance et de bonheur les êtres et les choses qui te saluent! Elle prend soin et pitié de tout, la bonne fille aux yeux bleus; elle ne brise pas le rameau qui s'attache à ses cheveux blonds ; elle n'écrase pas le brin de mousse qui se colle à son petit pied. Va, va, Jenny, le bien qu'on fait, c'est du bonheur qu'on prend partout. Le ciel te rit, le vent te caresse, là fleur t'admire. Nous qui t'aimons, Jenny, Jenny, nous te suivons de branche en branche !

SEPTIÈME PARTIE

SCÈNE PREMIÈRE

Dans la salle de spectacle, séparée en deux par une vieille tapisserie. D'un côté, le théâtre des marionnettes; de l'autre, le public déjà arrivé en partie. ÉMILE reçoit et place les arrivants. Dans le théâtre, MAURICE, DAMIEN, EUGÈNE, JEAN.

MAURICE. — Voilà un affreux quinquet qui file. Jean, arrange-nous ça, mon garçon. Voilà une coulisse qui tombe à la renverse... Eugène, une cale! Et Léandre qui a perdu son chapeau!

EUGÈNE. — Cet étourneau-là n'en fait jamais d'autres! Il perd tout.

MAURICE. — Damné chapeau! Où peut-il être? On a beau se préparer d'avance, penser à tout, au moment de jouer, il manque toujours quelque chose.

DAMIEN. — Eh! ne vous pressez pas tant! Le public n'est pas encore au complet. (Il regarde par un trou de la tapisserie.) Il y aura du beau monde aujourd'hui, donc il y aura du retard. Tous nos paysans sont placés; une vingtaine, au moins.

MAURICE, occupé au théâtre. — Cottin y est-il? lui qui rit de si bon cœur!

DAMIEN. — Oui, il rit déjà! Il a la bouche ouverte, toute prête à éclater; il n'y a plus qu'à lâcher la détente. Notre ami Pierre est à côté de lui, avec la grosse Maniche. Quel brin de fille! mouchoir rouge, tablier rouge, figure idem.

EUGÈNE, regardant aussi. — Quel Rubens! Je vois un curé, deux curés!... Maurice, nos deux curés sont là! ma foi, le curé de Saint-Abdon recale encore la Maniche pour le ton. Leurs nez vont mettre le feu à la baraque! Je vois le père Germain, le partageux-monarchiste, nouvelle combinaison politique à son usage!

MAURICE. — Comment, tu t'amuses à regarder, flâneur! quand je t'attends pour ranger les acteurs dans l'ordre des scènes! Damien nous dira ce qui se passe. Viens vite là! Tiens, Isabelle qui se trouve accrochée de mon côté! C'est toi qui fais parler les femmes. Prends-la dans ta case.

EUGÈNE. — La coquette! Elle est toujours dans la coulisse des hommes! Allons donc, péronnelle! A votre clou, plus vite que ça! Est-ce que le Borgnot est là, Damien?

DAMIEN. — Oui, au troisième rang, avec sa sœur Marguerite. Voilà les domestiques du château qui arrivent. Tiens, Florence qui donne le bras à Jenny! il n'est pas malheureux, celui-là!

MAURICE et EUGÈNE. — Jenny? Voyons! Est-elle gentille, ce soir?

(Ils regardent.)

DAMIEN. — Ma foi oui, elle est gentille! Toujours son petit air triste!

EUGÈNE. — Ça lui va! Quand elle sourit, elle devient belle tout à fait.

DAMIEN. — Voilà la grande Marotte, la cuisinière du château, premier cordon-bleu, messeigneurs!

EUGÈNE. — Un soliveau! Ça m'est égal!

(Ils retournent aux marionnettes.)

DAMIEN. — Qu'est-ce que c'est que ça qui arrive? Quel chapeau! excusez!

JEAN, à Maurice. — C'est madame Paturon, votre marchande. Elle m'a demandé la permission de venir. Ma foi, je lui ai dit que ça vous serait bien égal!

MAURICE. — Ça m'est égal. — Est-ce que son jeune idiot est avec elle?

JEAN. — Son neveu, Polyte Chopart?

DAMIEN. — Qui grimpe aux treilles pour regarder dans les maisons? Il y est, et il a fait une toilette... Oh! je t'en prie, Maurice, viens voir son gilet!

MAURICE. — Je n'ai pas le temps.

DAMIEN. — Si, si, ça en vaut la peine... Tiens, il parle à Jenny! Veux-tu te cacher, hé! Jenny ne l'entend pas. Bon! c'est bien fait. Oh! attention... Voilà le père Jacques, le père Ralph et... Diantre!

EUGÈNE, regardant. — Quoi donc? Eh! Maurice! La femme de Ralph! les filles de Ralph!

MAURICE, regardant. — En voilà un de public! Ah! si nous n'avons pas d'esprit avec des figures comme ça dans la tête!

DAMIEN. — Ma foi, je crois que la mère est aussi jolie que les filles.

EUGÈNE. — Elle est plus jolie; mais c'est égal, je ne ferais pas le cruel avec ces filles-là!

MAURICE. — Ni moi non plus.

DAMIEN. — La grande est superbe. Ressemble-t-elle à son père, hein?

EUGÈNE. — Et la petite lui ressemble aussi. Il ne peut pas les renier. Est-ce joli, ces tons fins.

MAURICE. — Les cheveux ondés naturellement, ça se voit. Et les mouvements, est-ce nature?

DAMIEN. — Est-ce vrai, est-ce pur, est-ce enfant, cela? Tiens, la petite est gaie! Regarde-t-elle le théâtre avec ses grands yeux étonnés!

MAURICE. — Ah ça! Émile est-il là pour faire les honneurs? J'ai envie d'y aller, moi, pour les faire placer!

EUGÈNE. — En manches de chemise, malheureux? Quand nous avons les mains pleines d'huile à quinquet! Ne te montre pas comme ça, ou tu es perdu!

DAMIEN. — Voilà Émile qui les place! Savez-vous que la mère a l'air plus duchesse, avec sa petite robe grise, que madame de Noirac dans son plus bel attirail!

MAURICE. — Voyons, voyons, préparons-nous. Est-ce qu'elle arrive, la châtelaine?

DAMIEN. — Oui! la dernière, c'est dans l'ordre. Il faut se faire désirer. Tudieu! quelle toilette! Des grains d'or dans les cheveux! Ah çà, est-ce qu'elle croit venir aux Italiens?

MAURICE. — Aux Italiens? J'espère bien que nous allons enfoncer tout ça, et je ne trouve pas qu'il y ait de trop belles toilettes pour une représentation comme celle que nous allons leur flanquer! C'est égal! je vas me payer de regarder encore une fois ces créoles, ça me donnera du cœur pour commencer. Ah! que la lionne de Noirac est bien badigeonnée! Cette femme-là a un fameux chic, il faut lui accorder ça... Mais c'est égal, elle est effacée ce soir. La voilà qui met la bouche en cœur pour parler à madame Brown, elle admire ses filles, elle lui en fait compliment. Bon! la voilà qui se retourne vers Gérard et qui les abîme tout bas, j'en suis sûr!

DAMIEN. — J'ai entendu ce qu'elle leur disait: elle les invite à souper.

EUGÈNE. — Bon! ça me va! il faudra se mettre sur son trente-six, alors! L'habit noir?

DAMIEN. — Et l'esprit pas trop chatoyant; ce ne sera pas tout à fait les mêmes métaphores qu'hier à la maison Blanche.

MAURICE. — A propos, elle est bien partie, cette fois, la lorette? Elle n'est pas là, par hasard?

EUGÈNE. — Hélas! non; mais il paraît que le père Ralph ne l'a pas menée loin, puisqu'il est de retour.

MAURICE. — Pauvre lorette!

DAMIEN. — Pourquoi, pauvre lorette?

MAURICE. — Je ne sais pas!... qui sait?

DAMIEN. — Qui sait, quoi! Dis donc?

MAURICE. — Ma foi, je ne sais plus ce que je voulais dire, mais à tout péché miséricorde. Si l'étoffe est bonne, qu'importe que la broderie soit fanée!

DAMIEN. — Oui, mais elle tient, la broderie, et il s'agit de l'enlever pour en pouvoir mettre une neuve.

MAURICE. — Tout ça dépend de l'artiste qui s'en charge.

DAMIEN. — Il paraît que Florence n'a pas voulu s'en charger, car il m'a l'air, ce jardinier, de regarder Jenny comme le camélia de ses rêves.

MAURICE. — C'est vrai ! Tiens, comme il la regarde ! Sais-tu que c'est amusant d'être où nous sommes ? Tous ces spectateurs qui se tournent le dos ne savent pas qu'en face d'eux nos yeux, braqués derrière cette tapisserie, saisissent tout ce qu'ils croient cacher ? C'est eux qui maintenant nous donnent la comédie. Je vois Gérard soupirer pour la belle Diane...

DAMIEN. — Bah ! il devrait la battre, la Diane...

EUGÈNE. — Je vois Pierre soupirer pour Maniche. Il y a de quoi faire tourner trois moulins !

MAURICE. — Et pour les filles de Ralph, qu'est-ce qui soupire ? Ce n'est pas Polyte Chopart, j'espère ?

EUGÈNE. — Ne parlons pas de ça. Ce sera peut-être nous, ce soir !

JEAN. — Monsieur Maurice, madame de Noirac a déjà bâillé trois fois. Vous devriez commencer, savez-vous ?

MAURICE. — Tu as raison ? Vite, Eugène ! Trois minutes pour relire ensemble le scénario ; et en avant la musique !

SCÈNE II

Dans le public, de l'autre côté de la tapisserie

GÉRARD, bas à Diane. — Est-ce que vous êtes triste... quand je suis si heureux, moi ?

DIANE, de même. — Non, Gérard ; je ne veux pas être triste. Ouvrez-moi donc mon flacon. Ces paysans sentent affreusement mauvais.

GÉRARD. — Ils sont cependant propres, le dimanche surtout. C'est l'odeur du gros drap dont sont faits leurs habits neufs.

DIANE. — C'est vrai, ça sent le mouton ; mais j'aimerais mieux autre chose. Donnez-moi donc mon bouquet ?

GÉRARD. — Vous me le reprenez déjà ?

DIANE. — Je vous le rendrai tout à l'heure.

FLORENCE, à Jenny, à demi-voix. — Eh bien, mademoiselle Jenny, est-ce que vous êtes toujours souffrante ? Vous êtes triste ?

JENNY. — Mon Dieu, qu'est-ce que cela fait, monsieur Florence, que je sois triste ou gaie ! Je vous assure que je ne pensais pas à moi dans ce moment-ci.

FLORENCE. — A quoi donc pensiez-vous ? Est-ce mal de vous le demander ?

JENNY. — Non, je pensais à monsieur Jacques.

FLORENCE. — Et vous pensiez...

JENNY. — Regardez donc comme elles sont belles, les demoiselles Brown !

FLORENCE. — Je ne sais pas, je ne les ai pas regardées.

JENNY. — Pourquoi donc ?

FLORENCE. — J'en'y ai pas pensé. Je pensais... à monsieur Jacques, moi aussi !

PIERRE, à Maniche. — A quoi donc que tu penses, hé ! ma grosse ?

MANICHE. — Ma fine, je pensais à toi et à mon parapluie.

LE CURÉ DE SAINT-ABDON, au curé de Noirac. — Je me sens en train de rire !

LE CURÉ DE NOIRAC. — Moi, j'ai peur que nous ne soyons censurés d'être venus ici.

LE CURÉ DE SAINT-ABDON. — Bah ! des marionnettes, c'est un spectacle pour les enfants, et, par conséquent, c'est bon pour des curés !

LE CURÉ DE NOIRAC. — Ce n'est pas à cause des marionnettes, ce n'est pas un spectacle ; c'est à cause de la maison ; une maison d'artistes ! c'est léger !

LE CURÉ DE SAINT-ABDON. — Bah ! farceur ! vous y dînez toutes les semaines !

LE CURÉ DE NOIRAC. — Oui, mais il n'y a pas tant de monde qu'aujourd'hui. Nous voilà en public !

LE CURÉ DE SAINT-ABDON. — Si on veut faire de nous des chauves-souris qui ne volent que dans les ténèbres, je n'en suis plus et j'envoie promener toute la boutique. Croit-on nous traiter comme des petits garçons ? Non, non, soyez tranquille, Monseigneur est homme d'esprit, et dans son dernier mandement...

MAROTTE, à Bathilde. — Vous en buvez donc tant que vous voulez, vous, du vin muscat ?

BATHILDE. — Hélas ! oui, mais ça s'épuise, et si monsieur le marquis n'épouse pas votre dame, il n'y aura pas moyen de remonter la cave sur un bon pied.

MAROTTE. — Ah bah ! madame l'épousera, allez ! Elle le bouscule, mais elle ne peut pas s'en passer. Moi, je voudrais que ce fût lui. C'est un homme très-doux, et nous aurions un bon maître.

BATHILDE. — Très-doux ? pas toujours ! C'est une soupe au lait !

MAROTTE. — Ah bah ! on lui mettra du sucre dedans, et la soupe se mitonnera tout doucement sur le feu.

RALPH, à Jacques. — Je ne m'en inquiète pas, je vous jure. S'il y avait quelque parole légère, mes filles ne la comprendraient pas.

JACQUES. — Il n'y en aura pas ; les paroles seront chastes par respect pour les oreilles chastes.

RALPH. — Oui, je le crois. La chasteté ! Ah ! que ce progrès dans les mœurs ferait de miracles dans les institutions !

JACQUES. — Eh ! mon Dieu, mon ami, c'est ce que nous disions à propos du mariage. Les hommes veulent un sexe chaste pour le mariage, et un sexe impudique pour leurs plaisirs ! Et ils osent vous dire qu'il faut des femmes débauchées pour qu'il y ait des femmes honnêtes.

RALPH. — C'est comme s'ils disaient qu'il faut qu'il y ait des fripons pour qu'il y ait des honnêtes gens.

COTTIN, au Borgnot. — Je voudrais que ça soye déjà commencé. Je suis sûr que ça va être encore plus joli que la dernière fois.

LE BORGNOT. — C'est toutes les fois plus joli ! Ils s'inventeriont le diable !

MADAME BROWN, à ses filles. — Vous n'avez pas froid, mes enfants ?

SARAH. — Non maman, mais je vais mettre mon manteau par précaution, si cela t'inquiète.

MADAME BROWN. — Et toi, ma Noémi, tu ne te sens pas envie de dormir ?

NOÉMI. — Oh ! non, petite mère. Je me sens en train de m'amuser. Tu t'amuseras aussi, Sarah ?

SARAH. — Je t'en réponds ! Et toi, maman ?

MADAME BROWN. — Certainement, si vous vous amusez, mes enfants.

MADAME PATURON, à son neveu Polyte. — J'espère que nous en voyons, aujourd'hui, du beau monde ! Ah ! si madame Charcasseau était là ! Serait-elle contente, elle qui est si curieuse !

POLYTE. — Je voudrais bien savoir comment c'est fait dans ce théâtre !

MADAME PATURON. — Qu'est-ce qu'elle a donc sur la tête qui brille comme ça, la dame de Noirac ?

POLYTE. — J'ai envie de passer sous la tapisserie pour regarder.

MADAME PATURON. — Tu ne penses qu'aux marionnettes, toi ! Es-tu bête ! Regarde donc ces Égyptiennes qui sont à côté de M. Jacques !

POLYTE. — Des Égyptiennes ? Tiens, comme elles sont

blanches ! J'aurais cru que des Égyptiennes c'étaient des négresses... On dirait qu'il y a des chandelles dedans.

MADAME PATURON. — Dans ces dames étrangères ?

POLYTE. — Non, dans le théâtre !

MADAME PATURON. — Polyte, il n'y a pas de plaisir à être avec toi. Tu ne fais attention à rien.

POLYTE. — Je suis venu pour voir les marionnettes, et je suis curieux de marionnettes.

MADAME PATURON. — Mais où est-ce donc que tu te fourres ?

POLYTE. — Je veux regarder sous la tapisserie.

MAURICE, *derrière la toile.* — Qu'est-ce que c'est que ça ! à qui la tête ?

EUGÈNE. — Un curieux ? tape dessus !

DAMIEN. — Vite le pot à la colle !

(Polyte se retire précipitamment.)

MADAME PATURON. — Eh bien, qu'est-ce que tu as vu ?

POLYTE. — Rien, ils ont voulu me barbouiller !

MADAME PATURON. — C'est bien fait. Pourquoi es-tu si curieux ?

(On entend frapper trois coups.)

NOÉMI. — Ah ! quel bonheur, ça commence !

MAURICE, *à Émile.* — Allons, venez faire votre partie dans l'orchestre. Jean, à toi les cymbales !

(L'ouverture se compose d'un tambour, d'une trompette, d'un miriliton, d'un flageolet et de deux couvercles de casserole, jouant tous ensemble, chacun dans un ton ou dans un rhythme différent. Jacques rit aux éclats, ainsi que la famille Brown.)

RALPH. — Eh bien, c'est ce qu'on peut imaginer de plus amusant, pour une ouverture de marionnettes.

MANICHE. — C'est trop joli, c'te musique là ! Ça donne envie de danser.

GERMAIN. — Ils savent donc tous jouer de la musique, làdedans ?

DIANE. — Quel effroyable charivari ! Ils m'en ont donné hier un échantillon, mais maintenant ils abusent de la permission.

GÉRARD. — Ça ressemble à une meute en désarroi.

LE CURÉ DE SAINT-ABDON. — Quel carillon !

MADAME PATURON. — Tiens, je connais cet air-là ! C'est une polka.

POLYTE. — Je crois bien qu'il n'y a pas d'air du tout et qu'ils se moquent du monde.

(La musique cesse.)

DAMIEN, *dans le théâtre.* — Y sommes-nous ? bonne chance ! enlevez !

(La toile se lève.)

SCÈNE III

Sur le théâtre des marionnettes, qui représente une Maison de campagne

CASSANDRE, PIERROT, son jardinier.

CASSANDRE. — Oui, je te dis que tu es un imbécile, et que si tu te fais vacciner, je te chasse de mon service.

PIERROT. — Dame ! je n'y tiens pas beaucoup, monsieur Cassandre ; mais on m'a dit que ça me conserverait le teint frais.

CASSANDRE. — Voyez l'animal, avec son teint ! une figure de navet, avec des yeux de betterave !

COTTIN, *dans le public, riant aux éclats.* — Ah ! voilà les pièces que j'aime ! C'est quand il y a des légumes dedans !

CASSANDRE, *sur le théâtre.* — Je te dis que je t'interdis la vaccine ! C'est une invention du diable !

PIERROT. — Pourquoi donc ça ?

CASSANDRE. — Parce qu'elle est nouvelle.

LE CURÉ DE NOIRAC, *dans le public.* — Bon ! c'est une pièce contre les conservateurs. Gare à nous !

LE CURÉ DE SAINT-ABDON. — Bah, bah ! il est permis de rire ! Nous ne rions pas si souvent !...

PIERROT. — On m'a dit pourtant que ça empêchait la petite vérole.

GERMAIN, *dans le public, tout haut.* — C'est vrai que ça l'empêche ! Faut pas dire le contraire !

CASSANDRE, *sur le théâtre, se tournant vers le public.* — Moi je vous dis le contraire. (*Parlant à Pierrot.*) Et vous êtes une bête de me contredire. On n'empêchera jamais la petite vérole.

GERMAIN, *dans le public.* — Eh si !

CASSANDRE, *sur le théâtre, à Pierrot.* — Tu n'es qu'un malhonnête de m'interrompre, et si ça t'arrive encore, je te ferai tâter de ma canne.

GERMAIN, *dans le public.* — Est-il méchant et obstiné, ce vieux-là, avec sa tête de chanvre ?

CASSANDRE, *sur le théâtre.* — Encore ? Tu m'appelles tête de chanvre ?

PIERROT. — Je n'ai rien dit, monsieur.

CASSANDRE. — Si fait !

(Il lève sa canne.)

GERMAIN, *dans le public.* — C'est pas lui, c'est moi !

CASSANDRE, *sur le théâtre.* — Tu dis que c'est toi, tu t'en vantes ! Eh bien, attends !

(Il rosse Pierrot, qui se sauve. Cassandre, en voulant le poursuivre, tombe sur le nez. Grands éclats de rire et trépignements de joie des paysans, qui s'écrient :)

C'est bien fait ! c'est bien fait !

(Ils applaudissent. Une petite fille entre et parle bas à Jenny, qui sort. Florence la suit des yeux avec étonnement. La pièce continue.)

SCÈNE IV

Auprès du prieuré, au bord de la rivière

JENNY, *conduite par la petite fille.* — Eh bien, où est-elle donc cette femme qui me demande ?

LA PETITE FILLE. — Tenez, là, contre un peuplier.

JENNY. — Bien, je la vois. Merci, mon enfant.

(La petite fille s'éloigne ; Jenny approche d'une femme enveloppée d'une mante de paysanne et qui a la tête cachée dans ses mains.)

JENNY. — Eh bien, ma bonne amie, qui êtes-vous et que puis-je faire pour vous ? Vous paraissez chagrine ? Est-ce que vous pleurez ? Voyons, voyons, dites-moi vos malheurs. Vous êtes sans pain, sans abri ? Je vais parler à ma maîtresse. Est-ce là ce que vous voulez ?

MYRTO, *se dégageant de sa mante et se jetant dans les bras de Jenny.* — Ah ! Jenny, je voudrais être sans pain, sans abri... et sans reproche.

JENNY. — Quoi ! Céline, c'est toi ? et tu pleures, ma pauvre camarade ? Est-ce que c'est comme hier au soir ?

MYRTO. — Oui, oui ! C'est pire qu'hier au soir.

JENNY. — Comment est-ce qu'il ne t'aime pas ?

MYRTO. — C'est toi qui me demandes cela, Jenny ?

JENNY. — Mais oui, je te le demande ! J'ai causé avec lui, ce matin, et il me paraissait si bien disposé à te plaindre, à t'absoudre même !

MYRTO. — Je sais tout cela. Il sera tout pour moi, excepté mon amant. Tiens, Jenny, je veux tout te raconter. Il m'a tenu parole, il est venu me chercher hier soir ; mais nous n'étions pas seuls, monsieur Jacques était avec nous

JENNY. — Ah !... Je ne savais pas, moi.

MYRTO. — Ah ! Jenny ! de quel ton tu dis cela ! et comme tu respires, à présent !

JENNY. — Moi ? Pourquoi donc ?... Je ne te comprends pas.

MYRTO. — Si, tu me comprends. Ah ! il y a bien toujours un peu d'hypocrisie dans ce qu'ils appellent la pudeur des femmes ! N'importe, c'est comme ça qu'ils nous aiment, et c'est comme ça qu'il faudrait être... Eh bien, écoute. Nous avons voyagé dans le brouillard, nous nous sommes arrêtés dans une vieille église, et là, Jacques et lui m'ont dit des choses qui m'ont torturée, et d'autres choses qui m'ont donné du courage. Florence nous a quittés. Jacques m'a conduit jusqu'à la ville, me consolant, me soutenant toujours. Mais là, au moment de partir tout à fait, la force m'a abandonnée, et j'ai cru, oui, j'ai bien cru que j'allais mourir de chagrin, ou redevenir... de rage ! ce que je ne veux plus être ! Alors, ce bon vieillard m'a sauvée en me brisant encore plus le cœur... C'était le plus rude coup ! Mais il le fallait bien ! Sans cela, je ne me serais jamais soumise ! Et quand il m'a eu tout dit... j'ai eu un accès de rage terrible, Jenny ! Je t'aurais tuée, si tu avais été là ! Ah ! ne crains rien, c'est fini, j'ai réfléchi, j'ai prié, j'ai pleuré, et tu vois que je suis vaincue puisque je pleure encore...

JENNY. — Eh bien, pleurons donc ensemble, ma pauvre Céline, car ton chagrin me fait du mal ! Seulement, je ne comprends pas... Tu dis que tu voulais me tuer... De quoi donc suis-je coupable envers toi ?

MYRTO. — De rien, et de tout ! Tu es heureuse, toi, tu es aimée !... Eh bien, tu frissonnes, tu trembles ?... Allons, menteuse, tu le savais bien ?...

JENNY. — Non, non ! je ne mens pas, je n'en sais rien. Tu me trompes pour m'éprouver ? C'est toi, ce n'est pas moi qu'il aime !

MYRTO. — Tu serais donc jalouse de moi, si je voulais te laisser croire... Mais non, tu ne serais pas jalouse ; tu ne me ferais pas cet honneur-là. Tu dirais comme ta maîtresse : Qu'est-ce que ça nous fait, à nous, que nos adorateurs soient vos amants ? Ils finiront toujours bien par vous quitter et par nous épouser.

JENNY. — Non, non, Céline, ce n'est pas moi qui dis cela !

MYRTO. — Mais tu le penses.

JENNY. — Non jamais ! Si j'aimais... celui que tu aimes... je serais bien jalouse de toi, va, et je souffrirais beaucoup !

MYRTO. — Je sais que tu as souffert, aujourd'hui. On me l'a dit, et tu me haïssais probablement.

JENNY. — Non, ma pauvre Céline, oh ! pour cela, non ! Il m'a demandé ce qu'il devait penser de toi ; il avait l'air de me dire qu'il voulait se consacrer à toi, et je l'ai encouragé à cela, bien sincèrement, et sans croire que ce serait peine perdue...

MYRTO. — Ah ! oui, s'il m'aimait, n'est-ce pas, je serais bien sauvée ! Mais il s'agit de se sauver sans cela, et c'est plus difficile. C'est égal, Jenny, je suis contente de toi, puisque tu m'as estimée assez pour me craindre... Je t'ai fait souffrir un peu, je ne suis plus si humiliée !

JENNY. — Mon Dieu, Céline, ne me dis pas que je l'aime ! je n'en sais rien, vrai, je n'en sais rien !

MYRTO. — A la bonne heure ! Mais toi, ne me dis pas que tu ne l'aimes pas. Tu mentirais, et je rougirais de me voir méprisée pour quelqu'un qui ne daigne pas me savoir gré de ma soumission.

JENNY. — Lui, te mépriser ? Si cela était, je ne l'estimerais pas. Non, va, c'est impossible qu'un honnête homme méprise une femme qui se repent !

MYRTO. — Tu as raison, Jenny ! J'exagère parce que je souffre encore, mais je guérirai, vois-tu, je me consolerai, j'oublierai tout cela.

JENNY. — Non, amie, il ne faut pas oublier ; il faut continuer à te repentir ; il faut tout réparer, et tu seras aimée.

MYRTO. — De lui ? Tu le laisseras m'aimer ? Tu ne l'aimes donc pas ? Allons, Jenny, la vérité ! Au nom de Dieu, qui est, disent-ils, la vérité même, ne me trompe pas, ne m'avilis pas par cette réserve qui me paraît de la pruderie, au point où nous en sommes !

JENNY. — Non ! Dieu m'est témoin que je ne suis pas, que je ne veux pas être hypocrite ! Mais la pudeur, la fierté, Myrto, ce n'est pas ce que tu crois. Une femme ne doit pas demander l'amour d'un homme, et le désirer c'est déjà le demander. Non ! je ne me suis pas dit cela à moi-même, et si je te le disais, il me semble que ce serait le lui dire, et que je ne serais plus digne qu'il en fût reconnaissant. Céline, est-ce que tu ne te souviens pas de la première fois que tu as été aimée ? Est-ce que tu aurais été au-devant de l'amour qui te cherchait ?

MYRTO. — Non, je ne m'en souviens pas, car je n'ai jamais été aimée, moi ! J'ai été séduite, et c'est autre chose. C'est égal, Jenny, tout ce que tu dis là est vrai, et je sens que mes questions te blessent. Tu me le fais sentir avec douceur. Oui, tu es bonne, oui, tu mérites d'être aimée ! Eh bien, je ne te questionnerai plus, je t'implorerai.

JENNY. — Pour toi, chère Céline ? Ah ! ce n'est pas la peine ! mon cœur te sera toujours ouvert, et tout ce que je pourrai faire pour te consoler, je le regarderai comme un devoir si tu redeviens coupable, comme un plaisir si tu restes bonne et pieuse comme tu as envie de l'être.

MYRTO. — Embrasse-moi, Jenny. Oui, s'il y a de mauvais cœurs sur la terre, il y en a aussi de bien bons ; je le sens, et cela me donne confiance. Allons, il faut croire à Jacques à monsieur Ralph, à madame Brown, qui m'ont parlé si bien ! Tiens, voilà le projet qu'ils ont fait pour moi, et le conseil que j'ai suivi. Quand monsieur Jacques m'a ramenée ici (oh ! il le fallait bien, car je me sentais et il me voyait bien perdue sans cela !), il m'a fait jurer de ne pas revoir Marigny et de partir pour une petite maison de campagne où il m'a fait annoncer ce matin et où j'étais attendue. C'est à une lieue d'ici, dans un endroit très-désert, mais bien joli, chez de braves gens qui m'ont reçue comme leur fille. C'est ce bon vieux Anglais qui m'y a conduite tantôt. Je n'ai pas voulu que ce fût monsieur Jacques, je craignais de le trop fatiguer. Je l'ai quitté en le bénissant, en lui jurant d'attendre bien sagement ses conseils et ses consolations, car il viendra me voir souvent, il me l'a promis. Il m'a fait donner ma parole d'honneur de ne revoir Marigny que quand il me l'amènerait là-bas... avec toi, Jenny !... Ma parole d'honneur ! comprends-tu ? il me l'a demandée, et il y croira. Ah ! je ne voudrais pas y manquer, j'aimerais mieux mourir... et la belle, la bonne, la douce femme de Ralph... Sais-tu ce qu'elle a fait au moment de mon départ ! Elle m'avait bien parlé et prêché tête à tête, et quand je me suis décidée à obéir, quand je lui ai demandé la permission de l'embrasser, elle, cette mère de famille, cette femme, qui a vingt-cinq ou trente ans de vertu sur la tête, elle m'a embrassée comme tu m'embrasses, Jenny. Ah ! si ta fière et dure comtesse m'avait traitée comme cela, hier, quand tu le lui conseillais, quand je tenais déjà sa main de marbre dans ma main tremblante... j'aurais renoncé à me venger, et j'aurais aujourd'hui tout le mérite du pardon ! Mais ce n'est pas tout, Jenny ! Vois un peu comme on s'intéresse à moi, comme on a confiance en moi ! Pendant que cette dame parlait chez monsieur Jacques, il y avait dans le petit jardin deux belles jeunes filles de quinze à seize ans, qui se promenaient en riant de si bon cœur ! deux amours, deux anges blonds avec de grands yeux si purs... comme les tiens, Jenny! Et moi, je les regardais malgré moi pendant que leur mère me consolait, et je pensais à ma jeunesse, à ma gaieté, à mon bonheur d'autrefois, et je disais à cette dame : « Ah! si j'avais des filles comme cela, moi je n'oserais pas les regarder en face! » Alors, cette bonne créature s'est levée en me disant : « Attendez! » et puis tout de suite elle est revenue avec ses deux vierges, ses deux saintes. Elle leur a dit en me montrant : « Mes enfants, voilà une personne bien belle, comme vous voyez, et très-bonne, que j'aime beaucoup : saluez-la, donnez-lui la main, et priez tous les jours pour elle, parce qu'elle a du chagrin. » Alors ces deux beaux enfants m'ont donné leurs belles mains pures, d'un air si tranquille, et avec un sourire si tendre, si humain! Ah! tu le vois bien, Jenny, il faut que je sois sauvée, car j'ai reçu le baptême aujourd'hui, le baptême de la miséricorde!

JENNY. — Oui, oui, Céline, tu es sauvée; tu es digne de Florence, et tu mérites mieux de lui que moi-même...

MYRTO. — Non! cela n'est pas! Ne m'ôte pas mes forces. j'en ai encore besoin, car j'ai encore quelque chose à faire pour me purifier. Tu n'es pas étonné, tu n'es pas inquiète de me voir ici quand j'étais partie, quand j'étais arrivée à l'asile où j'ai juré de rester?

JENNY. — Inquiète! non tu ne peux revenir qu'avec de bonnes intentions.

MYRTO. — Eh bien, oui, c'est ce qui me coûte le plus à accomplir, ne le vois-tu pas? Quand j'ai été installée là-bas, il était sept heures du soir. Je me sentais brisée de fatigue! J'ai été me coucher; mais quoi? impossible de dormir! Je pensais toujours à lui... et à toi! Jacques m'avait dit : « Jenny l'aime, j'en suis sûr; mais elle n'en sait rien elle-même; elle ne se sait pas aimée, et je ne veux pas qu'elle le sache trop vite. Ils souffrent tous les deux de n'oser se rien dire... Mais vous souffrez aussi, vous, et je ne veux pas que vous emportiez l'idée qu'on se réjouit et qu'on vous oublie quand vous partez l'âme navrée... » C'est encore bien bon, bien délicat, n'est-ce pas, Jenny, ces idées-là? Eh bien, moi, quand je me suis trouvée seule avec ma conscience, je n'ai pas pu accepter ce sacrifice fait à mon égoïsme. Je me suis relevée, j'ai pris le manteau d'une servante, en disant que j'avais besoin de faire un tour de promenade pour m'endormir, et je suis venue seule ici, à pied, pour te dire ce que je t'ai dit. Jenny, il t'aime, et je ne te hais pas! Sache-le, n'aie pas de remords, sois heureuse, aime-le! Je te le demande à genoux! Tiens! je sens que le devoir n'est pas un mot et qu'il porte ses fruits, car, en te disant cela, je suis fière de moi-même!

JENNY. — O Céline! comment as-tu pu t'égarer, toi si grande et si forte! Viens, viens sur mon cœur! Non, viens avec moi, allons ensemble demeurer où tu voudras, ne nous quittons plus. Je laisserai tout pour toi, pour te distraire quand tu t'ennuieras, pour te rapprendre à travailler, à chanter en travaillant. Tu redeviendras aussi pure, aussi enfant que les filles de cette bonne étrangère que je bénis pour t'avoir bénie...

MYRTO. — Oui, ma Jenny, un jour peut-être, quand tu seras sa femme, à lui!.... Quand je me sentirai bien fière et bien forte, et bien digne de ta sainte confiance, nous pourrons vivre et travailler ensemble; car je veux travailler, je t'en réponds! Je ne veux rien garder de ce que j'ai si honteusement gagné. Dans huit jours, tout cela sera restitué à ceux qui voudront l'accepter, ou vendu pour les pauvres. A présent, adieu. J'ai peur qu'on ne s'inquiète de toi, qu'on ne te cherche et qu'on ne me voie. Ah! si on croyait que j'ai voulu manquer à ma parole! Non, non! tu rendras témoignage de moi, si on sait que je suis revenue ce soir

C'est la dernière fois; je n'y reviendrai plus que ramenée par toi ou par Jacques.

JENNY. — Tu veux t'en aller, comme cela, toute seule, si loin, la nuit, sur des chemins que tu connais à peine? C'est impossible!

MYRTO. — Je suis bien venue, je m'en irai de même. L'air de la nuit me ranime. Ces belles étoiles qui sont là-haut, elles ont l'air de me regarder! J'ai suivi le cours de cette petite rivière, je vais la redescendre. Son joli bruit doux me guidera dans l'obscurité. Je suis bien, je ne sens plus de fatigue depuis que mon âme est guérie. Oui, elle l'est, j'en suis sûre. Je dormirai bien cette nuit, sous ce toit couvert de mousse, que je trouve encore trop riche et trop beau pour abriter le souvenir de ma mollesse et de mon luxe infâme! Adieu, ma Jenny, je t'aime! ne me retiens pas davantage, mes hôtes seraient inquiets de moi. Ils croiraient peut-être que je mène une mauvaise conduite... M'entends-tu parler, Jenny? Ne ris pas, si je parle comme une fille honnête qui craint d'être soupçonnée! Embrasse-moi encore... et adieu!

(Elle s'éloigne rapidement).

JENNY, un instant irrésolue. — Elle le veut!... Mais non, je ne peux pas la laisser comme cela! Céline, écoute-moi!

JACQUES, la retenant par la main. — Non, ma fille; laissez-la tenir ses promesses et mériter sa réhabilitation. Nous la lui avons un peu escomptée pour la lui rendre possible, et elle l'est devenue. Ne lui ôtez pas le mérite de son premier pas dans la bonne voie.

JENNY. — Vous l'avez entendue parler, monsieur Jacques? Ah! vous pouvez bien être fier de votre ouvrage! Mais la laisser seule comme cela...

JACQUES. — Ne craignez rien, je la fais suivre à distance par le bon Ralph, en cas d'accident; mais il n'aura pas sujet de se montrer ni de lui faire croire qu'on se mêle d'elle. Il ne lui arrivera ni malheur ni chagrin en route. Dieu veille sur elle, et c'est à présent qu'elle peut dire comme le juste de l'Écriture : « Je marcherai sans frayeur dans les ténèbres, parce que le Seigneur est avec moi! »

JENNY. — Mais moi, monsieur Jacques, je ne peux pas accepter un sacrifice comme le sien. Je suis peut-être moins digne qu'elle aujourd'hui, d'être aimée et recherchée par un honnête homme; je n'ai pas ses mérites, moi à qui la sagesse a toujours été facile!

JACQUES. — N'avez-vous pas beaucoup souffert aussi, Jenny? et pourtant, vous, vous n'avez rien fait pour ne pas rencontrer le bonheur! Il est temps qu'il vienne. Acceptez-le comme une récompense qui vous est due et que vous n'enlevez à personne. Il ne dépendrait pas de Florence de s'attacher ailleurs. Il vous aime depuis longtemps; il s'était promis de vous consoler et de vous persuader; il n'est venu ici que pour vous; il n'y restera que pour vous. Il avait résolu de ne pas vous effrayer de son amour avant que de vous voir bien guérie. Il savait qu'il est des souffrances qu'il ne faut pas heurter. Il a attendu des années et des années avec persévérance. Mais des circonstances étranges et assez romanesques ont précipité sa destinée et la vôtre. Vous vous aimez, et vous avez raison, car jamais Dieu n'a rapproché deux êtres plus dignes l'un de l'autre, et plus faits pour donner un de ces exemples de fidélité dans le bonheur que les mœurs de notre temps rendent si rares! Ne rougissez donc plus de ce que vous éprouvez, ma fille, et permettez-vous à vous-même d'être heureuse.

JENNY. — O bonté céleste! être aimée véritablement comme je l'ai rêvé, comme je sens que je puis aimer moi-même!... Mais est-ce que c'est vrai, est-ce que c'est possible, monsieur Jacques? Ne vous trompez-vous pas? Est-ce que monsieur Marigny et moi nous nous connaissons assez ?... Oui, moi je le connais, à présent, et je lui confierais ma vie... Mais lui... je me sens bien effrayée de le revoir, de lui parler. Je n'oserai jamais lui répondre, s'il m'interroge !...

FLORENCE, se montrant — Jenny, je ne vous interrogerai pas, je ne vous parlerai pas. Ne soyez ni troublée, ni effrayée. Tenez, mettez votre main dans la mienne, comme dans celle d'un ami. Dites-moi que vous avez confiance en moi, c'est tout ce que je vous demande. Et puis j'attendrai, s'il le faut, des mois et des années, comme j'étais résolu à attendre. Prenez le temps de me juger. Je ne crains rien de vous ni de moi, à cet égard. Je sais que votre amour une fois trahi dans le passé ne se fondera plus que sur l'estime, mais aussi qu'il ne voudra pas s'y refuser... Vous pleurez, Jenny... est-ce de chagrin ?

JENNY. — Oh ! non, car voilà ma main dans la vôtre.

FLORENCE. — Mais elle tremble ! est-ce de peur ?

JENNY. Non, car elle y reste !

JACQUES. — Maintenant, mes enfants, songez à votre mariage, non comme à un but convoité par la passion, mais comme à la consécration de toute une existence de vertu, de courage et de travail. Vous n'avez rien l'un ni l'autre, selon le langage du siècle, mais vous avez tout selon Dieu. Marigny n'est pas d'humeur à accepter les bienfaits de madame de Noirac, et je suis forcé de vous dire, à vous, Jenny, qui aimez cette dame, que je doute d'un véritable accord entre elle et vous, quand elle saura de qui vous êtes aimée.

JENNY. — Ah ! monsieur Jacques, elle a pris une bonne résolution ; elle a été bien éprouvée depuis deux jours, elle a reçu des leçons bien sévères... Oui, elle m'a tout dit, Florence. Eh bien, elle est vaincue ; mais elle est sans dépit, et elle désire que vous ayez de l'estime pour la marquise de Mireville. Elle veut se marier tout de suite.

FLORENCE. — Jenny, je ne suis entré au service de cette belle dame que pour être auprès de vous. J'y resterai tant que vous voudrez ; mais, prévoyant avec monsieur Jacques qu'un temps peut venir où vous ne le désirerez plus, j'ai formé un projet qui nous permettrait de rester auprès de lui et de ses amis. J'ai travaillé depuis deux ans que je suis pauvre, et j'ai de quoi acheter un coin de terre dans ce beau pays que j'aime, puisque j'y ai trouvé le bonheur. J'y travaillerai pour mon compte, et je sais que je vous y ferai vivre libre et respectée, dans une pauvreté sans misère, sans honte et sans découragement. Voilà tout ce que vous voulez, n'est-ce pas ?

JENNY. — Je veux tout ce que vous voudrez, Florence. Ah ! j'aime tant à obéir, moi ! et vous obéir, ce sera me commander à moi-même !

JEAN. — Monsieur Jacques, mademoiselle Jenny, monsieur Florence, la comédie est finie, et on vous attend pour aller souper au château.

JACQUES. — Nous voilà. Venez, mes amis. Demain, j'irai voir mon autre fille, Céline, et je lui dirai qu'ayant travaillé au bonheur d'autrui, elle mérite qu'on travaille au sien. Espérons qu'elle deviendra digne d'être aussi quelque jour une heureuse épouse.

SCÈNE V

A la porte du prieuré

Le public est en train de sortir.

ÉMILE, à Gérard. — Oui, monsieur, nous allons nous y rendre. Mes amis ont de la poussière plein les yeux, et se débarrassent de leurs blouses. Dans cinq minutes, nous serons au rendez-vous.

DIANE. — Il me tarde de les remercier du plaisir qu'ils m'ont donné. C'est charmant de décors, de costumes, de dialogue, de gaieté. Bref, je suis ravie de leur esprit, et je reviendrai bien certainement... Comment, Gérard, vous avez fait venir votre américaine pour m'épargner trois pas ?

GÉRARD, bas. — J'aimerais mieux vous porter dans mes bras, mais vous me refuseriez !

DIANE. — Eh bien, votre bras me servira au moins pour me conduire. Que la voiture suive. Allons à pied : il fait si beau !

GÉRARD. — Mais le chemin est bien raboteux !

DIANE. — Les chemins raboteux ! précisément je n'aime que ceux-là !

LE CURÉ DE SAINT-ABDON, entre ses dents, au curé de Noirac. — Ces belles dames qui se manièrent, ça mériterait d'être vivandières et de faire la retraite de Russie !

MADAME PATURON, à Polyte. — Attends donc que je mette mes socques ! Pardié ! tu auras beau te ranger, ces demoiselles, ça n'est pas pour ton nez ! C'est trop fier pour des gens comme nous, ce monde-là ! ça ne cause qu'entre eusse.

COTTIN, à Pierre. — Pour une jolie comédie, c'est une jolie comédie. J'ai ri mon soûl !

LE BORGNOT. Moi, j'en ai la gueule démanchée.

GERMAIN. — Cette comédie-là, c'est des bêtises. C'est une vilaine comédie. J'aurais voulu casser la tête à ce vieux gueux qui bat son domestique parce qu'il veut se faire vacciner. Y a du mauvais dans les inventions nouvelles, c'est vrai ; mais y a du bon aussi. Quand c'est prouvé !

PIERRE. Oui, mon père, quand il est déjà ancien, vous acceptez bien le nouveau, pas vrai ?

GERMAIN. — Dame ! certainement !

MANICHE. — Ah bien, moi, j'aime mieux le nouveau que l'ancien !

PIERRE, bas. — C'est-il bien vrai, Maniche ?

(Ils partent.)

MADAME BROWN, à ses filles. — Attendez un moment, mes enfants ; votre père s'est absenté pour une heure, mais monsieur Jacques va venir.

MAURICE, à Eugène et à Damien, en se rhabillant derrière la toile. — Et vite, les belles créoles qui attendent des bras ! En voilà six pour un ! Moi, je me dois à la mère, messeigneurs !

DAMIEN. — Alors, je vais être forcé de conduire une de ces petites filles ?

EUGÈNE. — Plains-toi, cafard ! Tiens, regarde-moi, je ne vais pas faire le difficile avec la grande.

MAURICE. — Dites donc, pas de bêtises !

EUGÈNE. — Le conseil est joli ! on fait le matamore à trois pas de l'innocence et de la beauté, et puis quand on veut lui dire un mot, on a une peur ! on n'est plus qu'un pierrot !

DAMIEN. — C'est comme ça. On est content, mais on est bête.

(Ils vont offrir leurs bras aux dames Brown très-respectueusement, et partent avec elles. Jean avec le Borgnot restent les derniers.)

JEAN. — Regarde par là-bas, si c'est bien éteint partout.

LE BORGNOT. — Bah ! si le feu prend, on est pompier, à c'te heure.

JEAN — Mais j'aime autant dormir que de faire jouer la pompe cette nuit !

LE BORGNOT. — Laisse-moi donc un peu regarder les petits hommes de bois... Tiens ! comme les voilà pendus au mur ! tout habillés !... Ça fait peur, ça a l'air de vous regarder !

JEAN. — Bah ! bah ! ils sont bien sages, ceux-là. Ça n'a

besoin ni de lit pour s'endormir, ni de café pour se réveiller.

(Ils sortent en fermant les portes.)

LES MARIONNETTES, pendues au mur.

ISABELLE. — Ils sont partis? nous pouvons causer. Ah! je vous le disais bien qu'ils se doutaient de quelque chose !

CASSANDRE. — Parlons bas ! Si on savait que nous existons encore, on voudrait nous forcer à travailler tous seuls, et on nous ferait du mal !...

COLOMBINE. — Bah! qu'est-ce que cela, le mal? Nous en parlons sur le théâtre, mais nous ne savons pas ce que c'est? Preuve que l'homme de bois est bien au-dessus de l'homme de chair et de sang, dans l'échelle des êtres.

LE DOCTEUR. — Le mal n'est pas pour nous, comme pour lui, cette sotte grimace qu'il fait quand il se blesse la tête ou quand il s'écorche les mains. Que de bruit, que de contorsions pour un coup de marteau sur ses doigts ou pour un clou dans sa chair ! Certes, nous lui sommes bien supérieurs, nous qui n'éprouvons de la rencontre des corps étrangers qu'une secousse gracieuse et qu'un retentissement harmonieux. Les chocs violents que nous nous donnons les uns aux autres nous divertissent et nous électrisent. Mais le mal que ces géants insensés peuvent nous faire est d'une autre nature. Ils peuvent nous abandonner au feu et au ver, nos implacables ennemis !

LÉANDRE. — Je voudrais bien savoir comment ils s'en préservent eux-mêmes !

LE MISANTHROPE DE LA TROUPE. — Tu l'as dit, ils s'en préservent eux-mêmes : tout est là ! Nous autres, nous ne savons nous préserver de rien ; nous n'existons que par leur volonté, et ils sont nos maîtres.

ISABELLE. — Ils ont des maîtres, eux aussi ! Ils doivent avoir des esprits supérieurs qui les créent, qui les animent, qui leur infusent la pensée, comme ils font à notre égard !

COLOMBINE. — Vous croyez?... Alors ces esprits les font mouvoir, parler, vivre et mourir, absolument comme ils nous font jouer la comédie.

LE DOCTEUR. — Tout porte à le croire.

LE MISANTHROPE. — Mais ils sont ignorants, et l'homme est un méchant maître qui ne nous fait dire que des choses frivoles. Il nous fait à sa ressemblance ; nous sommes sa propre image, et il craint de nous initier aux secrets de sa véritable existence.

ISABELLE. — La nôtre est meilleure. Nous sommes plus petits, mais plus solides. Nous n'avons pas de corps, mais seulement une tête pour parler et des mains pour gesticuler.

LE DOCTEUR. — Dont nous ne pouvons rien faire sans leur aide ! C'est là un grand inconvénient de notre existence, et il faudrait trouver le moyen d'y remédier.

LE MISANTHROPE. — Cherchez-le donc! Mais faites vite, car vous n'avez pas longtemps à vivre.

LE DOCTEUR. — Moi ! je peux vivre mille ans de plus, à l'état d'homme de bois !

LE MISANTHROPE. — Oui, si les hommes de chair ont soin de vous comme à présent. Un de ces matins, il peut leur passer par la tête de nous jeter tous au feu.

COLOMBINE. — Leur existence n'est peut-être pas mieux assurée !

LE MISANTHROPE. — Raison de plus de trembler pour la nôtre ! Et puis, vous oubliez que quand la dose d'électricité que leur main nous communique est épuisée, nous retombons dans le néant jusqu'à ce qu'il leur plaise de nous tirer par une pièce nouvelle.

COLOMBINE. — L'électricité? qu'est-ce que cela ?

ISABELLE. — Je n'en sais rien, ma chère. Mais je me sens toute refroidie, et je crois que je vais dormir.

CASSANDRE. — Et moi aussi, je tombe de fatigue.

LE MISANTHROPE. — Vous voyez bien, la vie nous échappe. Et vous, docteur? et Léandre? et les autres?... Pas de réponse !... Allons, les voilà tous flasques, inertes et glacés!

COLOMBINE. — Non, pas moi ! Je rêve agréablement ! mon esprit divague avant de s'éteindre. J'aperçois encore le décor où nous étions si beaux tout à l'heure ; un arbre bleu, un ciel vert, une étoile qui tremblote à la fenêtre, des bruits vagues, des chuchotements mystérieux ! Ah ! je vois le scénario de la pièce ; les mots écrits résonnent, ils volent dans la salle. Il y a là-bas une phrase bouffonne qui s'est assise sur un banc, voilà un éclat de rire qui traîne par terre et qui essaye de se relever. Le voilà qui flotte, qui s'accroche à la corniche...

LE MISANTHROPE. — Vous battez la campagne, pauvre fille de bois ! Allons, dormons ! La vie n'est pas une chose qui nous appartienne. Nous la perdons quand l'homme nous quitte. Heureusement il peut nous la rendre, lui qui dure moins longtemps que nous, mais qui vit tout le temps de sa vie. Voilà l'horloge qui sonne... Quelle vibration dans ma tête !... Elle aussi, l'horloge, elle est un être... un être mystérieux, un être captif... Bonsoir, Colombine ! Allons-nous dormir un jour ou un siècle?

SCÈNE VI

Dans la serre

Les convives sont tous à table.

DIANE, à Maurice. — Ah çà ! vous parlez de vos marionnettes comme si vous croyiez à une sorte d'existence qui leur serait propre !

MAURICE. — Je vous avoue que je m'illusionne parfois sur leur compte, et que je ne suis pas toujours bien sûr qu'elles ne se moquent pas de nous après la pièce !

SCÈNE VII

Dans le théâtre

Au prieuré.

LES ARAIGNÉES.

Une! deux! une, deux, d'un bout à l'autre! filons, filons travaillons, il fait sombre.

Travaillons pour qu'au jour naissant nos toiles nouvelles soient tendues. On a détruit aujourd'hui notre ouvrage, on a ruiné nos magasins et traîné nos filets précieux dans la boue. N'importe, n'importe ! une, deux, filons !

Que tout dorme ou veille, que le soleil s'allume ou s'éteigne, il faut filer, une, deux! d'un angle à l'autre! Tissons tissons, croisons les fils , le travail console et répare !

Tissons, filons, prenons les angles. Et vous, qui détruisez le travail des jours et des nuits, vous qui croyez nous dégoûter de notre œuvre, balayez, ravagez, brisez. Une, deux toujours, toujours, filons, tissons, et travaillons jusqu'à l'aurore.

Dans les vieux coins, dans l'abandon et la poussière, nuit et jour la pauvre araignée grise tisse la trame de son existence ; active, patiente, menue, adroite, agile, une, deux ! la pauvre araignée persévère. On la chasse, on la ruine, on la poursuit, on la menace ; une, deux, la pauvre araignée recommence !

Pour l'empêcher de travailler, il faut tuer la pauvre araignée. Mais cherchez donc nos petits œufs, cachés là-haut dans le plafond, dans l'ombre et dans la poussière. Le soleil reviendra toujours pour les faire éclore, et l'araignée, sitôt sortie de l'œuf, reprendra la tâche sans commencement et sans fin, la tâche patiente que Dieu protége. Une, deux, joignons les angles ! tissons, filons jusqu'à l'aurore.

Nohant, 12 novembre 1851.

FIN DU DIABLE AUX CHAMPS.

Clichy. — Impr. M. Loignon, Paul Dupont et Cie, rue du Bac-d'Asnières, 12.

Clichy. — Impr. Maurice Loignon, & Cie, rue du Bac-d'Asnières, 12.

www.ingramcontent.com/pod-product-compliance
Lightning Source LLC
Chambersburg PA
CBHW060642100426

42744CB00008B/1735